Reconnu comme l'u
Québec, Jacques Lacoursière a produit une œuvre monumentale. Depuis François-Xavier Garneau, aucun historien n'avait osé dresser un panorama aussi vaste des origines du territoire qui constituait alors le Canada et qui est devenu pour l'essentiel le Québec. Son travail nous réconcilie avec notre passé parce qu'il sait nous conduire à la rencontre des acteurs, des plus célèbres aux plus humbles, et nous mettre en présence des événements de la grande et de la petite Histoire. Coauteur du journal *Boréal Express*, de *Canada-Québec : synthèse historique* et de l'*Histoire populaire du Québec* en cinq volumes, Jacques Lacoursière s'est aussi fait connaître par ses nombreuses participations à des émissions radiophoniques et télévisées. Il a reçu plusieurs prix et distinctions, parmi lesquelles l'Ordre national du Québec, l'Ordre du Canada et l'Ordre national du Mérite et l'Ordre de la Pléiade.

HISTOIRE POPULAIRE DE LA NOUVELLE-FRANCE

TOME I

DES ORIGINES À LA GRANDE PAIX DE 1701

Au XVe siècle, la science de la navigation fait d'énormes progrès, et les pays d'Europe sont prêts à lancer des hommes sur des mers jusqu'alors inconnues pour en tirer des avantages économiques indéniables. La France ne fera pas exception et prendra possession de la partie septentrionale de l'Amérique. Quelques années plus tard, avec la fondation de Québec en 1608, elle y dresse les premiers établissements permanents. La colonie de la Nouvelle-France est née. Le tome un de l'*Histoire populaire de la Nouvelle-France* raconte l'arrivée des Français sur le nouveau continent, les alliances et les affrontements avec les nations indiennes et les autres puissances européennes, qui aspirent elles aussi à s'approprier les richesses du territoire. De Jacques Cartier jusqu'au gouverneur Frontenac, en passant par Champlain, l'intendant Talon ou encore les Filles du roi, cet ouvrage retrace le long chemin parcouru depuis le peuplement jusqu'à la Grande Paix de 1701. Mais là encore, les Français sont bien conscients que la paix reste fragile et surtout que les Anglais n'ont pas dit leur dernier mot.

HISTOIRE POPULAIRE DE LA NOUVELLE-FRANCE

Tome 1

DES ORIGINES À LA GRANDE PAIX DE 1701

JACQUES LACOURSIÈRE

Histoire populaire de la Nouvelle-France

TOME I

Des origines à la Grande Paix de 1701

Avant-propos de Denis Vaugeois

BIBLIOTHÈQUE QUÉBÉCOISE

BQ Bibliothèque québécoise est une société d'édition administrée conjointement par les Éditions Hurtubise inc. et Leméac Éditeur. BQ bénéficie du soutien financier du gouvernement du Québec par l'entremise du programme de crédit d'impôt pour l'édition de livres et de la Société de développement des entreprises culturelles (SODEC). BQ reconnaît également l'aide accordée à son programme de publication par le Conseil des arts du Canada.

Financé par le gouvernement du Canada | Canada

Couverture : Détail d'une scène de traite provenant d'une carte de Claude Joseph Sauthier intitulée *A Map of the Inhabited Part of Canada from the French Surveys*, 1777. Gravure d'époque de William Fadden, modifiée et coloriée par Pierre-Louis Cauchon. Source : Bibliothèque et Archives Canada, C-007300.

Conception graphique : Gianni Caccia
Typographie et montage : Luc Jacques typographe

ISBN 978-2-89406-405-4

Dépôt légal : 3e trimestre 2017
Bibliothèques et Archives nationales du Québec
Bibliothèque et Archives Canada

Distribution/diffusion au Canada :
Distribution HMH

Distribution/diffusion en Europe :
DNM-Distribution du Nouveau Monde

IMPRIMÉ AU CANADA

Sommaire

Avant-propos

Jacques Lacoursière a le sens du détail, de l'anecdote. Il a l'esprit curieux. Voilà pourquoi il est si intéressant à écouter et à lire. D'abord un littéraire, il est venu à l'histoire par un concours de circonstances. Un emploi d'été l'a amené aux Archives nationales du Canada comme assistant de recherche. Il fit merveille. Intelligent, vif, cultivé, il savait trouver le bon document, le comprendre et le faire parler.

De professeur, il devint archiviste. Il a ainsi appris l'histoire par un contact direct avec les sources primaires. Travailleur acharné, aucune collection ne le rebutait.

Lorsque le journal *Boréal Express* vit le jour, il en devint naturellement le secrétaire. Pour chaque numéro, il préparait un plan, identifiait les sujets et fournissait les références. Lui-même aimait se réserver les faits divers, les petites annonces, le courrier des lecteurs, etc. Pendant cinq ou six ans, un effort soutenu lui permit d'acquérir une extraordinaire connaissance de notre passé.

Dès 1968, il s'associait à une œuvre de synthèse qui devint *Canada-Québec: synthèse historique*. Comme pour le journal *Boréal Express*, le succès fut immédiat. Puis, Jacques Lacoursière se tourna vers la radio et la télévision. Il prépara des textes, accorda des entrevues, fit de l'animation. On lui attribue la première production radiophonique de Radio-Québec, *En montant la rivière*.

En 1972, il prépara *Notre histoire. Québec-Canada*, série de 15 volumes destinés aux magasins à grande surface.

Ses vastes connaissances autant que son étonnante capacité de travail incitèrent des éditeurs français et québécois à développer le projet d'une nouvelle collection d'ouvrages d'histoire destinés au grand public. Diverses étapes ont mené à une collection intitulée *Histoire populaire du Québec* dont est tirée cette *Histoire populaire de la Nouvelle-France* en deux tomes. Le premier s'attarde à la découverte et à la colonisation du nouveau territoire. Des premiers contacts jusqu'à la Grande Paix de Montréal de 1701, qui clôt le premier tome, en passant par l'alliance de 1603 avec le chef Anadabijou, Jacques Lacoursière nous offre un éclairage nouveau sur la cohabitation entre les Français et les peuples indiens.

Fidèle à son style, l'auteur colle aux faits. Il ne se perd pas en savantes considérations. À chaque page, le lecteur se retrouve devant un flot de renseignements présentés dans un style vivant et clair.

Les spécialistes regretteront un peu l'absence de références précises. D'abord, que chacun se rassure : l'auteur n'avance rien qui ne soit appuyé sur des documents fiables. Également, il fournit généralement assez de précisions pour donner une bonne idée de la source utilisée : journal d'époque, correspondance officielle, rapport d'administrateur, etc. Par ailleurs, la présente édition offre, à la fin du livre, une bibliographie sélective qui permettra aux lecteurs de compléter leur connaissance sur la Nouvelle-France.

L'œuvre de Jacques Lacoursière est monumentale. Depuis François-Xavier Garneau, aucun historien n'avait osé entreprendre une histoire aussi vaste de ce qui était hier le Canada et qui est devenu pour l'essentiel le Québec. Son travail nous réconcilie avec l'histoire parce qu'il sait nous conduire à la rencontre des acteurs, des plus célèbres aux plus humbles, et nous mettre en présence des événements de la grande et de la petite histoire. N'est-ce pas la seule vraie façon de comprendre le présent ?

Denis Vaugeois
septembre 2017

Les premiers contacts

Bien avant que Jacques Cartier ne prenne possession du territoire au nom du roi de France, en 1534, le Canada avait reçu des voyageurs, des explorateurs et des pêcheurs de diverses nationalités. Il y a 2500 ans, des Phéniciens auraient remonté le fleuve Saint-Laurent. Des pierres trouvées en plusieurs endroits en seraient les principaux témoins. La présence de moines irlandais est davantage probable ; ces hommes auraient cherché refuge sur une terre plus hospitalière à la fin du IXe siècle. Fuyant les envahisseurs vikings, ces moines se seraient établis sur une île du golfe Saint-Laurent avant d'aller vivre au Cap-Breton. Des archéologues, des Américains surtout, tel Arlington H. Mallery, sont persuadés qu'il y a eu des colonies irlandaises dans la vallée du Saint-Laurent et dans la région des Grands Lacs.

Les tenants d'une colonisation irlandaise font valoir le fait que l'on retrouve dans la civilisation des Algonquins « l'influence certaine des Celtes d'Irlande ». Par ailleurs, seule une présence chrétienne pourrait expliquer certaines habitudes des Micmacs vivant sur la côte atlantique. Jacques Cartier, dans le récit de son voyage de 1534, raconte que le 24 juillet, alors qu'il vient de planter une croix à Gaspé, le chef des Indiens qui avait assisté au « spectacle », s'approche de son bateau. « Il nous fit, dit-il, une grande harangue, nous montrant la croix et faisant le signe de la croix avec deux doigts. »

Comment, se demande l'historien Gustave Lanctot, les Indiens auraient-ils su faire le signe de croix sans un contact antérieur avec des chrétiens ? D'autant plus que, au mois de juillet 1607, Samuel de Champlain trouve, non loin du bassin des Mines en Nouvelle-Écosse, des vestiges d'une présence chrétienne. « En l'un de ces ports, trois ou quatre lieues au nord du cap de Poutrincourt [Cape Split], nous trouvâmes une croix qui était fort vieille, toute couverte de mousse et presque toute pourrie, qui montrait un signe évident qu'autrefois il y avait été des chrétiens. » Mais rien ne prouve que ces chrétiens ne soient pas des pêcheurs qui, dans un élan de dévotion, auraient élevé une croix à cet endroit !

Une invasion normande

Au début du IXe siècle, les pays nordiques de l'Europe connaissent le surpeuplement. Les hommes du Nord, appelés aussi Norsemen, Normands ou Vikings, commencent à envahir les pays voisins, puis les terres du sud. La France et l'Angleterre sont mises à sac. À cette époque, les Vikings sont certainement d'habiles navigateurs. Leurs drakkars, munis d'une quille en chêne et d'un gouvernail fixé à tribord arrière, leur permettent d'affronter la mer avec audace.

En 982, Eirikr Thorvaldsson, plus connu sous le nom d'Érik le Rouge, accusé de meurtre, est banni d'Islande pour trois ans. Il décide donc de partir à la recherche d'une terre que Gunnbjom, « le Corbeau », avait vue. Il occupe ses trois années d'exil à explorer les côtes du Groenland. En 985, il organise un projet de colonisation. Dans le groupe, se trouve Herjólfr, le père de Bjarni.

Ce dernier décide lui aussi, l'année suivante, de se rendre au Groenland.

La *Saga d'Érik le Rouge* raconte ainsi le voyage de Bjarni :

> Ils naviguèrent trois jours, jusqu'au moment où la terre fut perdue de vue, alors le bon vent tomba. Des vents du nord s'élevèrent de même que du brouillard. Ils ne surent plus où ils étaient entraînés et ainsi se passèrent plusieurs doerg. Puis ils revirent le soleil et purent reconnaître la région du ciel. Ils hissèrent la voile et passèrent un doerg entier avant d'apercevoir la terre. Ils discutèrent entre eux quelle terre ce pouvait bien être et Bjarni dit qu'il ne croyait pas que ce puisse être le Groenland. Ils lui demandèrent s'il voulait aller à terre ou non : « Mon avis est que nous longions cette terre. » Ils le firent et purent bientôt voir que le pays était peu accidenté et couvert de forêts et qu'il y avait de petites hauteurs. Ils laissèrent la côte à babord avec leur écoute tournée vers la terre. Ils naviguèrent deux doerg et ils aperçurent une autre terre. [...] Ils s'approchèrent bientôt de cette terre et virent qu'elle était plate et boisée.

Les matelots prétextèrent un manque de bois et d'eau pour demander à Bjarni la permission de mettre pied à terre. Le chef refusa et l'on fit voile vers la haute mer. Enfin, après de longs jours, l'expédition arriva au Groenland.

Le fils d'Érik le Rouge, Leifr *heppni* Eiriksson, décide à son tour de partir à la recherche des terres entrevues par Bjarni. Parmi les trente-cinq personnes qui l'accompagnent se trouve un moine d'origine allemande ou hongroise du nom de Tyrkir. L'expédition retrouve facilement la première terre à laquelle Leifr donne le nom de Helluland, le pays des pierres plates; la deuxième reçoit celui de Markland, le pays plat et boisé. Enfin, tous descendent sur une île qui se trouvait au nord de la troisième terre. « Ils y abordèrent et l'explorèrent, raconte la *Saga des Groenlandais*. Le temps était bon et ils virent de la rosée sur l'herbe. » Ayant regagné leur bateau, « ils arrivèrent à un détroit situé entre cette île et un cap qui pointait vers le Nord ». À nouveau, ils mettent pied à terre. « Il ne manquait pas là de saumons, tant dans la rivière que dans le lac, et des saumons plus grands qu'ils n'en avaient vus auparavant. La contrée tout autour leur parut posséder de telles qualités que le bétail n'aurait pas besoin de fourrage pendant l'hiver. L'herbe ne blanchissait presque pas. La longueur relative des jours et des nuits était plus égale qu'au Groenland. » La découverte de vignes sur cette île lui vaut alors le nom de Vinland. La légende veut que Tyrkir ait repéré des vignes semblables à celles de son pays d'origine.

De retour au Groenland, Leifr décrit en détail son séjour au Vinland. Son frère Thorvaldr prétend qu'il n'a pas suffisamment exploré le territoire. Il décide de s'y rendre à son tour avec trente hommes à bord. Lors de son périple, il découvre une terre qui lui semble agréable et ordonne à ses hommes d'y construire une maison.

Les habitants de ce territoire, surnommés Skraelings par les Vikings, voient d'un mauvais œil cet envahissement par des étrangers qui ne reculent pas devant l'assassinat. Les Skraelings, « sur leurs canots de peau », se lancent à l'attaque du navire sur lequel se sont réfugiés les Vikings. Thorvaldr est mortellement blessé. Comme il l'avait demandé, ses hommes l'ensevelissent à l'endroit du campement, une croix plantée à sa tête, une autre à ses pieds.

Au cours des deux siècles suivants, les Vikings effectuent d'autres voyages au Vinland, y construisent des maisons et en cultivent la terre. L'hostilité des Skraelings rend leur situation de plus en plus précaire.

Vers la fin du XIVe siècle, la présence viking en Amérique du Nord paraît n'être plus qu'un vague souvenir.

Un Vinland qui voyage

De récentes découvertes archéologiques nous fournissent des preuves supplémentaires d'une colonisation de Normands en Amérique du Nord, au Canada et au Québec, en particulier. À l'Anse-aux-Meadows, à Terre-Neuve, des chercheurs ont découvert les fondations de quelques bâtiments typiquement scandinaves, les vestiges d'un drakkar et quelques rivets de fer. Plus récemment, dans la baie de l'Ungava, sur le territoire du Nouveau-Québec, des archéologues ont identifié des sites d'occupation européenne correspondant aussi à l'époque normande.

Mais toutes ces découvertes ne permettent pas encore aux savants de localiser de façon précise le fameux Vinland. Les différentes hypothèses nous amènent de Terre-Neuve à la Virginie, sans oublier la région des Grands Lacs. Certains croient même que les Îles-de-la-Madeleine sont cette terre promise tant recherchée! L'historien Tryggvi J. Oleson, après une analyse de ces hypothèses, arrive à la conclusion suivante : « Dans la mesure où il est possible de s'entendre au sujet du Vinland, l'emplacement le plus vraisemblable est peut-être la région du cap Cod, mais on n'en sera jamais certain, à moins que l'archéologie ne fournisse des preuves nouvelles et irréfutables. »

Une redécouverte prometteuse

Si Terre-Neuve et le Nouveau-Québec paraissent sombrer dans l'oubli, ce n'est pas pour une longue période. Au XVe siècle, l'Europe occidentale est en pleine évolution. La science de la navigation fait d'énormes progrès. Les matelots connaissent mieux l'usage de la boussole et de l'astrolabe. Les cartes sont plus précises. Le prince portugais, Henri le Navigateur, fonde une école de navigation. Un nouveau type de vaisseau, la caravelle, fait son apparition. Des hommes sont prêts à se lancer sur des mers inconnues ou mal connues, d'autant plus que les nécessités économiques les y contraignent.

L'or, qui est à cette époque la principale unité monétaire, se fait de plus en plus rare en Europe. Le commerce de la soie et des épices se complique avec la chute de Constantinople aux mains de musulmans. Les intermédiaires entre la Chine, les Indes et l'Arabie deviennent d'une insatiable voracité.

Les épices jouent un rôle important dans la cuisine, la médecine et la pharmacopée. La muscade, les clous de girofle, le gingembre, la cannelle entrent dans la préparation de plusieurs plats ou breuvages. Depuis l'époque des Croisades, les gens bien se sont habitués à manger une nourriture moins fade. D'ailleurs, les épices servent souvent à dissimuler le goût faisandé des viandes, à une époque où la réfrigération est quasi inconnue. De plus, la médecine et les croyances populaires prêtent aux épices des vertus aphrodisiaques capables de régénérer le guerrier le plus épuisé!

En raison des multiples intermédiaires, des risques du voyage et des aléas du marché, le prix des épices devient extrêmement élevé. Le poivre, par exemple, se détaille jusqu'à 1600 dollars le kilogramme. Le clou de girofle coûte, à Londres, 106 fois plus cher qu'aux Molusques d'où il provient. Il est donc normal alors que les commerçants cherchent à se procurer ces épices et ces biens en se rendant directement dans les pays producteurs. Mais, pour cela, il faut trouver une autre route que la Méditerranée. Pour leur part, les Portugais contournent l'Afrique pendant que les Espagnols cherchent à se rendre aux Indes en faisant voile vers l'Ouest. Mais, entre l'Espagne et les Indes, il y a un obstacle majeur contre lequel se bute, en 1492, un marin génois du nom de Christophe Colomb : l'Amérique. Lorsque, le 12 octobre, une terre inconnue apparaît à l'horizon, l'explorateur se croit vraiment parvenu aux Indes.

Il donne donc tout naturellement aux habitants qu'il rencontre le nom d'Indiens. Le blé que ces gens mangent deviendra du blé d'Inde; il y aura ensuite le cochon d'Inde (le cobaye) et le coq d'Inde (la dinde). Par ailleurs, un autre navigateur italien, Amerigo Vespucci, est convaincu d'avoir atteint un continent jusque-là inconnu. Martin Waldseemüller, géographe allemand installé à Saint-Dié en Lorraine, prépare une immense carte sur laquelle il indique America en hommage au rival de Colomb.

Pour protéger leurs nouvelles possessions contre les intrus, l'Espagne et le Portugal font appel au pape. Alexandre VI, un ami du roi d'Espagne Ferdinand, promulgue, le 4 mai 1493, la bulle *Inter Cœtera II* qui partage les nouveaux mondes entre les deux pays. L'article IX du document papal précise :

> À toute personne, quelque dignité qu'elle ait, fût-elle même d'état, de rang, d'ordre ou de condition impériale ou royale, sous peine d'excommunication majeure qu'elle encourra par le seul fait de sa désobéissance, nous interdisons rigoureusement de tenter, sans notre permission spéciale ou celle de nos héritiers et successeurs susdits, pour faire le trafic ou toute autre cause, l'accès des îles et des continents, trouvés ou à trouver, découverts ou à découvrir, au midi ou à l'ouest d'une ligne faite et conduite du pôle arctique au pôle antarctique.

L'année suivante, soit le 7 juin 1494, l'Espagne et le Portugal, d'un mutuel accord et sans consultation avec le pape, déplacent la ligne de démarcation entre les deux zones de possession de 270 lieues vers l'ouest. La raison semble simple : le Portugal veut des droits sur Terre-Neuve, le Labrador et le Cap-Breton. Et ce, avant même les voyages de Jean Cabot ou de Jacques Cartier. L'Angleterre et la France commencent déjà, à la fin du XVe siècle, à lorgner du côté de l'Amérique. Lors d'une entente intervenue au mois de décembre 1514, entre les habitants de l'île de Bréhat, en Bretagne, et les moines de l'abbaye de Beauport, il est question de pêche à la morue à Terre-Neuve depuis soixante ans, soit depuis l'année 1454.

L'ère des grands voyages

La menace d'excommunication brandie par le pape contre ceux qui, sans sa permission, iraient à la découverte de nouvelles terres, ne semble pas inquiéter outre mesure le roi d'Angleterre. En effet, le 5 mars 1496, Henri VII accorde au navigateur italien Giovanni Caboto, aussi connu sous le nom de Jean Cabot ou John Cabot, des lettres patentes l'autorisant à partir en voyage de découverte. Le *Matthew*, ayant à son bord une vingtaine de personnes, quitte le port de Bristol le 2 mai 1497. Cabot est de retour au même endroit le 6 août suivant. Où est-il allé ? Où a-t-il mis pied à terre ? On ne le sait trop. L'historien Lucien Campeau se demande même si Cabot a vraiment atterri en Amérique du Nord ! Cela dit, le 24 juin 1497, Cabot aurait pris possession du territoire qu'il vient de découvrir au nom du roi d'Angleterre. Voilà pourquoi les anglophones considèrent cet explorateur comme le « découvreur » du Canada. Il faut cependant souligner, avec un brin de malice certes, que Cabot ne reviendra pas d'un second voyage. Par ailleurs, l'historien Marcel Trudel a coupé la poire en deux en accordant à Jacques Cartier le mérite de la « découverte » du Canada.

Les débuts du XVIe siècle sont marqués par de nombreux voyages tant à Terre-Neuve qu'au Nouveau-Québec. Le roi du Portugal, Manuel Ier, autorise Gaspar Corte-Real à explorer les terres nouvelles du nord de l'Atlantique. Ce dernier effectue un premier voyage en 1500, mais les résultats sont nuls. L'année suivante, Corte-Real revient et explore, cette fois, les côtes de Terre-Neuve et celles du Labrador. On ramène au Portugal une cinquantaine d'Amérindiens des deux sexes comme preuve tangible de l'exploration. Ces Amérindiens béothuks ou naskapis soulèvent un intérêt marqué.

Malheureusement, le retour de l'expédition de Gaspar Corte-Real se termine tragiquement. Le navire qui transporte l'explorateur disparaît en mer. En 1502, Miguel Corte-Real part à la recherche de son frère, mais il disparaît à son tour. Prudent, le roi refuse à un troisième Corte-Real l'autorisation de quitter le Portugal, de peur qu'il ne subisse le même sort que les deux autres.

À la suite de l'Angleterre et du Portugal, la France s'intéresse au Nouveau Monde. Non pas les autorités françaises, mais les marchands, les commerçants et les armateurs. Dès 1504, des marins bretons se rendent sur les côtes de Terre-Neuve pour y pêcher la morue. Quatre ans plus tard, l'armateur dieppois Jean Ango charge Thomas Aubert de conduire le navire *La Pensée* aux terres nouvelles. Le marin ramènera à Rouen sept Amérindiens béothuks et un canot. Ce sera la première fois que des Français verront des représentants de la population américaine.

Par la suite et presque chaque année qui suivra, des pêcheurs français jetteront leurs filets sur les bancs de Terre-Neuve. Ce n'est qu'en 1524 que la première expédition de découverte sera organisée.

La *Nova Gallia*

Le succès remporté par le voyage de Magellan autour de la Terre entre 1519 et 1522 incite des banquiers italiens de Lyon à financer une expédition en Amérique du Nord. Giovanni da Verrazzano reçoit le commandement de *La Dauphine* qui quitte la région de Madère au mois de janvier 1524. La mission est simple : trouver une route plus courte pour se rendre en Asie que celle empruntée par Magellan, soit contourner la pointe sud des Amériques. Les banquiers croient ainsi pouvoir contrôler le commerce des épices.

Pour trouver ce passage, Verrazzano remonte la côte de la Caroline du Nord jusqu'à Terre-Neuve. Il arrive à la conclusion que « cette terre ou Nouveau Monde [...] forme un tout. Elle n'est rattachée, ajoute-t-il, ni à l'Asie, ni à l'Afrique. » Il donne à la terre explorée le nom de *Francesca*, en l'honneur du roi de France François Ier. En 1529, Gerolamo da Verrazzano inscrit les mots suivants sur sa carte du monde : *Nova Gallia.* La Nouvelle-France est née.

Le roi entre en scène

En 1532, l'année même où la Bretagne est rattachée administrativement à la France, le roi François Ier se rend en pèlerinage au Mont-Saint-Michel. Il y rencontre Jean Le Veneur, évêque de Lisieux et abbé de la célèbre abbaye. Ce dernier présente au roi de France un pilote malouin, parent du procureur fiscal du Mont-Saint-Michel. Il vante les mérites de Jacques Cartier qui a déjà à son crédit des voyages au Brésil et à Terre-Neuve. L'abbé se dit prêt à financer une partie des frais d'un voyage de découverte. François Ier a quelques réticences à enfreindre les ordres du pape et il ne tient pas à avoir des démêlés avec Clément VII.

L'année suivante, soit au mois d'octobre 1533, l'occasion est donnée au roi de rencontrer le pape et de discuter de la question. En effet, le fils de François Ier épouse à Marseille la nièce du pape. L'abbé Le Veneur assiste à la cérémonie et l'atmosphère de la noce se prête bien à des échanges cordiaux. Ainsi en vient-on à parler de la bulle *Inter Cœtera II.* Le pape fait aussitôt disparaître les appréhensions royales en affirmant que « la bulle pontificale partageant les continents nouveaux entre les couronnes d'Espagne et du Portugal ne concernait que les continents connus et non les terres ultérieurement découvertes par les autres couronnes ».

François Ier décide donc de financer à même le trésor royal une expédition dont le but serait de « découvrir certaines îles et pays où l'on dit qu'il se doit trouver une grande quantité d'or et d'autres riches choses ». Le 18 mars 1534, Cartier dispose de la somme de 6 000 livres tournois pour couvrir les frais de ravitaillement, d'armement et d'équipage.

Un aller en ligne droite

Charles de Mouy, seigneur de La Meilleraye, vice-amiral de France, fait prêter les serments d'office aux capitaines, maîtres et compagnons. Le 20 avril 1534, les deux navires, dont l'Histoire n'a pas retenu le nom, quittent le port de Saint-Malo. Le tonnage de chacun est d'environ soixante tonneaux. L'équipage se compose de soixante et un hommes. Le 10 mai, après vingt jours de navigation, tous mettent pied à terre au cap Bonavista, à Terre-Neuve. Les glaces obligent les navires à jeter l'ancre dans un havre qui reçoit le nom de Sainte-Catherine, probablement en l'honneur de Catherine Des Granches, l'épouse de Jacques Cartier. On profite d'un arrêt de dix jours pour remettre les barques en bon état.

Le 21 mai, le voyage se poursuit. Cartier arrive à l'île des Oiseaux, connue aujourd'hui sous le nom de Funk Island. Tous se précipitent pour voir les milliers d'oiseaux vivant sur l'île.

De l'ours au menu

L'île des Oiseaux est située à environ vingt kilomètres de la terre ferme. Cette distance ne rebute pas les ours blancs qui s'y rendent à la nage pour se nourrir des volatiles. Le samedi 24 mai, veille de la Pentecôte, «nos gens en trouvent un, grand comme une vache, aussi blanc qu'un cygne, qui sauta dans la mer devant eux», lit-on dans le récit du voyage. «Le lendemain, en faisant route vers terre, nous trouvâmes l'ours à environ la mi-chemin, qui allait à terre aussi vite que nous le faisions à voile. L'ayant aperçu, nous lui donnâmes la chasse avec nos barques et nous le prîmes de force. Sa chair était aussi bonne à manger que celle d'une génisse de deux ans.»

Le 27 mai, l'expédition arrive au détroit de Belle-Isle que l'on appelait alors la baie des Châteaux. Le mauvais temps et les glaces forcent Cartier à faire à nouveau relâche dans un havre pendant une douzaine de jours. Le 9 juin, les navires remettent à la voile et arrivent à Blanc-Sablon, sur la côte Nord du golfe Saint-Laurent. Cette région, affirme Cartier, est le site «de grande pêcherie». Il y jette l'ancre pour refaire les provisions de bois et d'eau. Quelques membres de l'équipage explorent les alentours. Le 11 juin, jour de la

Saint Barnabé, tous assistent à la messe, quoique la relation du voyage ne mentionne pas la présence d'un prêtre. «On a pensé qu'il s'agit là de messe blanche, c'est-à-dire d'une récitation ou d'un chant en commun des prières de la messe, sans qu'il y ait sacrifice, écrit l'historien Marcel Trudel [...] En tout cas, aucun prêtre ne fait d'évangélisation auprès des Indiens; le rôle missionnaire de la France n'est pas pour ce voyage.»

Une croix et un bateau

Cartier continue à explorer la côte Nord. Le vendredi, 12 juin, il arrive dans un havre qu'il appelle Saint-Servan, connu aujourd'hui sous le nom de la baie des Homards. Il y plante une croix, la première de ce voyage. Quelques lieues plus loin, il découvre une rivière très saumoneuse à laquelle il donne le nom de Saint-Jacques. Dans cette rivière, il aperçoit «un grand navire qui était de La Rochelle et qui avait passé la nuit au havre de Brest où il pensait aller faire sa pêcherie». La région visitée ne plaît pas au découvreur. «À l'exception de Blanc-Sablon, il n'y a que de la mousse et de petits bois avortés. Enfin, j'estime mieux qu'autrement que c'est la terre que Dieu donna à Caïn. Il y a des gens sur cette terre, qui sont d'assez belle corpulence, mais ce sont des gens effroyables et sauvages. Ils ont leurs cheveux liés sur la tête, à la façon d'une poignée de foin tressé, un clou passé par le milieu ou autre chose. Ils y lient quelques plumes d'oiseaux.»

Enfin, le capitaine explore une île qui le remplit d'aise; l'île Brion, une des îles de la Madeleine. «Cette île, écrit-il, est la meilleure terre que nous ayons vue, car un arpent de cette terre vaut mieux que tout Terre-Neuve. Nous la trouvâmes pleine de beaux arbres, de prairies, de champs de blé sauvage et de pois en fleur, aussi épais et aussi beaux que je ne vis jamais en Bretagne, tellement qu'il me semblait qu'ils avaient été semés par un laboureur.» Cartier passe quelques jours à explorer quelques-unes des îles de l'archipel, avant d'arriver à l'actuelle île du Prince-Édouard qu'il prend pour la terre ferme. Pour la seconde fois, l'explorateur s'enthousiasme devant la qualité des sols. «Les terres où il n'y a pas de bois sont fort belles et toutes pleines de pois, de groseilliers, blancs et rouges, de fraises, de framboises et de blé sauvage comme du seigle, lequel il me semble y avoir été semé et labouré. C'est la terre la mieux tempérée qu'il est possible de voir. [...] Il ne manque que de ports.»

Le 2 juillet, il aperçoit la pointe Escuminac, au Nouveau-Brunswick. Cartier cherche toujours le passage qui lui permettrait de se rendre en Chine. Le cap, situé sur la partie nord de l'île de Miscou, reçoit le nom de cap d'Espérance «pour l'espoir que nous avions d'y trouver un passage».

Des relations enflammées

Cartier continue son exploration de la côte. Il arrive maintenant en Gaspésie. Il fait relâche dans une petite baie qui, plus tard, prendra le nom de Port-Daniel. Au cours d'un arrêt d'une semaine, les Français reçoivent la visite des habitants du pays. Des Amérindiens micmacs les invitent à descendre à terre, leur «montrant des peaux sur des bâtons». Bientôt, les canots se font de plus en plus nombreux autour du navire de l'explorateur. Les Amérindiens multiplient les signes de joie et d'amitié. Un tel déploiement soulève une crainte chez les Français, qui font signe aux «envahisseurs» de se retirer. Cartier donne alors l'ordre de tirer deux coups de passe-volant, un genre de petit canon.

Une telle réception, malgré sa rudesse, ne rebute pas les Micmacs. Le lendemain, soit le 7 juillet 1534, ils reviennent en nombre, désireux encore une fois de faire du troc avec les Français. Par des signes, ils essaient de faire comprendre aux étrangers qu'ils sont venus pour échanger des marchandises. Les Français, mieux apprivoisés que la veille, échangent leurs objets contre des peaux de fourrures. «Ils nous donnèrent tout ce qu'ils avaient, tellement qu'ils s'en retournèrent chez eux tout nus, sans aucune chose.»

Selon l'historien Marcel Trudel, «ce 7 juillet 1534 marque une date importante : c'est la première cérémonie, dûment constatée, d'un échange commercial entre les Européens et les indigènes du golfe; ce n'était pas la première traite, il s'en faut de beaucoup; l'empressement des Micmacs à recevoir les étrangers, leur insistance à offrir leurs marchandises prouvent bien que ces indigènes ont l'habitude de traiter avec les Européens; on sait d'ailleurs que les explorateurs et les pêcheurs d'avant Cartier sont revenus avec des fourrures, mais c'est la première fois qu'on nous décrit la cérémonie de la traite.»

Au nom du roi de France

Toujours à la recherche du passage vers la Chine, Cartier explore une baie dont les terres sont les plus belles qu'il soit possible de voir et «d'une chaleur plus tempérée que la terre d'Espagne», d'où son nom de baie des Chaleurs.

Encore là, l'accueil des Amérindiens est des plus chaleureux. Ces derniers offrent aux Français des morceaux de loup-marin qu'ils viennent de faire cuire à la braise. Tout le long de la côte, ce sont des cris de joie et des danses chaque fois que les navires font leur apparition.

Le vendredi 24 juillet, Cartier et ses hommes mettent pied à terre à la Pointe-de-Penouille, non loin de l'actuelle ville de Gaspé. À la suite des rencontres récentes avec les Amérindiens, le chef de l'expédition sent le besoin d'assurer la possession de ces territoires au roi de France, sans tenir compte des droits des premiers occupants. «Nous fîmes faire une croix de trente pieds de haut, qui fut faite devant plusieurs [Amérindiens], sur la pointe de l'entrée du dit havre, sous le croisillon de laquelle nous mîmes un écusson en bosse à trois fleurs de lys et dessus un écriteau en bois, engravé en grosse lettre de forme où il y avait VIVE LE ROI DE FRANCE. Nous plantâmes cette croix sur ladite pointe, devant eux, lesquels nous regardaient faire et planter. Après qu'elle fut élevée en l'air, nous nous mîmes tous à genoux, les mains jointes en adorant cette croix devant eux. Nous leur fîmes signe, regardant et montrant le ciel que par cette croix était notre rédemption.»

Les Français retournent ensuite sur leurs navires. Peu après, le chef des Amérindiens, Donnacona, accompagné de trois de ses fils et de son frère, s'approche du navire de Cartier.

> Il nous fit une grande harangue, nous montrant la croix et faisant le signe de la croix avec deux doigts. Puis il nous montrait la terre tout autour de nous, comme s'il voulut dire que cette terre était à lui et que nous ne devions pas y planter de croix sans sa permission. Après qu'il eut fini sa harangue, nous lui montrâmes une hache, feignant de la lui donner en échange de sa peau [d'ours dont il était vêtu]. À quoi il sembla consentir et peu à peu il s'approcha du bout de notre navire, pensant avoir la hache. Alors, un de nos hommes, qui était sur notre bateau, mit la main sur sa barque dans laquelle sautèrent deux ou trois de nos hommes qui les firent monter sur notre bateau, de quoi ils furent bien étonnés. Quand ils furent à bord, ils furent assurés par le capitaine qu'ils

> n'auraient aucun mal, en leur montrant de grands signes d'amour. On les fit boire et manger et faire grande chère. Puis, nous leur montrâmes par signe que la croix avait été plantée pour servir de marque et de balise pour l'entrée du havre.

Cartier fait ensuite comprendre à Donnacona qu'il veut amener avec lui deux de ses fils qu'il ramènerait au prochain voyage. «Et nous accoutrâmes ses deux fils de deux chemises et en livrées, et de bonnets rouges et à chacun sa chaîne de laiton au cou. De quoi, ils se contentèrent fort et donnèrent leurs vieux haillons à ceux qui s'en retournaient.»

Vers midi, après que des Amérindiens soient venus donner des poissons aux Français, les deux navires lèvent l'ancre ayant à leur bord Domagaya et Taignoagny, les fils de Donnacona. On parlera plus tard d'enlèvement et de séquestration. Il est vrai que la situation aurait été plus normale si Cartier avait laissé quelques-uns de ses hommes chez les Amérindiens!

Au cours des jours qui suivent, les navires remontent vers le nord. Cartier aperçoit une terre qu'il prend pour un cap de la terre ferme. En fait, ce sont les côtes de l'île d'Anticosti. Comme la saison avance, décision est prise de retourner en France. Sans le savoir, Cartier vient de rater l'entrée du fleuve Saint-Laurent et la porte vers la... Chine! Le 15 août, les Français quittent le havre de Blanc-Sablon en direction de Saint-Malo où ils débarqueront vingt et un jours plus tard, soit le 5 septembre 1534.

Le bilan de ce premier voyage de Cartier est plutôt mince. À part l'exploration des côtes du Labrador, de Terre-Neuve, du Nouveau-Brunswick et de la Gaspésie et à part un premier contact avec les Amérindiens, rien de bien prestigieux! Point d'or ni de route vers la Chine.

Un nouveau départ

Sitôt de retour, Cartier se prépare à repartir pour la Nouvelle-France afin de l'explorer plus avant. Il apprend des deux fils de Donnacona l'existence d'un grand fleuve ; les Amérindiens parlent aussi de richesses et d'un pays mystérieux, le royaume de Saguenay. Le roi de France, François Ier, autorise une seconde expédition plus considérable que la précédente. Il met donc à la disposition de Cartier trois navires, la *Grande Hermine*, la *Petite Hermine* et l'*Émérillon*.

Le dimanche, 16 mai 1535, jour de la Pentecôte, c'est la fête. Les hommes sont réunis dans la cathédrale de Saint-Malo. Le nouvel évêque, François Bohier, donne sa bénédiction à ceux qui s'embarqueront dans quelques jours. Plus d'une centaine d'hommes ont accepté de faire le voyage. Certains portent des noms qu'on retrouve aujourd'hui au Québec : Guillaume Le Marié, Étienne Noël, Guillaume Esnault, Julien Golet, Jean Hamel, Jean Fleury, Guillaume Guilbert, Jean Maryen, Geoffroy Olivier, Philippe Thomas, Jacques Du Boys, Goulhet Rioux, Étienne Le Blanc et Jean Garnier.

Le mercredi 19 mai, le vent est enfin bon, l'équipage quitte. En route, les trois navires essuient vents et tempêtes. Enfin, le 7 juillet, les voyageurs mettent pied à terre à l'île des Oiseaux, sur les côtes de Terre-Neuve. Au cours de la traversée, les navires s'étaient dispersés. Le point de rencontre avait été fixé au havre de Blanc-Sablon, sur la Côte-Nord. Le 26 juillet, tout le monde est là et le voyage peut continuer. Les navires remontent la côte vers l'ouest, mais les vents contraires obligent les navigateurs à faire relâche dans un petit port qu'ils nomment havre Saint-Nicolas. Il est situé à quelque trente kilomètres à l'ouest de Natashquan. Ils plantent à cet endroit une grande croix de bois devant servir de point de repère.

Le 10 août 1535, jour de la fête de saint Laurent, les navires font relâche dans une petite baie que Cartier baptise baie Saint-Laurent. Plus tard, ce nom désignera le fleuve lui-même. Les deux fils de Donnacona informent alors le navigateur que, passé l'île d'Anticosti, au sud de celle-ci est le chemin pour se rendre à Gaspé et qu'à deux journées de cette île, commençait le royaume de Saguenay. L'île reçoit le nom d'Assomption, en l'honneur de la fête de la Vierge que l'on célèbre le 15 août.

Cartier et ses compagnons observent cette fois un nouveau paysage. L'année précédente, ils avaient cru qu'il était impossible d'aller plus avant dans les terres. Domagaya et Taignoagny, qui parlaient sans doute français, expliquent qu'à cet endroit commence le grand fleuve d'Hochelaga et que c'est là, le début du chemin de Canada. Avant de commencer la remontée du fleuve, Cartier veut s'assurer qu'il n'y a pas d'autres passages pour se rendre en Chine. Il revient donc sur sa route mais ne trouve rien, sauf sept îles qu'il nomme les îles Rondes.

Le 1er septembre 1535, les trois navires appareillent pour le Canada qu'ils n'ont pas encore vu. Ils sont déjà à l'embouchure de la rivière Saguenay qui « coule entre des hautes montagnes de pierre nue ». Cartier remonte le Saguenay sur une courte distance, puis il reprend sa route sur le Saint-Laurent. Le 6 septembre, les navires arrivent près d'une île « pleine de beaux et grands arbres de plusieurs sortes, entre autres il y a plusieurs coudres franches, lesquels nous trouvâmes fort chargés de noisettes aussi grosses et de meilleure saveur que les nôtres, mais un peu plus dures et pour cette raison, nous la nommâmes l'île aux Coudres ».

Le lendemain, 7 septembre, les navires jettent l'ancre à proximité d'une grande île peuplée d'Amérindiens qui pêchent dans le fleuve toutes sortes de poissons. Les Français débarquent, amenant avec eux les deux fils de Donnacona. Les habitants de l'île fuient jusqu'à ce qu'ils reconnaissent les voyageurs involontaires. L'accueil est joyeux. Les Amérindiens apportent aux Français quantité d'anguilles et d'autres poissons.

Donnacona, qui venait d'apprendre le retour de ses fils, arrive, le 8, avec plusieurs de ses hommes. Cartier monte dans la même barque que lui, emportant du pain et du vin pour célébrer les retrouvailles.

Comme les navires ont dans leurs cales des provisions pour une année et demie, il est convenu que les équipages séjourneront en Nouvelle-France plusieurs mois, le temps de chercher le passage vers la Chine et de voir s'il n'y a pas de métaux précieux. Cartier cherche donc un endroit sûr où garer les vaisseaux. Il remonte alors une petite rivière qu'il appelle Sainte-Croix (Saint-Charles). Non loin de cet endroit se trouve l'habitation de Donnacona, Stadaconé. La nature, tout autour, est d'une grande richesse. Les marins remarquent aussi qu'il pousse à cet endroit d'aussi bon chanvre « que celui de France, lequel vient sans semence ni labour ». Au cours des jours suivants, les Français retournent sur l'île qu'ils avaient visitée le 7 septembre. L'abondance de vignes sauvages explique pourquoi ils baptisent l'endroit l'île de Bacchus (île d'Orléans).

Entre-temps, Domagaya et Taignoagny ont repris contact avec les Amérindiens de Stadaconé. Rapidement leur attitude se modifie vis-à-vis des Français. Ils refusent maintenant de monter à bord des navires. Ils craignent peut-être de retourner en France contre leur gré. Peut-être aussi voient-ils d'un œil moins sympathique ces étrangers s'installant sur leurs terres car, le 15 septembre, plusieurs membres d'équipage vont sur le rivage de la rivière Sainte-Croix « planter des balises et des marques pour mettre plus en sûreté les navires ». Taignoagny fait remarquer à Cartier que son père est peiné de voir que les Français sont toujours armés alors que les Amérindiens ne le sont pas. Cartier répond à Taignoagny qu'il sait fort bien qu'en France la coutume veut que les hommes se promènent armés.

La *Grande Hermine* et la *Petite Hermine* sont bien amarrées. Cartier veut remonter le fleuve à bord de l'*Émérillon* et se rendre jusqu'à Hochelaga. Cependant, des habitants de Stadaconé emploient divers subterfuges pour dissuader le Français d'effectuer un tel voyage. Les relations sont parfois très tendues. À la suite de réjouissances communes, Cartier fait tirer du canon pour souligner l'importance de l'événement. Taignoagny accusera par la suite le capitaine d'avoir tué « deux de leurs gens de coups d'artillerie ».

Néanmoins, le 19 septembre, Cartier, tous les gentilshommes qui l'accompagnent et cinquante marins partent à bord de l'*Émérillon* et de deux petites barques pour se rendre à Hochelaga. La remontée du fleuve s'effectue sans problème. Les explorateurs remarquent les bonnes terres où pousse la vigne. « Il y a pareillement, écrit l'auteur de la relation du second voyage, force grues, cygnes, outardes, oies, cannes, alouettes, faisans, perdrix, merles, mauviettes, tourtes, chardonnerets, serins, lunottes, rossignols et autres oiseaux comme en France et en grand abondance. »

À la hauteur du lac Saint-Pierre, Cartier décide d'abandonner temporairement l'*Émérillon* et de poursuivre sa route avec les deux barques seulement. L'expédition atteint Hochelaga, le 2 octobre. Plus de mille personnes accueillent les Français. Le village est situé à une lieue et demie du rivage. Tout près se trouve une montagne « labourée et fort fertile, de dessus laquelle on voit fort loin. [...] Nous nommâmes cette montagne le mont Royal. »

L'accueil réservé aux visiteurs est grandiose. Le chef d'Hochelaga, qui est paralysé, est transporté par neuf ou dix hommes et installé sur une grande peau de cerf. Il porte autour de la tête « une manière de lisière rouge faite de poils de hérisson ». Après les discours, Cartier fait distribuer de menus objets et commande à ses hommes de « sonner les trompettes et autres instruments de musique, de quoi le peuple fut fort réjoui ». Avant de se quitter, les femmes remettent aux visiteurs du poisson, du potage, des fèves, du pain (galettes). Malheureusement, ces présents soulèvent peu d'intérêt : « Parce que ces vivres n'étaient pas à notre goût et qu'il n'y avait aucune saveur de sel, nous les remerciâmes en leur faisant signe que nous n'avions pas besoin de manger. »

Avant de quitter l'île, les voyageurs se rendent sur le mont Royal. Un des guides amérindiens essaie d'expliquer que vers l'ouest il y a un pays où l'on trouve des métaux précieux comme « la chaîne du sifflet de capitaine qui est en argent et un manche de poignard qui était de laiton jaune comme de l'or ». Cartier quitte donc la région, convaincu que la richesse tant recherchée est peut-être là. Au cours du voyage de retour, les voyageurs prêtent une plus grande attention au paysage. Ils remarquent une rivière qui se jette dans le fleuve. C'est la rivière de Fouez qui deviendra plus tard le Saint-Maurice. Cartier fait planter une croix sur une des îles situées à l'embouchure de cette rivière.

Le 11 octobre, l'expédition est de retour au havre de Sainte-Croix. Pendant le voyage de Cartier à Hochelaga, ceux qui étaient demeurés près de Stadaconé avaient construit un fort devant les navires avec de grosses pièces de bois «et tout alentour garni d'artillerie et bien en ordre pour se défendre contre tout le pays». Donnacona ne semble pas trop s'inquiéter de l'attitude des Français puisqu'il invite Cartier et quelques membres de son équipage à visiter Stadaconé. Mais Domagaya et Taignoagny, selon Cartier, continuent à soulever leurs compatriotes contre les étrangers. Le capitaine fait alors renforcer le fort en creusant des fossés et en faisant construire une porte à pont-levis. Bien plus, il établit un quart de garde de nuit et chaque changement de garde est souligné par des sonneries de trompettes.

À la mi-novembre, l'hiver québécois fait son apparition. Le froid et la neige importunent ces Français qui ne sont pas habitués à une température aussi froide. Il en sera de même jusqu'au 15 avril. «Nous avons été continuellement enfermés dedans les glaces, lesquelles avaient plus de deux brasses d'épaisseurs. Dessus la terre, il y avait une hauteur de quatre pieds de neige et plus, tellement qu'elle était plus haute que les bords de nos navires... Nos breuvages étaient tous gelés dans les futailles. Et, dedans nos navires, tant de bas que de haut, la glace était contre les bords à quatre doigts d'épaisseur.»

Au mois de décembre 1535, les Français apprennent qu'une cinquantaine d'habitants de Stadaconé sont morts de maladie. Cartier interdit donc l'entrée du fort aux Amérindiens de peur qu'une épidémie ne décime ses hommes. Cette mesure n'empêche pas cependant le scorbut de faire son apparition. La situation devient critique. Presque tous les membres de l'équipage sont atteints. Sans le secours des Indiens qui lui apprennent l'utilisation médicinale de l'annedda, type de conifère dont on ne connaît pas la nature exacte, Cartier aurait probablement vu mourir tous ses compagnons.

À la fin du mois d'avril 1536, l'activité est grande à Stadaconé. Cartier est inquiet. Un grand nombre d'Amérindiens sont réunis il ne sait pour quelle raison. Il décide alors de s'emparer des principaux chefs, en particulier de Donnacona qu'il veut amener en France, par la force si nécessaire, «pour conter et dire au roi ce qu'il avait vu dans les pays occidentaux des merveilles du monde; car il [Donnacona] nous a certifié avoir été à la terre de Saguenay où il y a d'immenses quantités d'or, de rubis et autres richesses et où les hommes sont blancs comme en France et accoutrés de draps de laine».

Le problème est de convaincre le chef de Stadaconé de monter à bord. Rien de mieux que de lui mentir. Cartier déclare donc à Taignoagny que le roi de France, son maître, lui a défendu d'emmener des femmes ou des hommes en France, mais seulement deux ou trois petits garçons «pour apprendre le langage».

Le 3 mai, Cartier fait planter une croix de trente-cinq pieds de hauteur sur laquelle il y a les armes de France et l'inscription «*Francisciscus Primus, Dei Gratia Francorum Rex, Regnat*». Le même jour, les Français s'emparent de Donnacona et de neuf de ses compagnons. Le lendemain, à la suite d'une nuit assez agitée, Cartier réussit à convaincre Donnacona de parler à son peuple pour le calmer. Cartier s'engage à ramener les dix Amérindiens dans dix ou douze lunes, après que le chef aurait parlé au roi. Le 6 mai, les Français quittent leur fort de Sainte-Croix, laissant la *Petite Hermine*, faute d'hommes pour la ramener en France.

Le voyage de retour s'effectue normalement, sauf que au lieu d'emprunter le détroit de Belle-Isle, les navires franchissent le détroit de Cabot, raccourcissant ainsi le temps de la traversée. Le 16 juillet, l'expédition rentre au port de Saint-Malo.

Le bilan de ce deuxième voyage est positif : Cartier sait que le pays découvert contient de l'or et d'autres métaux précieux, les Amérindiens le lui ont dit ; il a exploré le fleuve Saint-Laurent jusqu'à Hochelaga (Montréal) ; il a noté l'existence des principaux affluents : le Saguenay, le Saint-Maurice, le Richelieu et l'Outaouais ; il a reconnu le détroit de Cabot. Mais il y a quelques points négatifs : il n'a pas encore trouvé le passage vers la Chine ; il a perdu des hommes à cause du scorbut, mais heureusement, grâce à Donnacona, il connaît un remède efficace et s'il n'a pas dompté l'hiver, il sait un peu mieux comment se préserver du froid.

La France, croit-on, est maintenant prête à peupler ce nouveau pays. Une nouvelle ère va peut-être commencer.

Des tentatives de peuplement

La curiosité soulevée par la présence en France des dix Amérindiens d'origine iroquoienne ne dure que quelques semaines. Saint-Malo et le reste de la France ont d'autres préoccupations. Depuis 1535, François Ier est en guerre contre l'empereur Charles-Quint. Le 14 juillet 1536, soit deux jours avant l'arrivée de Cartier à Saint-Malo, la France avait signé un traité d'amitié et d'alliance avec le Portugal. Sans doute pour plaire au roi de ce pays, François Ier promulgue, le 30 mai 1537, une ordonnance par laquelle il interdit à tous les Français de voyager «dans les terres du Brésil, de Malaguette, ou dans les terres découvertes par les rois du Portugal, sous peine de confiscation de leurs navires, denrées et marchandises». Bien plus, les Français qui oseraient continuer leurs voyages de commerce ou d'exploration seraient considérés comme des pirates et risqueraient la corde. Jacques Cartier, à qui le roi vient de faire cadeau de la *Grande Hermine,* ne peut donc plus songer à poursuivre ses voyages d'exploration.

Malgré ses préoccupations «guerrières», le roi reçoit Cartier et Donnacona. Les deux font valoir les richesses du nouveau territoire et les merveilles du royaume de Saguenay. L'ancien chef de Stadaconé venait peut-être d'apprendre qu'il était, ô merveille, un humain. En effet, le 9 juin 1537, le pape Paul III, dans son encyclique *Veros homines*, venait d'affirmer « que les indigènes sont des hommes, avec les qualités et les défauts des hommes ».

Lors de son départ de Sainte-Croix, Cartier avait promis de ramener en moins d'un an Donnacona et les autres Amérindiens. Il ne peut tenir sa promesse en raison des circonstances. Le 25 mars 1538, trois Iroquois sont baptisés. Un de ceux-ci, peut-être Donnacona, reçoit le nom de François en l'honneur du roi qui finance leur séjour.

La trêve de Nice, signée le 18 juin 1538, ramène la paix entre la France et l'Espagne. Le Nouveau Monde revient donc à l'ordre du jour. Au mois de septembre, François Ier prend connaissance d'un mémoire exposant tout ce dont on aurait besoin pour organiser un long voyage d'exploration en Nouvelle-France. À lui seul, le personnel représente environ quatre cents personnes : des mariniers, des arquebusiers, « quatre forgerons pour chercher et connaître s'il y a des mines de fer et pour faire des forges et du fer », six vignerons et six laboureurs, un médecin accompagné de son serviteur, « deux apothicaires avec chacun un serviteur pour connaître et voir les commodités des herbes », « deux maîtres cordiers et deux serviteurs pour savoir s'il y a du chanvre pour faire des cordages », quatre canonniers, « six hommes d'Église ayant les choses requises pour le service divin », des charpentiers, des maçons, des faiseurs de chaux et de tuiles, etc. De plus, le mémoire prévoit ce qui est nécessaire à l'avitaillement de tout ce monde et « toutes manières et espèces de bêtes et oiseaux domestiques le plus qu'il sera possible, tant pour faire le labourage que pour peupler le pays et de toutes sortes de grains et semences ». Enfin, du sel pour les Amérindiens qui « l'estiment fort ».

Cartier, un second

Les diplomates et les espions espagnols et portugais informent leur souverain respectif de tout ce qui se passe à la cour française. Au mois d'août 1540, le roi d'Espagne apprend de son ambassadeur à Paris que François Ier vient d'autoriser ses sujets à reprendre leurs voyages vers les terres nouvelles. Effectivement, le 17 octobre suivant, par une commission royale, Cartier est nommé « capitaine général et maître pilote de tous les navires et autres vaisseaux de mer » qui doivent se rendre dans ces pays qu'on dit inhabités ou les autres possédés par des gens sauvages vivant sans la connaissance de Dieu et sans usage de raison. Ces pays seraient, aux dires du roi, « un bout de l'Asie du côté de l'occident ». Affirmation surprenante ou naïve dont le but serait de neutraliser les réticences espagnoles ou portugaises!

L'objectif de l'expédition est non seulement de poursuivre l'exploration du nouveau territoire, mais aussi de convertir à la religion catholique les populations « indigènes ». Le 15 janvier 1541, François Ier signe une nouvelle commission en faveur de Jean-François de La Rocque, sieur de Roberval, un protestant notoire. Le choix de Roberval s'explique peut-être par le fait que cette fois le roi songe à une entreprise de colonisation. Il choisit donc un noble qui du reste est apparenté à sa maîtresse Diane de Poitiers.

Roberval supplante donc Cartier à la tête de l'expédition en devenant le « lieutenant général, chef, ducteur et capitaine » avec les pleins pouvoirs tant sur les hommes que sur les navires. Sa mission est claire : « De passer et repasser, aller et venir dans ces pays étrangers, de descendre à terre et mettre les indigènes en notre main, tant par voies d'amitié ou aimables compositions, si faire se peut, que par force d'armes, main forte et toute autre voie d'hostilité.» En somme, la France est prête à conquérir la Nouvelle-France par les armes, si cela est nécessaire. Pas une seule fois, il n'est question des droits des Amérindiens.

Il faut donc des émigrants pour peupler le nouveau pays, car on prévoit y bâtir des villes et des forts, des temples et des églises. Les commissions de Cartier et un ordre à Roberval en date du 7 février 1541 les autorisaient à puiser dans les prisons les hommes et les femmes qui accepteraient l'exil en échange de leur libération. Cependant, ne peuvent bénéficier du voyage ceux qui se sont rendus coupables «des crimes d'hérésie, de lèse-majesté divine et humaine envers nous». Cette offre de libération ne s'applique pas non plus aux faux-monnayeurs. Ceux qui accepteront de partir retrouveront la jouissance de leurs biens, le temps de les vendre pour payer et les frais de transport et leur nourriture pour les deux années suivantes. Les nouveaux colons se rendent donc à Saint-Malo pour le 10 avril 1541. Des gardiens les conduisent, enchaînés, jusqu'aux navires dont on complète le chargement.

Au début du mois de mai, Roberval se rend à Saint-Malo où il trouve «les navires en rade, les vergues hautes, tous prêts à partir et à faire voile, n'attendant autre chose que la venue du général et le paiement des dépenses». Mais Roberval n'est pas prêt, quant à lui, à partir. Il n'a pas encore reçu «son artillerie, ses poudres et munitions, et autres choses nécessaires dont il s'était pourvu pour ce voyage dans les pays de Champagne et de Normandie». Il juge alors inutile de retarder davantage le départ des cinq navires, la *Grande Hermine*, l'*Émérillon*, le *Saint-Brieux*, le *Georges* et un cinquième vaisseau dont on n'a pas retenu le nom.

Le lieutenant général passe en revue «tous les gentilshommes, soldats et matelots qui avaient été retenus et choisis pour l'entreprise de ce voyage». Il donne ensuite à Cartier «pleine autorité de partir et de prendre les devants et de se conduire en toutes choses comme s'il s'y fut trouvé en personne». Le 23 mai 1541, Cartier lève l'ancre. Il ne ramène aucun des Amérindiens qu'il avait enlevés cinq ans auparavant. Tous sont morts, à l'exception d'une petite fille iroquoise que lui avait donnée le chef d'Achelacy, un village situé à une quinzaine de lieues de Stadaconé. La traversée est rude. Au cours des tempêtes, les navires se dispersent et deux seulement continuent à faire route ensemble.

Une traversée aussi longue cause de sérieux problèmes aux passagers et aux membres de l'équipage. «La longueur du temps que nous fûmes à passer entre la Bretagne et la Terre-Neuve fut cause que nous nous trouvâmes en grand besoin d'eau, rapport au bétail, aussi bien des chèvres, porcs et autres animaux que nous avions apportés pour s'y multiplier dans le pays. Nous fûmes dans la nécessité de les abreuver avec du cidre et d'autres breuvages.» Il y a, à bord des navires, vingt vaches, quatre taureaux, cent moutons, cent chèvres, dix porcs, vingt chevaux ou juments.

Les navires font relâche à Terre-Neuve, attendant que le reste de l'expédition fasse son apparition. L'équipage des navires de Cartier profite de ce contretemps pour refaire les provisions d'eau et de bois. Roberval n'arrive toujours pas. Cartier décide alors de remonter seul le Saint-Laurent.

Le 23 août 1541, les cinq navires jettent l'ancre au havre de Sainte-Croix, non loin de Stadaconé. Agona, le nouveau chef, se rend immédiatement à bord du navire de Cartier. Ce dernier lui apprend la mort de Donnacona. Quant aux autres, pieux mensonge! ils «étaient restés en France où ils vivaient comme de grands seigneurs; ils étaient mariés et ils ne voulaient pas revenir dans leur pays». Agona, selon les Français, ne montre aucun signe de déplaisir. Les retrouvailles se terminent par un échange de cadeaux.

Jugeant peut-être que le havre de Sainte-Croix n'est pas un lieu sûr, Cartier part à la recherche d'un nouvel endroit où s'établir. Il remonte le fleuve jusqu'à l'embouchure de la rivière du Cap-Rouge, un endroit «meilleur et plus commode pour y mettre ses navires». Dès l'arrivée, les hommes installent quelques pièces d'artillerie, car on craint une attaque surprise des Iroquois. Du 27 août au 2 septembre, tous s'affairent au déchargement des navires; deux d'entre eux doivent retourner en France.

Aussitôt arrivés, les laboureurs commencent à travailler la terre. «Nous semâmes ici des graines de notre pays, telles que graines de chou, de navet, de laitue et autres lesquelles fructifièrent et sortirent de terre en huit jours.» Les charpentiers érigent deux forts, un au niveau de la rivière, l'autre au sommet d'un promontoire pour protéger le premier.

L'établissement prendra le nom de Charlesbourg-Royal, en l'honneur de Charles, le fils de François Ier, site qu'il ne faut pas confondre avec Charlesbourg, arrondissement de Québec. L'exploration des alentours révèle l'existence de biens précieux. Sur le cap situé plus à l'est et baptisé plus tard cap aux Diamants, «nous trouvâmes bonne quantité de pierres que nous estimions être diamants». Bien plus, «sur le bord de l'eau, nous trouvâmes certaines feuilles d'un or fin, aussi épaisses que l'ongle». La joie est à son comble! Les recherches s'intensifient : il y a du fer, de l'ardoise, de la vigne, du chanvre et... des pierres précieuses. Le roi sera certainement heureux de savoir que ses nouvelles possessions contiennent autant de richesses que les terres découvertes par les Espagnols ou les Portugais!

Un Saguenay mystérieux

Donnacona et les gens d'Hochelaga avaient persuadé Cartier de l'existence, au nord-ouest du mont Royal, d'un pays mystérieux, le Saguenay, à ne pas confondre avec le Saguenay actuel. Pendant qu'une partie des hommes achève la construction des forts, le capitaine part avec d'autres, en direction d'Hochelaga. Il s'arrête, chemin faisant, à Achelacy pour saluer le seigneur de l'endroit, lui donner des nouvelles de sa fillette demeurée en France et lui confier deux jeunes garçons pour qu'ils apprennent la langue iroquoise.

Les Amérindiens de la région de Montréal expliquent aux Français combien il y a de sauts à franchir avant de pouvoir emprunter la route de Saguenay. Les spécialistes ignorent encore de nos jours si Cartier a remonté la rivière des Prairies ou s'il a abordé l'île de Montréal par le fleuve Saint-Laurent. Fort des explications que lui fournissent les habitants des lieux, Cartier revient à Charlesbourg-Royal.

Les documents connus aujourd'hui ne révèlent presque rien de ce qui se passa au cours de l'hiver 1541-1542. Il est plus que probable que, par ailleurs, Cartier et les membres de son expédition aient eu à repousser des attaques iroquoises. Des pêcheurs espagnols, ayant jeté l'ancre le long des côtes de Terre-Neuve, apprennent par des Amérindiens que les Français ont perdu trente-cinq hommes lors de divers engagements.

Pendant le séjour de Cartier en Nouvelle-France, Roberval, pour sa part, cherche et trouve un moyen de se procurer l'argent qui lui manque pour compléter l'équipement de ses navires : la piraterie. Le 16 avril 1542, Roberval quitte enfin le port de La Rochelle avec trois navires. L'accompagnent « deux cents personnes, aussi bien hommes que femmes et divers gentilshommes de qualité». Le 8 juin, les navires font relâche au port de Saint-Jean, à Terre-Neuve, où il y a déjà, c'est à noter, dix-sept navires de pêcheurs.

Sans nouvelles de Roberval, Cartier décide, au début du mois de juin 1542, de ramener tout son monde en France. Les trois navires quittent alors l'établissement de Cap-Rouge ayant, dans leur cale, une cargaison précieuse : des barils remplis d'or, d'argent, de diamants et de pierres précieuses. Vers la mi-juin, Cartier arrive à Saint-Jean où il retrouve Roberval. «Après qu'il eut rendu ses devoirs au général, il lui dit qu'il rapportait des diamants et une certaine quantité d'or trouvés au Canada. Le samedi suivant [18 juin], nous fîmes l'expertise du minerai dans une fournaise et il fut trouvé bon.»

Cartier explique à son chef son départ de la colonie en affirmant «qu'avec sa petite compagnie il ne pouvait résister aux Sauvages qui venaient l'incommoder presque tous les jours». Roberval demande au Malouin de revenir avec lui, mais, au cours de la nuit suivante, Cartier s'enfuit vers Saint-Malo où il arrive au début du mois de septembre 1542.

Roberval occupe les deux dernières semaines du mois de juin à refaire les provisions d'eau et de bois et à régler une querelle entre pêcheurs portugais et français. Il quitte le port de Saint-Jean le 30 juin. Un mois plus tard, l'expédition atteint la région de Cap-Rouge et s'installe vraisemblablement à l'endroit occupé auparavant par Cartier. On érige deux forts : un premier au sommet de la montagne qui comprend «deux corps de logis, une grosse tour et une autre de quarante à cinquante pieds de long, où il y avait diverses chambres, une salle, une cuisine, des chambres d'office, des celliers hauts et bas et proches de ces dernières; il y avait aussi un four et des moulins, ainsi qu'un poêle pour y chauffer les gens».

Sur le rivage, les bâtiments sont constitués d'une tour à deux étages « avec deux bons corps de logis ».

Au cours du mois d'août, chacun s'occupe selon son métier. Le 14 septembre, deux des navires font voile vers la France. Ils devront revenir l'année suivante avec des vivres.

À Charlesbourg-Royal, devenu France-Roy, les vivres diminuent rapidement. Roberval doit imposer le rationnement. Chaque groupe a droit à deux pains d'une livre et à une demi-livre de bœuf par jour. Le repas du midi se compose de porc et d'une demi-livre de beurre; celui du soir, de bœuf et de deux poignées de haricots au beurre. Les mercredi, vendredi et samedi, il y a de la morue sèche, ou fraîche, pour dîner et du marsouin et des haricots pour souper. Quelquefois, les Amérindiens des environs viennent échanger de l'alose et autres menus objets.

L'hiver est marqué par l'apparition de scorbut. « Plusieurs de nos gens tombèrent malades d'une certaine maladie dans les jambes, les reins et l'estomac, de telle sorte qu'ils nous paraissaient avoir perdu l'usage de tous leurs membres. » La *Relation* de ce voyage ajoute : « Il en mourut près de cinquante. »

Le lieutenant général a de la difficulté à maintenir le bon ordre dans la petite colonie. Il doit sévir, car certains ont conservé leurs habitudes d'antan. Roberval, usant des pouvoirs accordés par le roi, avait dû intervenir dans une cause de meurtre : au mois de septembre, il avait signé une lettre de rémission en faveur de Paul d'Aussillon de Sauveterre. C'est, en fait, « le plus ancien texte officiel signé au Canada ». Mais pendant l'hivernation, les relations se détériorent. Michel Gaillon est pendu pour vol. « Jean de Nantes est mis aux fers et gardé prisonnier pour son offense; d'autres furent aussi mis aux fers et quelques-uns, fouettés, autant hommes que femmes. »

Un départ rapide

Mardi le 5 juin 1543, Roberval fait préparer huit barques pour un voyage au « Royaume de Saguenay ». Les soixante-dix personnes qui font partie de l'expédition quittent France-Roy le lendemain matin à six heures. La remontée du fleuve s'effectue sans difficulté. On ne sait pas cependant où l'on se rend. Peut-être s'est-on rendu jusqu'aux rapides de Lachine. Toujours est-il que huit hommes se noient lorsqu'une des barques à voile chavire. Avant même le départ de cette expédition, la décision avait été prise de rapatrier tout le monde en France. La tentative de colonisation tourne à l'échec. Au mois de septembre 1543, les survivants ont regagné leur patrie.

Pendant que Roberval affrontait l'adversité, Cartier essuyait pour sa part un cuisant échec : ses diamants n'étaient que du quartz et son or, de la vulgaire pyrite de fer. Un nouveau proverbe, qui aura longue vie, apparaît aussitôt en France : « Faux comme diamants de Canada ».

Dans l'échec de cette tentative de colonisation, il y a quelques grands coupables, et Cartier figure au premier rang. L'historien Marcel Trudel écrit :

> Croyant enfin tenir des barils de minerai d'or et des boisseaux de diamants, il refuse, malgré l'ordre précis de son supérieur, de poursuivre l'œuvre de colonisation ; Cartier était nécessaire à cette œuvre : il connaissait bien le pays, l'hiver et son scorbut, il était initié à la psychologie des indigènes ; en fuyant, Cartier rendait vain l'effort de Roberval. L'échec est d'envergure. Les relations avec les indigènes, dont le succès était la condition même de tout établissement européen, sont tout à fait détériorées. […] la colonisation elle-même obtient mauvaise presse : à cause du gaspillage considérable des capitaux, les rois et les particuliers seront longtemps

dégoûtée et il faudra de longs efforts au XVIIe siècle pour redonner quelque attrait à la colonisation laurentienne.

Il faudra attendre un demi-siècle avant que s'organisent d'autres projets de colonisation de la Nouvelle-France. La seconde moitié du XVIe siècle est marquée, en Europe occidentale, par de nombreuses guerres auxquelles participe la France. Cette dernière, d'ailleurs, fait face à des guerres de religion mettant aux prises catholiques et protestants. Les réformistes français tentent d'établir des colonies au Brésil et en Floride. Encore là, l'initiative se solde par un échec.

À cette période, des marins français, espagnols, basques, portugais et anglais viennent chaque année pêcher la morue sur les bancs de Terre-Neuve. En 1574, six navires quittent le port de Honfleur pour venir faire la pêche dans le golfe Saint-Laurent. En 1576, sept autres vaisseaux quitteront le même port pour la même destination. L'année suivante, il y en aura dix-sept. Les Basques remontent le fleuve jusqu'à l'embouchure de la rivière Saguenay pour faire la chasse à la baleine.

En même temps, l'Angleterre cherche toujours le passage vers la Chine par le nord. Elle autorise le départ d'expéditions vers Terre-Neuve et le Labrador. Le 5 août 1583, Sir Humphrey Gilbert prend possession de Terre-Neuve au nom de la reine Élisabeth Ire. Quelques années auparavant, Sir Martin Frobisher découvrait une baie à laquelle il laisse son nom. En 1585, John Davis découvre le détroit qui sépare le Groenland de la Terre de Baffin.

Un nouveau projet

La fin du XVIe siècle est spécialement marquée par l'élaboration de quelques projets de colonisation de la Nouvelle-France. La traite des fourrures prend de l'importance. Le 14 janvier 1588, le roi de France, Henri III, accorde à deux neveux de Jacques Cartier, Étienne Chaton et Jacques Noël, « un privilège de douze ans pour le trafic des mines et pelleteries au pays de Canada ».

Les marchands de Saint-Malo voient d'un mauvais œil la disparition de la liberté de commerce. Les États de Bretagne se réunissent en session spéciale, le 17 mars de la même année. Ils demandent tout simplement la révocation du privilège, ce qu'accordera le roi au mois de mai suivant.

Se basant peut-être sur les droits révoqués de Jacques Noël, un armateur français, La Court de Pré-Ravillon et de Granpré, se rend aux îles de la Madeleine en 1591 pour faire la pêche aux morses. Son navire, *Le Bonaventure*, tombe aux mains du navire corsaire anglais, *The Pleasure*. La cargaison saisie comprend quarante tonnes d'huile, des peaux et des défenses de morses. Anglais, Français et Basques vont maintenant chercher à monopoliser la pêche aux morses dans cette région.

Le 18 juin 1597, Charles Leigh arrive aux îles de la Madeleine avec le dessein d'y fonder une colonie anglaise regroupant quelques protestants séparatistes. Mais la place est déjà occupée : deux navires basques et deux navires bretons étaient déjà à l'ancre dans le Havre aux Basques. Plus loin, dans le Havre de la Grande Entrée, des navires français font la chasse aux morses. De plus, environ trois cents Amérindiens micmacs occupent les îles, à l'occasion de leur pêche d'été. Leigh cherche à s'emparer d'un navire basque, sous prétexte qu'il était peut-être espagnol. La situation s'envenime. Le 20 juin, les Bretons, les Basques et les Micmacs se massent sur le rivage. Ils sont, en tout, cinq cents. Trois canons font feu sur le navire anglais. Leigh sent qu'il est préférable de parlementer. De part et d'autre, on joue d'astuce. À la fin, les Anglais jugent qu'il vaut mieux partir; au cours des semaines qui suivent, ils chercheront à se venger. Pour la première fois, sans doute, les Français et les Anglais en viennent presque aux mains pour défendre ce qu'ils considèrent comme leurs possessions.

Une colonie de mendiants

Le roi de France, Henri IV, malgré tous les problèmes auxquels il doit faire face, manifeste de l'intérêt pour le Nouveau Monde. Le 12 janvier 1598, il nomme Troilus de La Roche de Mesgouez son « lieutenant général dans les pays de Canada, Hochelaga, Terre-Neuve, Labrador, rivière de la Grande-Baie de Norembègue et terres adjacentes desdites provinces et rivières ». Les lettres patentes émises à cette occasion donnent à La Roche le droit de lever des hommes de guerre pour conquérir par la force, s'il le faut, les villes, les châteaux forts et les habitations situés sur les terres qui lui sont concédées. Le lieutenant général obtient aussi la permission de choisir dans le royaume « le nombre de gens qui lui est nécessaire pour le voyage, tant de l'un que de l'autre sexe ».

La Roche, un ancien page de la reine Catherine de Médicis, avait joué de malchance depuis vingt ans. Depuis 1577, il cherchait à se rendre en Nouvelle-France. Naufrage, tempêtes, corsaires, emprisonnement, tout se liguait contre lui. Mais, en 1598, la chance semble enfin lui sourire. Il recrute ses futurs colons parmi les gueux et les mendiants. L'endroit choisi n'est pas des plus hospitaliers : l'île de Sable, située à environ cent trente kilomètres au nord-est de la Nouvelle-Écosse.

À l'été de 1598, La Roche laisse sur l'île une quarantaine de colons et une dizaine de soldats. Le commandant Querbonyer se voit confier le commandement de la colonie, au départ du lieutenant général pour la France. Au cours des trois années suivantes, Thomas Chefdostel est chargé du ravitaillement. La colonie s'enrichit, à chaque fois, de quelques nouveaux colons. Mais, pour une raison inconnue, l'île de Sable n'est pas ravitaillée en 1602. Les colons craignent d'avoir été abandonnés. Les vivres manquent. Les déportés se révoltent et tuent les deux principaux chefs de la colonie. L'anarchie règne. La Roche, qui ignore tout ce qui s'est passé dans sa lointaine propriété, charge Chefdostel d'aller ravitailler l'île et de ramener quelques personnes qui y vivent depuis maintenant cinq ans.

Chefdostel trouve la colonie dans un bien piètre état. Il ramène donc les survivants vêtus de peaux de loups-marins : Jacques Simon dit La Rivière, Olivier Delin, Michel Heulin, Robert Piquet, Mathurin Saint-Gilles, Jacques Simoneau, Gilles Le Bultel, François Provostel, Louis Deschamps, Geoffroy Viret et François Delestre. Le roi demande à les voir et il fait remettre à chacun la somme de cinquante écus, ce qui offusque La Roche qui prétend qu'ils auraient dû être pendus.

Une colonie de protestants

À la suite de la signature, le 13 avril 1598, de l'édit de Nantes, les protestants et les catholiques sont sur le même pied en France. Un calviniste notoire, Pierre de Chauvin de Tonnetuit, obtient d'Henri IV pour une période de dix ans le monopole de la traite des fourrures en Nouvelle-France. Le marquis de La Roche proteste en affirmant que ce territoire lui a déjà été concédé. L'affaire se règle à l'amiable : Chauvin devient l'un des lieutenants de La Roche et son monopole ne couvre plus qu'une centaine de lieues dans la région de Tadoussac.

Chauvin laisse néanmoins entendre qu'il est prêt à transporter cinq cents personnes en Nouvelle-France. Au printemps de 1600, les quatre navires dont il est propriétaire quittent le port de Honfleur : le *Don-de-Dieu*, un gros navire de quatre cents tonneaux, le *Bon-Espoir*, l'*Espérance* et le *Saint-Jean*. François Gravé du Pont, qui avait déjà remonté le fleuve Saint-Laurent jusqu'à Trois-Rivières, accompagne Chauvin. Pierre Du Gua de Mons fait, lui aussi, partie de l'expédition. Chauvin choisit Tadoussac comme site de la future colonie. De Mons et Gravé du Pont auraient préféré un endroit plus hospitalier et moins froid, mais le fondateur de Tadoussac est inébranlable dans sa décision. L'endroit, il est vrai, se prêtait fort bien à la traite des fourrures. C'est d'ailleurs à quoi s'occupent la majeure partie des membres de l'expédition au cours de l'été et du début de l'automne suivant leur arrivée en Nouvelle-France.

Seize colons seulement décident de demeurer à Tadoussac et les autres membres de l'expédition retournent en France. Ils habitent une « chétive cambuse» que Champlain appellera «une maison de plaisance : un édifice de quatre toises de long sur trois de large, de huit pieds de haut, couvert d'ais et une cheminée au milieu».

Pour mieux se protéger, les colons ont entouré leur maison d'une palissade de planches et ils ont creusé à l'extérieur un petit fossé «dans le sable de la grève». Les hommes passent la majeure partie de l'hiver enfermés dans leur cabane. La maladie fait son apparition et ce n'est que grâce à l'aide des Montagnais de la région que cinq d'entre eux réussirent à survivre. Ces derniers seront rapatriés l'année suivante à bord d'un navire que Chauvin avait envoyé pour faire la traite des fourrures.

Un simple voyageur

En Bretagne, nombreux sont ceux qui protestent contre le monopole de traite dont jouit Chauvin. Mais le roi Henri IV maintient, en 1603, ce genre de privilège. Au début de cette année, Chauvin meurt. Aymar de Chaste, gouverneur de Dieppe et chevalier de Malte, obtient d'Henri IV le monopole de commerce que détenait Chauvin. Il forme une compagnie qui regroupe plusieurs marchands de Rouen. François Gravé du Pont, aussi appelé Pont-Gravé, reçoit le commandement de la nouvelle expédition, qui comprend deux navires, *La Bonne-Renommée* et *La Françoise*. Quelque temps avant le départ, de Chaste rencontre à la cour un géographe d'une trentaine d'années qu'il invite à se joindre à Gravé du Pont à titre d'observateur. «Il me demanda, écrit Samuel de Champlain, si j'aurais pour agréable de faire le voyage, pour voir ce pays et ce que les entrepreneurs y feraient.» Le futur fondateur de Québec effectue donc son premier voyage en Nouvelle-France sans statut particulier, sauf qu'il doit faire rapport au roi.

Les deux navires quittent Honfleur le 15 mars 1603. Pour ce voyage, Pont-Gravé ramène, à bord de *La Bonne-Renommée*, deux Indiens qui avaient été reçus par Henri IV. À leur arrivée, la population de Tadoussac est en pleine tabagie. Le grand sagamo Anadabijou écoute attentivement les deux émissaires. Le roi leur a fait «bonne réception»; ils assurent, rapporte Champlain dans son rapport intitulé *Des Sauvages* et qu'il fera publier «par privilège du roi», en novembre 1603, que «sa dite Majesté leur voulait du bien et désirait peupler leur terre». Surtout, ajoutent-ils, Sa Majesté désire «faire la paix avec leurs ennemis (qui sont les Iroquois, précise Champlain), ou leur envoyer des forces pour les vaincre». Anadabijou a le sens du protocole. Son idée est arrêtée, mais il fait d'abord distribuer du pétun (tabac) à ses invités, Pont-Gravé en tête. «Ayant bien pétuné, il commença sa harangue [...] fort content d'avoir sadite Majesté pour grand ami [...] et fort aise que sadite Majesté peuplât leur terre et fît la guerre à leurs ennemis». Les alliances franco-indiennes qui devaient rendre possible la Nouvelle-France venaient de naître. Anadabijou et Pont-Gravé avaient jeté les bases de l'Amérique française. Cohabitation et métissage seront au rendez-vous.

Pendant que la traite se fait en ce début de l'été 1603, Champlain explore les environs et remonte le Saguenay aussi loin que possible. Les Indiens lui parlent d'un lac important, mais ils refusent de l'y conduire «ni aucun de nos gens», comme il l'avouera plus tard (1632). Bien plus, «lesdits Sauvages du nord disent qu'ils voient une mer qui est salée», ajoute-t-il. La découverte de cette baie par Henry Hudson sera une des grandes frustrations de Champlain.

À défaut d'aller vers le nord, Champlain se laisse guider jusqu'aux rapides Saint-Louis par Pont-Gravé. Tout au long du trajet, il s'extasie devant les «rivières, rochers, îles, terres, arbres, fruits, vignes et beaux pays qui sont depuis Québec jusqu'aux Trois-Rivières». Il partage le point de vue de son guide et compagnon de voyage: «ce serait un lieu propre pour habiter et on pourrait le fortifier promptement».

Le dernier jour de juin, l'expédition arrive à l'embouchure de la rivière Richelieu, connue alors sous le nom de rivière des Iroquois. Encore une fois, les Amérindiens sont d'une grande utilité. Ils révèlent aux Français que cette rivière conduit à un grand lac, puis à une rivière «qui va rendre à la côte de la Floride».

Rendus dans la région de Montréal, Gravé du Pont et Champlain questionnent, autant qu'ils le peuvent, les Indiens sur le pays plus à l'ouest et plus au nord. D'après la description fournie, Champlain affirme que c'est là que se trouve la mer du Sud, celle qui conduit à la Chine ! Le 4 juillet commence le voyage de retour. Onze jours plus tard, les navires font relâche à Gaspé. Champlain visite Percé et l'île Bonaventure. Partout, il s'informe de l'existence des mines. Le 20 septembre 1603, Pont-Gravé et Champlain sont de retour au Havre. Pendant leur absence, Aymar de Chaste est décédé.

L'habitation de Sainte-Croix

Pierre Du Gua de Mons obtient, à la fin du mois d'octobre 1603, une commission le nommant vice-amiral de l'Acadie. Quelques jours plus tard, Henri IV lui accorde le monopole de commerce sur tout le territoire compris entre les 40e et 46e degrés de latitude nord. La durée du monopole est fixée à dix ans. En échange de quoi, De Mons s'engage à établir en Acadie un certain nombre de colons chaque année, « y compris les vagabonds qu'il pourra conscrire ». Pour réunir les sommes nécessaires à un établissement valable, De Mons forme une compagnie avec des marchands de La Rochelle, de Saint-Malo, de Rouen et de Saint-Jean-de-Luz.

Au début du mois de mars 1604, deux navires quittent le port du Havre. À part l'équipage, il y a à bord cent vingt personnes qui ont accepté d'émigrer en Acadie : des artisans, des soldats, des charpentiers, des maçons, des tailleurs de pierre, des architectes, quelques nobles, deux prêtres catholiques et un ministre protestant. Samuel de Champlain fait partie du voyage à titre de géographe et de cartographe.

Le navire sur lequel se trouvent De Mons et Champlain jette l'ancre, le 13 mai, dans « un très beau port où il y a deux petites rivières ». L'endroit reçoit le nom de Port-au-Mouton « à l'occasion d'un mouton qui s'étant noyé revint à bord et fut mangé de bonne guerre ». En attendant l'arrivée de Gravé du Pont qui commandait l'autre navire, les passagers débarquent et chacun commence « à faire des cabanes selon sa fantaisie, sur une pointe à l'entrée du port près de deux étangs d'eau douce ».

Quelques jours plus tard, Champlain part à la recherche d'un endroit où pourrait s'établir la colonie. Il entre dans la baie de Fundy que De Mons avait baptisée du nom de baie Française. Après un mois d'exploration, il revient à Port-au-Mouton. « Le lendemain, écrit Champlain, le sieur De Mons fit lever les ancres pour aller à la baie Sainte-Marie, lieu que nous avions reconnu propre pour notre vaisseau, en attendant que nous eussions trouvé un autre plus commode pour notre demeure. »

À la mi-juin, les Français arrivent « dans l'un des plus beaux ports que j'eusse vu en toutes ces côtes où pourraient loger deux mille navires en sûreté. » À cause de sa beauté, le havre reçoit le nom de Port-Royal. Mais ce n'est pas là que De Mons choisit d'établir sa colonie. Le 24 juin, on découvre « une rivière des plus grandes et des plus profondes que nous eussions vues, que nous nommâmes la rivière Saint-Jean, parce que ce fut ce jour-là que nous y arrivâmes ».

Enfin, De Mons juge que les deux îles situées à l'embouchure de la rivière sont les plus faciles à défendre et que c'est là l'endroit le plus propre à un établissement. Immédiatement, les hommes se mettent à l'ouvrage pour construire une petite plate-forme pour installer un canon. « Chacun s'y employa si vertueusement qu'en peu de temps [la petite île] fut rendue en défense, bien que les moustiques (qui sont de petites mouches) nous apportassent beaucoup d'incommodité au travail; car il y eut plusieurs de nos gens qui eurent le visage si enflé par leur piqûre qu'ils ne pouvaient presque voir. »

Sans perdre de temps, les ouvriers, sur la plus grande des deux îles, construisent un magasin pour y remiser les vivres, des corps de logis, une forge et des palissades. D'autres labourent la terre, font du jardinage ou explorent les environs. Le 31 août, les vaisseaux font voile vers la France. Jean de Biencourt de Poutrincourt et de Saint-Just, un ami de De Mons, « qui n'était venu que pour son plaisir et pour reconnaître le pays et les lieux propres pour y habiter », retourne en France, non sans s'être fait concéder Port-Royal selon les pouvoirs accordés par la commission royale.

Un hiver pénible

Champlain occupe le mois de septembre à explorer la côte atlantique jusqu'à l'embouchure de la rivière Pentagouët. Il ne trouve pas que le pays de Norembègue soit un nouvel Eldorado, car il n'a découvert aucune des merveilles que quelques-uns ont décrites. « Je crois, affirme-t-il, que ce lieu est aussi désagréable en hiver que celui de notre habitation, ce dont nous sommes bien déçus. »

Et l'hiver qui commence sera terrible! Dès le 6 octobre 1604, la neige couvre le sol. Au début de décembre, « nous vîmes passer des glaces qui venaient de quelque rivière qui était gelée ». Le froid devient excessif et le sol se couvre de trois à quatre pieds de neige. Le scorbut fait alors son apparition. Personne ne lui connaît de remède efficace. « De 79 que nous étions, il en mourut 35 et plus de 20 qui en furent bien près.» La recette de la concoction de l'annedda, dévoilée jadis par les Indiens à Cartier, semble s'être évanouie au cours des ans.

Les chirurgiens pratiquent des autopsies dans l'espoir de trouver la cause de la maladie.

> L'on trouve à beaucoup les parties intérieures gâtées, comme le poumon, qui était tellement altéré qu'il ne s'y pouvait reconnaître aucune humeur radicale : la rate céreuse et enflée; le foie fort légueux et tacheté, n'ayant pas sa couleur naturelle; la veine cave ascendante et descendante remplie de gros sang coagulé et noir; le fiel gâté. Toutefois, il se trouva quantité d'artères, tant dans le ventre moyen qu'inférieur, d'assez bonne disposition. L'on donna à quelques-uns des coups de rasoir sur les cuisses à l'endroit des taches pourprées qu'ils avaient, d'où sortait un sang caillé fort noir. C'est ce que l'on a pu reconnaître aux corps infectés de cette maladie.

Presque tout l'hiver, les colons doivent se contenter, pour nourriture, de chair salée et de légumes. Le froid est tel que, hors le vin d'Espagne, toutes les autres boissons gèlent. «On donnait le cidre à la livre.» Bien plus, «nous étions contraints d'user de très mauvaises eaux et boire de la neige fondue, car nous n'avions ni fontaines ni ruisseaux».

Heureusement, au mois de mars 1605, des Indiens viennent échanger le produit de leur chasse contre du pain et de menus objets. De Mons, un moment, songe même à rapatrier tout son monde en France. «Mais Dieu nous assista mieux que nous n'espérions, car, le 15 juin suivant, sur les onze heures du soir, Gravé du Pont, le capitaine de l'un des vaisseaux du sieur De Mons, arriva dans une chaloupe. Il nous dit que son navire était ancré à six lieues de notre habitation. Il fut le bienvenu au contentement de chacun.»

Vive Port-Royal !

Dès le 17 juin, De Mons décide de chercher un endroit plus propice pour s'établir. Pendant plus d'un mois, il longe la côte vers le sud et descend jusqu'à la hauteur de Cape Cod. Les Français prennent contact avec les Amérindiens, remarquent leur façon de vivre et de cultiver la terre.

À la fin du mois d'août 1605, tout le monde déménage à Port-Royal. Les ouvriers transportent la charpente des maisons construites à Sainte-Croix au nouvel emplacement. Rapidement s'élèvent de nouveaux bâtiments, beaucoup plus considérables que ceux de l'établissement précédent.

De Mons laisse la direction de la colonie à Pont-Gravé et s'embarque pour la France. Champlain décide de demeurer à Port-Royal, « sur l'assurance que j'avais de faire de nouvelles découvertes vers la Floride ».

Au cours de l'hiver de 1605-1606, la maladie ne fait que douze victimes parmi les quarante-cinq occupants. Champlain et Pont-Gravé occupent le printemps à explorer la côte de la Floride. La colonie de Port-Royal se montre de plus en plus vivace. D'autant plus qu'à la fin du mois de juillet, arrivent une cinquantaine de recrues. L'Acadie a maintenant un nouveau chef : Poutrincourt. Les espoirs d'un établissement permanent en Nouvelle-France renaissent.

La fondation de Québec

Le 27 juillet 1606, le *Jonas*, un navire jaugeant 150 tonneaux, jette l'ancre dans la baie de Port-Royal. La plupart des Français de la petite colonie sont absents. Il n'y a là que La Taille et Miquelet. Ils sont de garde. Le chef des Micmacs, Membertou, qui venait d'apercevoir le navire, court au fort avertir les deux colons. Il interrompt leur repas, car il est près de midi. La Taille se dirige à toute vitesse vers la rive et se rend compte que le navire déploie une bannière blanche à la pointe du mât. Il lance quatre volées de canon pour saluer l'arrivée du *Jonas* et ce dernier répond par trois canonnades suivies de plusieurs «mousquetades».

La joie est grande, tant chez les passagers que chez les colons. Le navire avait quitté le port de La Rochelle le 13 mai précédent. La nouvelle recrue comprend plusieurs personnes de qualité : Marc Lescarbot, avocat et poète parisien en vacances en Acadie; Louis Hébert, apothicaire parisien âgé d'une trentaine d'années; Claude de Saint-Étienne de La Tour et son fils Charles. Des représentants de divers métiers complètent la liste des arrivants.

Dès le lendemain de leur débarquement, tous se mettent à l'ouvrage. «Le sieur de Poutrincourt, affectionné à cette entreprise comme pour soi-même, écrit Lescarbot, mit une partie de ses gens en besogne au labourage et à la culture de la terre, tandis que les autres s'occupaient à nettoyer les chambres et chacun à appareiller ce qui était de son métier.» Comme la colonie ne compte aucune femme, les hommes doivent se partager les menus travaux ménagers!

Poutrincourt considère que l'agriculture, dans une colonie, est aussi importante que la recherche des trésors. Selon Lescarbot, «qui aura du blé, du vin, du bétail, des toiles, des draps, du cuir, du fer et au bout des morues, n'aura que faire des autres trésors quant à la nécessité de la vie». Dès le début du mois d'août, les hommes s'affairent à semer du blé, du seigle, du chanvre, du lin, des navets, du raifort, des choux «et autres semences». Huit jours plus tard, les jeunes pousses sortent déjà de terre. On construit aussi le premier moulin à eau en Amérique du Nord.

À la fin du mois d'août, Pont-Gravé quitte Port-Royal avec la majeure partie des «compagnons qui avaient demeuré l'hiver avec lui» et retourne en France. Poutrincourt organise alors un voyage d'exploration vers les côtes de la Floride, dans l'espérance de trouver un meilleur endroit où installer la colonie. La tournée se soldera par la perte de quelques hommes tués par les Amérindiens et par la déception de ne pas avoir trouvé de site plus convenable.

Le 14 novembre, Poutrincourt est de retour. Lescarbot souligne l'événement en organisant un spectacle auquel participent Français et Micmacs. L'avocat parisien avait composé pour la circonstance une petite pièce de théâtre en vers intitulée *Le Théâtre Neptune*. C'est la première représentation théâtrale en Nouvelle-France.

Un hiver doux

L'hiver 1606-1607 est l'un des plus doux et des moins meurtriers que la colonie française ait eu à affronter.

La neige ne commence à tomber que le 31 décembre. Jusqu'au mois de janvier, les habitants de Port-Royal se promènent à l'extérieur vêtus seulement de leur pourpoint.

Pour occuper les longs temps libres de l'hiver, Champlain invente un ordre dont le but premier est de créer de la vie et de l'activité dans l'habitation. Les principes de l'Ordre du Bon Temps sont simples : faire profiter les hivernants de Port-Royal des plaisirs de la table. L'intérêt et la recherche consacrés ainsi à l'alimentation ne sont certainement pas étrangers à la bonne santé du groupe. En effet, le scorbut cause peu de pertes de vie dans la petite colonie. « Il nous en décéda quatre en février et en mars », affirme Lescarbot. La maladie a surtout frappé « ceux qui étaient chagrins ou paresseux ».

Pendant que les jours s'écoulent joyeusement à Port-Royal, De Mons doit faire face, en France, à une opposition de plus en plus forte qui conteste son monopole de commerce en Nouvelle-France. Même ses associés ne se gênent pas pour pratiquer la contrebande des fourrures. Au mois de février 1607, le roi Henri IV écrit aux États de Hollande pour protester contre la présence de navires hollandais dans les eaux du fleuve Saint-Laurent. Au printemps 1607, la commission de De Mons est donc révoquée. Cette décision reçoit la ratification royale lors de la réunion du Conseil du roi, tenue à Paris le 17 juillet suivant. De Mons n'a donc plus la permission « de retenir les castors par le moyen de laquelle les marchands sont contraints de les acheter de lui ». Cette décision signifie, à plus ou moins brève échéance, la mort de Port-Royal.

Vite, on ferme!

Le 24 mai 1607, une voile apparaît devant le fort de Port-Royal. Encore une fois, Membertou est le premier à l'apercevoir, car il n'y avait personne «qui eût si bonne vue que lui, quoiqu'il soit âgé de plus de cent ans». Poutrincourt envoie immédiatement une barque de reconnaissance. De part et d'autre, on tire du canon. Mais les réjouissances sont de courte durée, car le capitaine du navire, un nommé Chevalier, remet à Poutrincourt une lettre dans laquelle De Mons lui annonce que la société de commerce est rompue et que celle-ci ne peut désormais plus subvenir aux besoins financiers de la colonie.

Champlain et Lescarbot, dans leurs écrits, rapportent que la tristesse s'est alors emparée de tous les habitants qui ne cachent pas leur colère. Poutrincourt veut demeurer à Port-Royal encore une année. Il expose son projet «à quelques-uns de notre compagnie», écrit Lescarbot. «Il s'en présenta huit, bons compagnons auxquels on promettait chacun une barrique de vin, de celui qui nous restait, et du blé suffisamment pour une année, ajoute l'avocat; mais ils demandèrent de si hauts gages qu'il ne put s'accommoder avec eux. Ainsi, il fallut se résoudre au retour.»

Chevalier avait été chargé d'apporter à la colonie quelques vivres de France : «Six moutons, vingt-quatre poules, une livre de poivre, vingt livres de riz, autant de raisins et de pruneaux, un millier d'amandes, une livre de muscade, un quarteron de cannelle, une demi-livre de girofle, deux livres d'écorce de citrons, deux douzaines de citrons, autant d'oranges, un jambon de Mayence et six autres jambons, une barrique de vin de Gascogne et autant de vin d'Espagne, une barrique de bœuf salé, quatre pots et demi d'huile d'olive, une jarre d'olives, un baril de vinaigre et deux pains de sucre.» Malheureusement, les colons de Port-Royal ne peuvent s'en délecter, car les matelots du *Jonas* avaient tout mangé au cours de la traversée croyant «que nous fussions tous morts».

Le dernier navire quitte Port-Royal le 11 août. Au début du mois d'octobre 1607, tous les habitants de Port-Royal ont regagné la France. Un nouvel échec s'ajoute ainsi aux précédents.

On choisit Québec

De Mons, gentilhomme ordinaire de la Chambre du roi, ne se laisse pas décourager par la perte de son monopole. Il proteste auprès du roi Henri IV. Ce dernier, le 7 janvier 1608, lui renouvelle son privilège pour la durée d'une seule année. «Nous faisons très expressément inhibitions et défenses à tous marchands, maîtres et capitaines de navires, matelots et nos autres sujets, de quelques qualités et conditions qu'ils soient, d'équiper aucuns vaisseaux, et en ceux-ci d'aller ou envoyer faire trafic ou troc de pelleterie et autres choses avec les Sauvages de la Nouvelle-France, fréquenter, négocier et communiquer durant ledit temps d'un an en l'étendue du pouvoir dudit sieur De Mons, à peine de désobéissance, de confiscation entière de leurs vaisseaux, vivres, armes et marchandises au profit dudit sieur De Mons pour assurance de la punition de leur désobéissance.»

De Mons conserve son titre de lieutenant général de la Nouvelle-France et il donne à Champlain celui de lieutenant. Dès le 17 février, il procède à l'engagement des membres de sa recrue : Jean Duval et Antoine Notay, serruriers; Robert Dieu et Antoine Aubry, scieurs de planches. Le lendemain, De Mons fait signer l'engagement de quatre autres personnes : Lucas Louriot, Jean Perret, Antoine Cavallier, tous trois charpentiers, et Martin Béguin, jardinier. Au cours des jours suivants, c'est au tour de Nicolas Duval, Lyevin Lefranc, François Jouan, Marc Balleny, Mathieu Billoteau dit La Taille, Pierre Linot, Jean Loireau, François Bailly, François et Guillaume Morel de signer leur contrat d'engagement. La plupart s'engagent à «aller demeurer et à habiter au pays de Nouvelle-France, autrement dit le Canada, durant le temps et espace de deux ans entiers». En plus de leur assurer un salaire dont le montant varie suivant les métiers et professions, De Mons s'engage à les nourrir pour la durée de leur contrat.

Champlain, qui avait visité la vallée du Saint-Laurent au cours de l'été 1603, réussit facilement à convaincre De Mons que Québec est l'endroit idéal, tant pour un établissement que pour y faire la traite des fourrures. L'historien Marcel Trudel résume les raisons que fait valoir Champlain : «On serait mieux à l'abri de la concurrence européenne et le pays serait plus facile à défendre; on profiterait de la ligue des indigènes, alliés à d'autres nations qui vivent sur les bords d'une mer intérieure; la traite promettait d'y être plus fructueuse qu'en Acadie, et c'est le Saint-Laurent qui offrait la plus grande possibilité de conduire en Asie.»

Champlain quitte Honfleur sur le *Don-de-Dieu*, le 13 avril 1608. Huit jours auparavant, un autre navire nolisé par De Mons, le *Levrier*, avait également fait voile vers la Nouvelle-France. Le 3 juin, le *Don-de-Dieu* arrive devant Tadoussac. Champlain fait aussitôt mettre la barque à l'eau pour voir si Pont-Gravé, qui était sur l'autre navire, est arrivé. «Comme j'étais en chemin, raconte le fondateur de Québec, je rencontrai une chaloupe et le pilote et un Basque qui venaient m'avertir de ce qui leur était survenu pour avoir voulu faire quelques défenses aux vaisseaux basques de traiter, suivant la commission que le sieur De Mons avait obtenue de Sa Majesté.»

Pont-Gravé, arrivé quelques jours avant Champlain, trouve à Tadoussac un navire basque commandé par Martin Darache ou Darretche qui y fait la contrebande des fourrures. Ce dernier, n'acceptant pas la mise en demeure de Gravé du Pont, tire sur le *Levrier* force coups de canon et de mousquet. Le capitaine français est blessé, ainsi que trois de ses hommes, dont un mourra par la suite. Les Basques se rendent ensuite à bord du navire français et enlèvent canons et munitions, «disant qu'ils traiteraient malgré les défenses du roi».

Champlain désire savoir pourquoi un Basque est monté à bord de la chaloupe venue au-devant de lui. Le contrebandier répond «qu'il venait de la part de son maître et de ses compagnons pour tirer l'assurance de moi que je ne leur ferais aucun déplaisir, lorsque notre vaisseau serait dans le port». Avant de prendre une décision, Champlain rencontre Gravé du Pont qu'il trouve mal en point. «Nous considérâmes que nous ne pouvions entrer dans le port que par la force.» Pour ne pas compromettre l'installation à Québec, décision est prise d'user de diplomatie et d'attendre que le problème se règle en France.

Jugeant préférable de ne pas se rendre à Québec avec le *Don-de-Dieu*, Champlain fait préparer une barque «pour transporter tout ce qui nous serait nécessaire pour notre habitation». Le lieutenant de De Mons occupe alors son temps à explorer le Saguenay. Les Amérindiens lui parlent d'une mer salée éloignée de quarante ou cinquante journées de marche de l'endroit où il se trouve. L'explorateur croit que cette mer n'est «qu'un gouffre qui entre dans les terres par les parties du Nord».

Enfin, le 30 juin, la barque est prête et l'expédition entreprend la remontée du fleuve vers Québec où elle arrive le 3 juillet. À Québec, Champlain cherche l'endroit idéal où construire un petit fort. Il choisit une place tout près de l'eau, au pied de la falaise. Il fait abattre les noyers couvrant le terrain. Des hommes s'affairent à scier des planches pendant que d'autres creusent la cave et les fossés. Quelques-uns retournent à Tadoussac chercher le reste des bagages.

Pendant que l'on travaille à l'installation, des membres de l'expédition fomentent un complot pour assassiner Champlain. Dirigés par Jean Duval, ces conspirateurs veulent éliminer Champlain pour ainsi faire main basse sur les provisions et les marchandises de la nouvelle colonie puis s'enfuir en Espagne à bord d'un navire de pêche. Grâce au délateur Antoine Natel, le complot est mis au jour. Duval subit un procès : il finit pendu, sa tête mise au bout d'une pique à l'endroit le plus élevé du fort. Trois des complices retournent en France pour y être jugés.

Le 18 septembre, Pont-Gravé quitte Québec pour retourner en France. Champlain, qui demeure sur place, complète la construction de l'Habitation, qui comprend aussi des places et des jardins. Les hommes se préparent à affronter un nouvel hiver. Ils sont vingt-huit à vivre dans l'Habitation. Mais rapidement, la mort prélève son tribut. Au cours du mois de novembre, la dysenterie enlève un matelot et le serrurier Antoine Natel, « à force de manger des anguilles mal cuites ». Mais ce n'est là qu'un début. Au cours de l'hiver, quinze autres personnes meurent : dix du scorbut et cinq de la dysenterie. Même le chirurgien Bonnerme ne peut repousser la maladie.

Lorsque, le 5 juin 1609, arrive une chaloupe montée par Claude de Godet Des Maretz, le gendre de Pont-Gravé, il ne reste plus, à Québec, que huit hommes sur les vingt-huit qui devaient y hiverner !

Deux jours après l'arrivée de la chaloupe, Champlain se rend à Tadoussac rencontrer Pont-Gravé qui s'y trouve. Il y apprend que le sieur De Mons lui demande de retourner en France. Néanmoins, avant son départ, Champlain décide de pousser plus loin son exploration et de faire accommoder une chaloupe « de tout ce qui était nécessaire pour faire les découvertes du pays des Iroquois, où je devais aller avec les Montagnais, nos alliés ».

Le 18 juin 1609, Champlain part en voyage de découverte au pays des Iroquois, dans le haut de la rivière Richelieu. Il note, au passage, la qualité des bois ou des plaines, baptise quelques rivières, dont la rivière Sainte-Anne-de-la-Pérade. À une lieue et demie de l'embouchure de ce cours d'eau, l'explorateur rencontre deux à trois cents Hurons « cabannés proche d'une petite île, appelée Saint-Éloi », près de Batiscan. Des Algonquins accompagnent les Hurons. Le groupe se prépare à partir en guerre contre les Iroquois. Mais comme les Hurons « n'avaient jamais vu de chrétiens », ils demandent aux Français de leur faire visiter l'Habitation de Québec. Le 22 juin, « nous partîmes tous ensemble pour aller à notre habitation où ils se réjouirent quelque cinq ou six jours qui se passèrent en danses et en festins, pour le désir qu'ils avaient que nous fussions à la guerre ».

Un nouveau départ a lieu, le 28 juin. Champlain est accompagné de neuf hommes, ainsi que de Godet Des Maretz et de Jean Routier dit La Route, le pilote. La chaloupe traverse le lac Saint-Pierre. Les rivières reçoivent des noms, disparus depuis : la rivière Sainte-Suzanne (rivière du Loup, près de Louiseville) ; la rivière du Pont (rivière Nicolet) et la rivière de Gennes (la rivière Yamaska). L'expédition passe quelque jours dans les îles sises à l'entrée de la rivière Richelieu que l'on appelle la rivière des Iroquois. Ce groupe de Français serait le premier à avoir remonté ce cours d'eau. Des rapides empêchent l'embarcation de poursuivre sa route. Champlain prend alors la décision de renvoyer la barque à Québec et de continuer le voyage à bord d'un canot amérindien, accompagné seulement de deux de ses hommes.

Le 12 juillet, les trois Français arrivent devant un lac qui leur semble immense. Immédiatement, l'étendue d'eau en question reçoit le nom de lac Champlain. La traversée du lac s'effectue prudemment, car les amis des Français affirment que l'on vient d'entrer dans le pays ennemi. Ces mêmes amis leur révèlent qu'une fois traversées deux lieues de terre, on arrive à une rivière «qui va tomber en la côte de Norembegue, tenant à celle de la Floride». Cette fameuse rivière vient d'être explorée cette même année par Henry Hudson qui lui a laissé son nom.

Samuel de Champlain et ses compagnons algonquins et hurons avaient fait le voyage pour aller combattre les Iroquois. Le 29 juillet, vers les dix heures du soir, ils font la rencontre de leurs ennemis. «Eux et nous, écrit l'explorateur, nous commençâmes à jeter de grands cris, chacun se parant de ses armes. Nous nous retirâmes vers l'eau et les Iroquois mirent pied à terre et arrangèrent leurs canots les uns contre les autres et commencèrent à abattre du bois avec de méchantes haches.»

Les Iroquois envoient deux canots pour connaître les intentions de leurs ennemis. Tout le monde veut combattre, mais on préfère attendre au lendemain matin. La nuit se passe en chants et en danses. Les Algonquins et les Hurons crient aux Iroquois «qu'ils verraient des effets d'armes que jamais ils n'avaient vus».

Au matin du 30 juillet, l'engagement a lieu. Les trois Français ont chacun une arquebuse. Les Amérindiens alliés ouvrent leurs rangs en deux pour laisser passer Champlain qui prend la tête. Rendu à trente pas des Iroquois, l'explorateur s'arrête. On s'observe de part et d'autre. « Comme je les vis s'ébranler pour tirer sur nous, raconte Champlain, je couchai mon arquebuse en joue et visai droit à un des trois chefs et, de ce coup, il en tomba deux par terre et un de leurs compagnons qui fut blessé, qui quelque temps après en mourut. J'avais mis quatre balles dans mon arquebuse. » Pour la première fois sans doute, les Iroquois viennent de faire les frais des armes à feu.

En épousant la cause des Algonquins et des Hurons, les Français venaient de se faire des ennemis mortels.

Une petite vie de traiteur

Pendant plusieurs années, Québec ne sera qu'un petit poste de traite où séjournent quelques dizaines d'hommes. Les grands espoirs de colonisation sont directement reliés aux problèmes financiers des compagnies de traite. Le monopole de De Mons, valable pour une seule année, doit se terminer le 29 mars 1609. Des marchands de Saint-Malo, de Bayonne, de Saint-Jean-de-Luz et de la côte de Guyenne signent une requête au roi Henri IV lui demandant d'ordonner « que ledit sieur De Mons retirera ses vaisseaux et ses hommes (si aucuns y en a) hors de la côte de Canada et de Saguenay avec défense à lui et à tous les autres de troubler les suppliants audit commerce et trafic, sous peine d'être déclarés perturbateurs du repos public ». Comme on le voit, les marchands français voient d'un mauvais œil l'établissement d'un poste permanent dans la vallée du Saint-Laurent.

Le Conseil d'État se rend à la demande des marchands et, le 6 octobre 1609, la traite redevient libre. Seule subsiste l'obligation pour ceux qui enverront des navires dans le Saint-Laurent de payer une certaine somme à De Mons, à titre de compensation.

Après un hiver passé en France, Champlain revient à Québec à la fin du mois d'avril 1610. Quelques semaines plus tard, il accompagne encore une fois Montagnais et Hurons dans une expédition guerrière contre les Iroquois. Les Français profitent de ce voyage pour faire la traite des fourrures. Ceux qui demeurent à l'Habitation s'occupent en particulier du jardinage. Au début du mois d'août, lorsque Champlain quitte encore une fois Québec pour retourner en France, il laisse les jardins «bien garnis d'herbes potagères de toutes sortes, avec de fort beau blé d'Inde, du froment, du seigle, de l'orge qu'on avait semé et des vignes que j'y avais plantées durant mon hivernement».

Le fondateur de Québec profite de son séjour dans la métropole pour épouser Hélène Boullé, âgée de 12 ans. Le mariage est célébré le lendemain des fiançailles, le 30 décembre 1610. Bien que cette union ne puisse être consommée avant deux ans, étant donné la jeunesse de l'épousée, elle apporte 6000 livres en dot. Mais la vie matrimoniale n'empêche pas Champlain de revenir à Québec.

Considérant peut-être que Québec n'est pas l'endroit idéal pour une habitation, Champlain se rend sur l'île de Montréal au printemps de 1611. Il débarque à un endroit qu'il nomme Place Royale. L'endroit émerveille Champlain. Il fait fabriquer de la brique avec la «très bonne terre grasse à potier» qu'il trouve près de là. Quelques hommes construisent sur un îlet non loin de la rive une muraille de quatre pieds d'épaisseur, de trois à quatre de haut et de soixante pieds de long «pour voir comment elle se conserverait durant l'hiver quand les eaux descenderaient».

L'explorateur remarque, au milieu du fleuve, une île où l'on pourrait bâtir « une bonne et forte ville ». Il la nomme île Sainte-Hélène, sans doute pour rappeler le souvenir de sa jeune épouse demeurée à Paris.

Le retour d'Étienne Brûlé

Les projets d'établissement ne distraient pas Champlain de ses obligations de traiteur. Son voyage dans la région de Montréal a pour but premier le commerce des fourrures. L'année précédente, il avait donné rendez-vous à cet endroit à un groupe huron. Mais l'attente se faisant longue, il occupe son temps à explorer les environs. Le 9 juin 1611, Savignon, qui avait séjourné en France l'hiver précédent, revient d'une journée dans la région du lac des Deux Montagnes, où il espérait découvrir les canots hurons. Il rapporte qu'il a vu, sur une île, non loin de là, une « si grande quantité de hérons que l'air en était tout couvert ». Un nommé Louis, employé du sieur De Mons, grand amateur de chasse, demande à Savignon de le conduire à cet endroit. Accompagnés d'un Montagnais, les deux hommes partent en canot et le trio se rend à l'île aux Hérons, « où ils prirent telle quantité de héronneaux et autres oiseaux qu'ils voulurent ». Lors du voyage de retour, le Montagnais veut emprunter un chemin plus dangereux où l'eau coule en rapides. L'embarcation chavire et Louis, qui ne savait pas nager, se noie. Pour commémorer le triste incident, les rapides reçoivent le nom de Sault-Saint-Louis.

Quelques jours plus tard, soit le 13 juin, les canots hurons font enfin leur apparition. À bord de l'un d'eux, se trouve Étienne Brûlé, qui vit depuis un an avec les Hurons. Champlain est heureux de retrouver ce jeune garçon « qui vint habillé à la sauvage, qui se loua du traitement des Sauvages, selon leur pays et me fit entendre tout ce qu'il avait vu au cours de son hivernement et ce qu'il avait appris des Sauvages». Au cours des jours qui suivent, Brûlé, qui a bien appris la langue huronne, sert d'interprète, appelé alors truchement. Ce jeune homme d'une vingtaine d'années est, comme le note l'historien Léo-Paul Desrosiers, «le premier Blanc à avoir remonté l'Outaouais, à avoir atteint la baie Georgienne et ainsi les Grands Lacs, à avoir visité la Huronie, à avoir sauté les rapides de Lachine».

Les Hurons sont méfiants, car Champlain n'est pas seul. Treize barques sont là pour faire la traite, et l'explorateur déclare qu'il n'a pas d'autorité sur tout ce monde! Les Amérindiens sont «fâchés de voir tant de Français qui n'étaient pas bien unis ensemble». Qu'importe, toutes les peaux de bêtes sont échangées contre des objets de traite. Les Hurons semblent plus intéressés à recevoir une aide militaire pour leurs guerres contre les Iroquois qu'à s'enrichir de pacotille. Champlain va discuter avec eux à leur campement.

Au retour, les canots doivent franchir le Sault-Saint-Louis. Pour ce faire, les Amérindiens se dévêtent et Champlain se retrouve en chemise. Surprise! Le grand voyageur ne sait pas nager, on lui recommande donc, si le canot chavire, de ne point le lâcher et de se «tenir bien à de petits bâtons qui y sont par le milieu».

Les autres commerçants sont déçus de la traite qui rapporte trop peu. Le 19 juillet, Champlain est de retour à Québec où il prépare son départ pour la France. Il veille à ce que tout soit en ordre : «Je disposai le plupart d'un chacun à demeurer à ladite habitation, puis j'y fis faire quelques réparations, planter des rosiers et je fis charger du chêne de fente pour faire l'épreuve en France, tant pour le marin lambris que fenêtrage.»

La famille royale en scène

En France, la situation de la compagnie de commerce formée par De Mons est plus que précaire. À la fin de 1611, «les associés se réunissent à Rouen, mais, faute d'un monopole, écrit Marcel Trudel, ils ne veulent plus soutenir l'entreprise; De Mons rachète donc leurs parts et devient l'unique propriétaire de l'Habitation de Québec».

En 1612, Champlain reste en France où il emploie une partie de son temps à chercher le moyen d'assurer la survie de la petite colonie en y intéressant quelques grands personnages. Il obtient audience auprès de Charles de Bourbon, comte de Soissons. «Je m'adressai à lui, raconte Champlain, et je lui remontrai l'importance de l'affaire, les moyens de la régler, le mal que le désordre avait par ci-devant apporté et la ruine totale dont elle était menacée, au grand déshonneur du nom français, si Dieu ne suscitait pas quelqu'un qui voulait la relever et qui donnait espérance de faire un jour réussir ce que l'on a pu espérer d'elle.»

À la suite d'une réponse favorable du comte de Soissons, Champlain se présente devant le roi Louis XIII et les membres de son conseil. Il obtient la nomination du comte au poste de lieutenant général de la Nouvelle-France. Le comte fait de Champlain son lieutenant. Malheureusement, Charles de Bourbon meurt trois semaines après sa nomination. Henri de Bourbon, prince de Condé et neveu du défunt, devient, le 13 novembre 1612, vice-roi et lieutenant général de la Nouvelle-France. Champlain est confirmé à son poste.

Enfin, le 6 mars 1613, le fondateur de Québec s'embarque à Honfleur, à destination du Canada. Un mois et un jour plus tard, il arrive à Québec où il retrouve «ceux qui y avaient hiverné en bonne disposition, sans avoir été malades, lesquels nous dirent que l'hiver n'avait point été grand et que la rivière n'avait point gelé».

Six jours après son arrivée à l'Habitation, l'explorateur part en direction du pays des Algonquins, il remonte la rivière Outaouais. Le 4 juin, il est aux pieds de la chute de la Chaudière, à l'embouchure de la rivière Rideau, là où s'élève aujourd'hui la ville d'Ottawa. N'ayant pas découvert la mer du Nord ou le passage vers la Chine, Champlain revient à Québec.

En même temps, même si le roi de France avait accordé le privilège de commerce et de traite à l'un de ses parents, le prince de Condé, la contrebande continue à se développer sans contrainte dans la vallée du Saint-Laurent. Le 14 novembre 1613, Louis XIII étend le monopole du commerce de Québec à la rivière Matane, en précisant :

> Nous avons fait défense à tous nos autres sujets de quelque qualité et condition qu'ils soient d'équiper aucuns vaisseaux pour aller traiter et négocier et ne faire pendant douze années consécutives aucun trafic ni commercer avec les Sauvages dudit pays depuis le lieu appelé Québec, sis en la grande rivière de Canada, anciennement appelé le fleuve Saint-Laurent.

En conséquence, toute la région qui va de Matane vers l'ouest est réservée au prince de Condé.

Le lendemain, on constitue la Compagnie de Canada, regroupant des marchands de Saint-Malo, de La Rochelle et de Rouen, qui obtiennent, sous le patronage du prince de Condé, le monopole de commerce et de traite pour une période de onze ans. Parmi les obligations de la nouvelle compagnie, il y a celle de transporter à Québec six familles «pour commencer le peuplement du pays». Le 26 novembre de la même année, trois maçons parisiens signent un contrat d'engagement de deux ans pour la Nouvelle-France : Gilbert Courceron, Jean Leclerc et Pierre Dutet. On ignore à quelle date ces engagés honoreront leur contrat.

Lorsque Champlain quitte de nouveau le port de Honfleur, le 24 avril 1615, quatre religieux récollets l'accompagnent : les pères Denis Jamet, Jean Dolbeau et Joseph Le Caron, ainsi que le frère Pacifique Duplessis. Le 25 mai, le navire jette l'ancre en face de Tadoussac.

Champlain se rend immédiatement dans le pays des Iroquois afin d'aider les Montagnais, les Algonquins et les Hurons dans leur offensive guerrière. Au cours d'un engagement, l'explorateur français sera blessé et ses amis amérindiens subiront une défaite.

Quelques nouveaux colons

En plus de faire la guerre et la traite, il faut songer à peupler le pays. Le 6 mars 1617, Louis Hébert, sa femme Marie Rollet, ses deux filles Anne et Guillemette, son fils Guillaume et son beau-frère Claude Rollet s'engagent à émigrer à Québec. Hébert devra « travailler à tout ce que [lui] commanderont ceux qui auront charge de la compagnie ». En échange de quoi, il aura le droit « de défricher, labourer et améliorer les terres du pays, et le revenu de [ses] labeurs et de [ses] gens » devront être remis entre les mains des gens de la compagnie pendant les deux premières années. À la fin de ce terme, Hébert devra pourvoir à sa nourriture et à son logement. Les produits de ses récoltes pourront être vendus à la compagnie selon les prix en vigueur en France.

Après trois mois en mer, le *Saint-Étienne*, qui transporte les nouveaux colons, arrive enfin à Tadoussac le 14 juin 1617. Une barque les transporte à Québec où l'arrivée de la première famille est saluée tant par les récollets que par les quelques autres habitants qui y vivent déjà. Mais les commis de la compagnie voient d'un mauvais œil l'installation de gens dont le but premier n'est pas la traite des fourrures.

Champlain, qui est alors en France, présente au roi et aux membres du Conseil royal un mémoire dans lequel il expose les besoins et les ressources de la colonie naissante. Selon lui, si la France abandonne son projet de colonisation de la vallée du Saint-Laurent, les Anglais et les Hollandais vont immédiatement occuper l'endroit. Une des raisons qui incite les autorités royales à fournir les fonds nécessaires au développement de la Nouvelle-France, c'est le rêve de la découverte du passage vers la Chine en passant par le fleuve Saint-Laurent.

Le fondateur de Québec demande « trois cents familles, chacune composée de quatre personnes, savoir le mari et la femme, fils ou fille, ou serviteur et servante, au-dessous de l'âge de vingt ans, savoir les enfants et les serviteurs ». Un rapide développement de la population permettrait de construire à Québec « une ville de la grandeur presque de celle de Saint-Denis, laquelle ville s'appellera, s'il plaît à Dieu et au roi, Ludovica ».

La Chambre de commerce, à qui Champlain soumet un mémoire détaillant les ressources de la Nouvelle-France, recommande au roi de maintenir le privilège de commerce, en échange de l'obligation de peupler le territoire. Il faudra attendre une quarantaine d'années avant que de forts contingents de nouveaux colons atteignent Québec.

Une colonie qui vivote

À l'été de 1618, Champlain est de retour à Québec. Il rend visite à Louis Hébert qui a déjà labouré un coin de terre et semé du blé. Les jardins de l'Habitation sont « chargés de toutes sortes d'herbes, comme choux, raves, laitues, pourpier, oseille, persil et autres herbes, citrouilles, concombres, melons, pois, fèves et autres légumes ».

Si les légumes poussent bien, il n'en va pas de même du terrain de la bonne entente qui est nettement moins fertile ! Il y a des dissensions au sein de la compagnie de commerce. En 1619, Champlain se voit confiné dans un rôle d'explorateur, alors que Gravé du Pont devient commandant de l'Habitation. À l'automne de 1619, Henri II, duc de Montmorency, devient vice-roi de la Nouvelle-France et Champlain, enfin, reçoit le commandement effectif de l'Habitation. Il revient donc à Québec en 1620, accompagné de son épouse, Hélène Boullé, et de quelques nouveaux colons. Le nouveau commandant ordonne la remise en ordre de l'Habitation laissée à l'abandon au cours des dernières années. « Il y pleuvait de toutes parts, l'air entrait par toutes les jointures des planchers qui s'étaient rétrécis de temps en temps. »

Pour assurer la défense du site, Champlain fait construire un fort « sur une montagne qui commandait sur le travers du fleuve Saint-Laurent qui est un des lieux les plus étroits de la rivière ». Le fort en bois, bâti sur le Cap-aux-Diamants, reçoit le nom de Saint-Louis.

Une soixantaine de personnes dont des femmes et des enfants hivernent à Québec en 1620-1621. La colonie prend forme.

Le peuple se manifeste

Le duc de Montmorency décide de confier le monopole de la traite des fourrures à une nouvelle compagnie formée par Ézéchiel et Guillaume de Caën. Le 26 novembre 1620, la Compagnie de Montmorency obtient pour onze ans d'abord, puis pour quinze, l'exclusivité de la traite. L'article onze de la convention stipule : «Aucun de quelque qualité qu'il soit ne pourra traiter directement ou indirectement d'aucunes sortes de pelleterie, ni faire aucun trafic ou commerce que pour son usage audit pays ou pour lesdits de Caën, ou leur société et par l'ordre de celle-ci, à peine de confiscation applicable à ladite société.» Les colons seront, à l'avenir, obligés de vendre le surplus de leur production de blé et autres vivres aux commis de la compagnie, aux prix courants en France. Quant à la compagnie, elle vendra aux colons «les vêtements, accoutrements et autres commodités aux prix en usage dans la métropole».

En 1621, les de Caën veulent faire valoir leur monopole contre Pont-Gravé. Une dispute éclate entre l'ancien détenteur du monopole et les nouveaux. Le 1er avril de l'année suivante, un arrêt du Conseil privé régularisera la situation en ordonnant la fusion des deux compagnies.

La petite colonie ne veut pas faire les frais de la mésentente. Le 18 août 1621, les principaux colons se réunissent. Ils dressent la liste de leurs griefs et de leurs recommandations. Le père récollet Georges Le Baillif est mandaté pour aller présenter au roi le cahier général des remontrances, ainsi résumé par l'historien G.-M. Dumas : «Protection de la colonie en cas d'attaques de la part d'une puissance étrangère; construction d'un fort sur le cap aux Diamants; défense aux commerçants huguenots de La Rochelle de fournir des armes aux Sauvages; fin des querelles qui divisaient les deux compagnies de marchands; entretien et accroissement de la religion catholique; défense aux protestants d'exercer leur culte dans la colonie; fondation à Québec d'un séminaire pour 50 enfants sauvages; établissement d'une justice plus forte contre les malfaiteurs ; augmentation de l'autorité et des appointements de Champlain. »

Louis XIII, qui accorde deux audiences au père Le Baillif, réglera les problèmes les plus urgents.

Une nouvelle habitation

Québec se développe lentement. Quelques colons vivent sur « les hauteurs », d'autres dans la partie basse près du fleuve. En 1623, Champlain fait construire un petit chemin pour relier les deux parties.

L'année suivante, jugeant que l'Habitation ne répondait plus aux exigences de la colonie, le représentant du vice-roi fait « tirer les alignements pour commencer à bâtir un corps de logis ». Lorsque Champlain quitte Québec pour retourner en France à la mi-août 1624, il laisse « l'habitation nouvelle bien avancée. »

Le 15 août 1624, Champlain et son épouse quittent Québec. Après une traversée sans histoire, ils débarquent à Dieppe, le 1er octobre. Quelques jours plus tard, Champlain rencontre Louis XIII et le duc de Montmorency. Ce dernier décide de se départir de sa charge de vice-roi de la Nouvelle-France au profit du duc de Ventadour. Le règne de celui-ci sera de courte durée, car un nouveau personnage vient de prendre la direction des affaires de France, Armand Jean Du Plessis, cardinal de Richelieu, alors âgé de 39 ans. Celui-ci s'intéresse de plus en plus à la Nouvelle-France. Au début du mois de juillet 1626, « on crée, sur le papier du moins, la Compagnie de Morbihan qui devait se composer de cent associés et devenir propriétaire du sol et du commerce de la Nouvelle-France ». Il faudra attendre encore presque une année avant qu'une nouvelle compagnie de commerce soit mise sur pied.

Pendant ce temps, Champlain revient à Québec où il arrive le 5 juillet 1626. Il est déçu de voir que les ouvriers ont fait peu de progrès dans la construction en pierre de la nouvelle habitation. « Après avoir tout considéré, je jugeai combien, par le temps passé, les ouvriers perdaient le temps aux plus beaux et longs jours de l'année, pour entretenir le bétail de foin qu'il fallait aller quérir au Cap de Tourmente à huit lieues de notre habitation, tant à faucher et faner qu'à l'apporter à Québec en des barques qui font de peu de port, où il fallait être près de deux mois et demi, employant plus de la moitié de nos gens de travail qui ne dépassaient pas vingt-quatre, de cinquante-cinq personnes qui étaient en ladite habitation. » Champlain décide donc de construire une habitation au cap Tourmente et d'y laisser en permanence « quelques hommes pour la conservation du bétail ». Il fait ainsi construire une étable et deux corps de logis « faits de bois et de terre à la façon de ceux qui se font aux villages de Normandie ».

En 1627, Richelieu met sur pied une nouvelle compagnie formée de cent associés qui reçoit tout le territoire compris entre la Floride et le cercle Arctique, de Terre-Neuve aux Grands Lacs. La Compagnie de la Nouvelle-France monopolisera la traite des fourrures sur ce territoire pendant quinze ans, à compter du 1er janvier 1628. Les habitants de la colonie pourront faire la traite, mais ils seront obligés de vendre les peaux aux commis de la compagnie. Parmi les obligations auxquelles s'astreignent les associés, il y a celle d'envoyer en Nouvelle-France au cours de la première année de leur monopole « deux à trois cents personnes de tous métiers, [...] et pendant les années suivantes en augmenter le nombre jusqu'à quatre mille de l'un et l'autre sexe dans les quinze ans prochainement venant et qui finiront en décembre que l'an comptera 1643. Les y loger, nourrir et entretenir de toutes choses généralement quelconques nécessaires à la vie, pendant trois ans seulement». Il est spécifié que seuls des Français catholiques pourront émigrer en Nouvelle-France.

Richelieu, désireux de convaincre le plus grand nombre de Français à émigrer dans la nouvelle colonie, promet à ceux qui auront exercé un métier au Nouveau Monde pendant une période de six ans, d'être réputés maîtres s'ils reviennent en France. À cette époque, les corps de métiers étaient divisés en trois groupes : apprentis, compagnons, maîtres. Dans la métropole du XVIIe siècle, il devenait de plus en plus difficile d'obtenir la maîtrise, c'est pourquoi la promesse était alléchante.

Les associés travaillent à recruter de nouveaux colons. Ils y réussissent, car le 28 avril 1628, quatre navires ayant à leur bord environ quatre cents personnes quittent le port de Dieppe à destination de Québec. L'amiral Claude Roquemont de Brison commande la flotte. La mer est peu sûre, car la guerre vient d'éclater entre la France et l'Angleterre. Arrivé à Gaspé, Roquemont apprend par des Amérindiens la présence de cinq navires anglais dans la région de Tadoussac. Il décide de se rendre quand même à Québec. Le 18 juillet, à la hauteur de l'île Saint-Barnabé, l'affrontement entre les deux flottes a lieu. L'engagement dure plus de quatorze heures. On se lance quelque douze cents boulets. À la fin, ayant épuisé leurs munitions, les Français doivent se rendre. Les frères Kirke, qui commandaient les navires anglais, gardent prisonniers Roquemont, quelques Français et les pères missionnaires jésuites et récollets et autorisent les autres voyageurs à retourner en France.

Le 9 juillet précédent, deux des hommes de Champlain étaient arrivés à pied du cap Tourmente, apportant la nouvelle de l'arrivée de vaisseaux anglais. Aussitôt, à Québec, tout le monde s'affaire à construire quelque retranchement autour de l'Habitation. On veut établir des barricades sur les remparts devant le fort de la haute-ville. Le 10 juillet 1628, vers les trois heures de l'après-midi, quelques personnes à bord d'une barque cherchent à descendre sur une rive de la rivière Saint-Charles. Champlain envoie des arquebusiers les attendre de pied ferme. On reconnaît, parmi les occupants, Nicolas Pivert, sa femme Marguerite Le Sage et leur nièce. Les autres passagers sont des Basques faits prisonniers par les Kirke.

Un des Basques déclare qu'il a une lettre pour Champlain. Ce dernier réunit Pont-Gravé et les principaux habitants de Québec pour faire la lecture de la missive signée David Kirke. « Messieurs, pouvait-on lire, je vous avise comme j'ai obtenu commission du roi de la Grande-Bretagne, mon très honoré seigneur et maître, de prendre possession de ce pays, savoir le Canada et l'Acadie. »

Kirke en vient rapidement à l'objet de sa demande :

> Pour empêcher que nul navire ne vienne, je résous de demeurer ici jusqu'à ce que la saison soit passée, afin que nul navire ne vienne vous avitailler. C'est pourquoi voyez ce que vous désirez faire, si vous désirez me rendre l'habitation ou non, car, Dieu aidant, tôt ou tard il faut que je l'aie. Je désirerais pour vous que ce fût plutôt de courtoisie que de force, à la seule fin d'éviter le sang qui pourra être répandu des deux côtés.

Kirke demande à Champlain de lui envoyer un homme pour faire connaître sa décision. Et il signe : « Votre affectionné serviteur ».

Champlain n'entend pas se rendre aussi facilement. Ceux qui l'entourent sont d'avis que si Kirke « avait envie de nous voir de plus près, il devrait s'acheminer et non nous menacer de si loin ». Le commandant rédige donc immédiatement la réponse suivante :

La vérité que plus il y a de vivres dans une place de guerre, mieux elle se maintient contre les orages du temps, mais aussi elle ne laisse de se maintenir avec médiocrité quand l'ordre y est maintenu. C'est pourquoi, ayant encore des grains, du blé d'Inde, des pois, des fèves, sans ce que le pays fournit, dont les soldats de ce lieu se passent aussi bien que s'ils avaient les meilleures farines du monde. Sachant très bien que rendre un fort et une habitation dans l'état où nous sommes maintenant, nous ne serions pas dignes de paraître hommes devant notre roi, que nous ne fussions répréhensibles et mériter un châtiment rigoureux devant Dieu et les hommes, la mort en combattant nous sera honorable. C'est pourquoi je sais que vous estimerez plus notre courage en attendant de pied ferme votre personnage avec vos forces, que si lâchement nous abandonnions une chose qui nous est si chère, sans d'abord voir l'effet de vos canons, approches, retranchements et batterie, contre une place que je m'assure qu'en la voyant et reconnaissant, vous ne la jugerez pas de si facile accès.

Et c'est signé : « Votre affectionné serviteur, Champlain ».

Pourtant, la situation est quasi désespérée à Québec, « chaque homme étant réduit à sept onces de pois par jour, n'y ayant pour lors que cinquante livres de poudre à canon, peu de mèche et de toutes les autres commodités ». Mais cela, Kirke l'ignore lorsqu'il reçoit la réponse de Champlain. Il brûle toutes les barques françaises qui se trouvaient à Tadoussac hormis les plus grandes qu'il emmène. La flotte anglaise lève l'ancre, car Kirke est convaincu que Québec ne peut plus recevoir de ravitaillement.

L'ère des fondations

Mi-juillet 1628, les frères Kirke décident de retourner en Angleterre. Le refus de Champlain de se plier à la sommation lui demandant de rendre Québec ne les alarme pas. Leur conquête du Canada n'est que partie remise! Ils savent trop bien, hélas, que les Français établis dans la vallée du Saint-Laurent ont peu de chances d'être ravitaillés.

La petite colonie de Québec ne connaît pas encore les résultats de l'engagement survenu entre la flotte française de Roquemont et les navires anglais. «Cependant que nous attendions des nouvelles de ce combat avec grande impatience, écrit Champlain, nous mangions nos pois par compte, ce qui diminuait beaucoup nos forces, la plupart de nos hommes devenant faibles et débiles. Nous voyant dénués de toutes choses, jusqu'au sel qui nous manquait, je me délibérai de faire des mortiers de bois où l'on pilait des pois qui se réduisaient en farine.» Le spectre de la famine fait déjà son apparition. Pour moudre plus facilement la farine, on trouve le moyen de construire un moulin à bras, grâce à une pierre trouvée par le serrurier.

Champlain compte également sur l'aide des Amérindiens du voisinage. «La pêche de l'anguille vint qui nous aida beaucoup, mais les Sauvages habiles à cette pêche ne nous en donnèrent que fort peu, les nous vendant bien chères, chacun donnant leurs habits et commodités pour le poisson.»

On mise beaucoup sur la récolte de madame Hébert et de sa famille. Mais, déception! «Ils ne nous pouvaient assister que d'une écuellée d'orge, de pois et de blé d'Inde par semaine, pesant environ neuf onces et demie, ce qui était fort peu de choses à tant de personnes. Il nous fallut passer ainsi la misère du temps.»

Quelques hommes hivernent chez les Amérindiens amis. Les autres, soit environ quatre-vingts personnes, demeurent à Québec. Chacun essaie de subsister comme il le peut.

La longue saison d'hiver de 1628-1629 est propice à la réflexion. Le principal sujet des discussions demeure l'attitude à prendre si les secours n'arrivent pas de France avant la fin du mois de juin et que les Anglais se présentent à nouveau devant Québec. On décide que Champlain négociera en tentant de retirer le maximum d'éléments profitables à la colonie. Par ailleurs, si aucun navire ne se présente, une partie de la colonie se rendra à Gaspé ou à Miscou dans l'espoir de trouver un navire qui la ramènerait en France.

Au printemps de 1629, la situation à Québec frise la catastrophe. «Il nous fallait avoir de quoi passer trois ou quatre mois ou mourir, écrit Champlain. Notre recours, bien que misérable, était d'aller chercher des herbes et des racines et de vaquer à la pêche de poisson.» La faim alimente l'ingéniosité culinaire. Selon l'historien Léo-Paul Desrosiers, les habitants de Québec «distinguent entre toutes la plante nommée Sceau de Salomon; mangée crue, son acidité pique la bouche, mais on l'accommode avec du gland, du son, de la paille». «Pour enlever toute amertume au gland, ajoute-t-il, on le fait bouillir jusqu'à deux fois avec de la cendre; et dans le brouet qu'on en fait, on met un peu de poisson s'il s'en trouve.»

La colonie comprend une dizaine de femmes ou de filles et quelques enfants en bas âge : Louise Couillard, quatre ans, sa sœur Marguerite qui n'a pas ses trois ans, et Louis, baptisé le 18 mai 1629. Il ne faut pas oublier Hélène Martin qui aura deux ans le 21 juin. C'est la triste situation des femmes et des enfants qui émeut Champlain. « La déploration la plus sensible en ces lieux en ce temps de disette, avoue-t-il, était de voir quelques pauvres ménages chargés d'enfants qui criaient à la faim après leurs père et mère, qui ne pouvaient fournir à leur trouver des racines, car malaisément chacun en pouvait-il trouver pour manger à demi, dans l'épaisseur des bois à quatre à cinq lieues de l'habitation. »

La misère n'empêche pas la vie de poursuivre son cours. Le 16 mai 1629, Marie Rollet, veuve de Louis Hébert, épouse, en secondes noces, Guillaume Hubou, un habitant établi au pays depuis deux ans.

Les Anglais arrivent

De toute urgence, il faut trouver des vivres et du renfort ou, du moins, renvoyer en France une partie de la population de la colonie. Le 26 juin 1629, Eustache Boullé, beau-frère de Champlain, quitte Québec à bord de *La Coquine*, une petite barque d'une dizaine de tonneaux. Il doit conduire quelques personnes à Gaspé dans l'espoir de leur trouver un passage pour la France. Non loin de sa destination, Boullé croise Émery de Caën qui arrive de la métropole avec du ravitaillement pour la colonie. La paix entre la France et l'Angleterre, apprend-on, aurait été signée le 24 avril précédent. Québec ne devrait donc plus craindre une attaque anglaise. Boullé veut être le premier à annoncer ces bonnes nouvelles. Après quatre ou cinq jours de navigation, le beau-frère de Champlain aperçoit un vaisseau anglais monté par Thomas Kirke. « Nous résolûmes de gagner la terre pour nous sauver, raconte le navigateur. Le vaisseau anglais, s'apercevant que nous faisions retraite, nous tire un coup de canon et équipe une autre chaloupe avec double équipage pour lasser les nôtres qui faisaient ce qu'ils pouvaient pour se sauver. […] Nous fûmes atteints par les Anglais qui nous pillèrent et ravagèrent tout ce que nous avions.»

Les prisonniers sont conduits devant David Kirke qui les reçoit amicalement. Boullé fait valoir la paix intervenue entre les deux pays. Kirke affirme que «ce sont contes faits à plaisir». Sans doute ignore-t-il la signature du traité de Suse puisqu'il a quitté Gravesend au mois de mars. Le commandant anglais veut absolument connaître en détail la situation qui prévaut à Québec. Boullé tente de cacher la misère de la colonie, mais des matelots qui l'accompagnent ainsi que des Amérindiens décrivent «le misérable état» de Québec.

Le 19 juillet, un Amérindien, qui avait sa maison près de celle des pères jésuites, annonce aux habitants de Québec l'arrivée des navires anglais. Pendant que l'on délibère, on aperçoit une chaloupe «ayant un drapeau blanc» qui s'avance vers la rive. Champlain fait aussitôt hisser au mât du fort un drapeau blanc. Un gentilhomme anglais met pied à terre et se fait conduire auprès de Champlain. Il lui remet le pli suivant :

> Monsieur, par suite de ce que mon frère vous manda l'année passée que tôt ou tard il aurait Québec n'étant secouru, il nous a chargé de vous assurer de son amitié, comme nous vous faisons de la nôtre ; sachant très bien les nécessités extrêmes de toutes choses auxquelles vous êtes, que vous ayez à lui remettre le fort et l'habitation entre nos mains, vous assurant toutes sortes de courtoisies pour vous et pour les vôtres, comme d'une composition honnête et raisonnable, telle que vous sauriez désirer. En attendant votre réponse, nous

demeurons, monsieur, vos très affectionnés serviteurs, Louis [Lewis] et Thomas Kirke. Du bord du *Flibot*, ce 19 juillet 1629.

Les principaux personnages de la colonie assistent à la lecture de la missive. Tous, y compris le fidèle Pont-Gravé qui est là avec son petit-fils, conviennent alors de répondre ainsi à la sommation :

> Messieurs, la vérité est que les négligences ou les contrariétés du mauvais temps et les risques de la mer ont empêché le secours que nous espérions en nos souffrances et nous ont ôté le pouvoir d'empêcher votre dessein, comme nous avions fait l'an passé, sans vous donner lieu de faire réussir vos prétentions qui ne se feront, s'il vous plaît, maintenant qu'en effectuant les offres que vous nous faites d'une composition, laquelle on vous fera savoir en peu de temps après nous y être résolus, ce qu'attendant il vous plaira de ne pas approcher vos vaisseaux à portée du canon, ni entreprendre de mettre pied à terre avant que tout ne soit résolu entre nous, qui sera pour demain. Ce qu'attendant, je demeurerai, messieurs, votre affectionné serviteur, Champlain. Ce 19 juillet 1629.

Même réduits à une grande extrémité, les Français refusent de se rendre à n'importe quelle condition. Ils demandent d'abord à voir la commission du roi de la Grande-Bretagne autorisant les Kirke à s'emparer de Québec, « si c'est en effet par une guerre légitime que la France ait avec l'Angleterre ». De plus, Champlain demande un vaisseau pour permettre à ceux qui le voudront de retourner en France. Quant à lui, il exige l'autorisation de ramener avec lui dans la métropole deux petites Amérindiennes qui lui avaient été données deux ans auparavant. Demande est aussi faite « que l'on nous permettra de sortir avec armes et bagages et toutes sortes d'autres commodités de meubles que chacun peut avoir, tant religieux qu'autres, ne permettant qu'il nous soit fait aucun empêchement en quelque manière et façon que ce soit».

Le soir du 19, les Kirke font parvenir leur réponse au fort : ils ne sont pas en mesure de produire la commission royale, car elle est entre les mains de David, à Tadoussac. Ils ne peuvent fournir un navire, mais les Français peuvent être assurés d'un passage en Angleterre et de là, en France, «ce qui vous gardera de retomber entre les mains des Anglais». En réponse à sa demande, Champlain n'obtient pas la permission d'emmener ses deux petites Amérindiennes.

Le lendemain, les trois navires anglais s'approchent de la rive et jettent l'ancre. Champlain se rend à bord du *Flibot* rencontrer Lewis Kirke et lui demande d'abord pourquoi il ne peut pas emmener avec lui ses deux filles auxquelles il avait enseigné tout ce qu'il pouvait et à qui il avait appris «à travailler à l'aiguille, tant en linge qu'en tapisserie, en quoi elles travaillent fort proprement». Kirke revient sur sa décision et tout le monde en est ravi.

Lewis Kirke, qui avait reçu le commandement du poste de Québec, fait ensuite descendre quelques soldats pour protéger la chapelle des missionnaires, ainsi que la maison de Marie Rollet, veuve de Louis Hébert. Les Français voient ensuite débarquer cent cinquante hommes en armes venant prendre possession de l'Habitation. Corneille de Vendremur, le sous-commis de la compagnie, rend les clefs au nouveau commandant. Ce dernier les remet immédiatement entre les mains d'Olivier Le Baillif «qu'il avait pris pour commis, lequel s'était volontairement donné aux Anglais pour les servir et les aider à nous ruiner, comme perfide à son roi et à sa patrie». Le Baillif n'est pas le seul à épouser la cause des Kirke. L'année précédente, le pilote

Jacques Michel avait fait de même et, immédiatement après la reddition de Québec, selon Champlain, Étienne Brûlé, Nicolas Marsolet et Pierre Raye, un charron de son métier, offraient leurs services à l'Angleterre. Les quatre « traîtres » avaient déjà, par leur conduite, scandalisé les autres membres de la colonie. Ils mangeaient de la viande les vendredis et samedis, jours d'abstinence pour les catholiques. Ils se livraient, de plus, « à des débauches et des libertinages désordonnés ».

Champlain veut laisser son logis au nouveau commandant, mais ce dernier refuse, rendant au fondateur de Québec « toutes les sortes de courtoisies qu'il pouvait s'imaginer ». Lewis Kirke, né en France et élevé dans la religion protestante, permet même aux pères de célébrer la messe.

Au son du tambour

Le dimanche 22 juillet, en matinée, les Anglais prennent officiellement possession du fort et de l'Habitation. Après avoir enlevé les armes de France, Kirke fait « planter l'enseigne anglaise sur un des bastions ». Ensuite on bat le tambour. Les soldats s'assemblent en ordre sur les remparts. Le commandant fait tirer du canon et fait jouer « toute l'escoupeterie de ses soldats ». Québec est maintenant une colonie anglaise !

Une vingtaine de personnes, pour diverses raisons, décident de demeurer à Québec, alors que les autres se préparent à retourner en France. Kirke est heureux que la présence française se perpétue à Québec. « Comme Louis Kirke était courtois, tenant toujours du naturel français et d'aimer la nation, [...] écrit Champlain, il désirait obliger, en autant qu'il le pouvait, ces familles et les autres Français à demeurer, aimant mieux leur conversation et leur entretien que ceux des Anglais, à laquelle son humeur semblait répugner.»

Une nouvelle reddition

Les trois navires anglais quittent Québec, le 24 juillet. Le lendemain, non loin de La Malbaie, ils rencontrent le navire du sieur Émery de Caën. Un combat s'engage. Thomas Kirke se rend auprès de Champlain monté à bord de son navire. «Monsieur, dit-il, vous savez l'ordre de la mer qui ne permet pas à ceux d'un parti contraire d'être libres sur le tillac. C'est pourquoi vous ne trouverez pas étrange que vous et vos compagnons vous descendiez sous le tillac.» Conséquemment, les matelots ferment les panneaux conduisant à l'endroit où s'étaient retirés les Français et les clouent. Un des hommes du sieur de Caën crie : «Quartier», réclamant ainsi la fin de l'engagement. Le combat cesse. Thomas Kirke envoie un de ses hommes ouvrir un des panneaux et demander à Champlain de monter sur le tillac pour parlementer avec Émery de Caën. Ce dernier se rend aux mêmes conditions que celles accordées aux habitants de Québec.

Les Kirke et leurs prisonniers français arrivent à Tadoussac peu après. David Kirke les y attendait impatiemment. Une dizaine de jours plus tard, soit à la mi-août, à la suite de démarches du «perfide» Marsolet, qui convoitait sans doute l'une des deux jeunes Amérindiennes, Kirke change de nouveau d'idée et interdit à Champlain d'emmener avec lui les deux petites Amérindiennes, prénommées Espérance et Charité.

Les jours passent ainsi à Tadoussac. Il n'est pas encore question de lever l'ancre pour l'Angleterre. Pendant ce temps, à Québec, on termine le réaménagement du fort et de l'Habitation sous la supervision de David Kirke. Champlain et quelques autres occupent leur temps avec le général « à la chasse du gibier qui y est en cette saison abondant, principalement les alouettes, les pluviers, les courlieux, les bécassines dont il en fut tué plus de 20000, outre la pêche que les Sauvages faisaient en assez grande quantité et d'éperlans que l'on prit en grand nombre avec des filets et quelques autres poissons, le tout très excellent ».

Enfin, le 14 septembre 1629, l'ordre du départ est donné. Le 20 octobre suivant, les navires jettent l'ancre à Plymouth, en Angleterre. On apprend la ratification du traité de Suse. Il devient alors évident que la capitulation de Québec a eu lieu en temps de paix, « ce qui fâcha grandement ledit Kirke ». Le 27 octobre, à Douvres, tandis que les pères jésuites et récollets ainsi que tous les autres Français prennent le chemin de France, Champlain se rend à Londres rencontrer l'ambassadeur de son pays « pour lui faire le récit de tout ce qui s'était passé dans notre voyage ».

Trois jours plus tard, Champlain rencontre M. de Châteauneuf qui, peu après, obtient du roi d'Angleterre, Charles Ier, l'espérance d'une remise de la place aux mains des Français. Mais l'affaire traîne en longueur et, le 30 novembre, l'ancien commandant de Québec quitte Londres à destination de Dieppe.

De retour à Paris, Champlain rencontre le roi Louis XIII, le cardinal de Richelieu et les responsables de la Compagnie de la Nouvelle-France. On décide d'envoyer en Angleterre le sieur Daniel, porteur d'une lettre du roi de France adressée au souverain anglais lui demandant la restitution du fort et de l'Habitation de Québec et des autres ports et havres qui avaient été pris sur les côtes de l'Acadie. Le roi Charles Ier et son Conseil ordonnent la remise des places, mais ils ne soufflent mot de l'Acadie. Les directeurs de la Compagnie de la Nouvelle-France organisent alors une flotte pour aller reprendre possession de Québec, de gré ou de force. Cette menace militaire n'a pas l'heur de plaire aux Anglais. Ces derniers reprochent d'ailleurs aux Français de s'être emparés de deux navires en temps de paix. Ils demandent donc la restitution de ces deux navires anglais. Richelieu écrit à l'ambassadeur Châteauneuf : « S'ils consentent à la restitution pure et simple de Québec, vous la prendrez ; sinon, il vaut mieux laisser tirer l'affaire en longueur. »

En 1630, la France a d'autres préoccupations que le petit poste de Québec. Ses guerres en Savoie et en Italie sont plus importantes que la Nouvelle-France. Par contre, Champlain et les dirigeants de la compagnie continuent à revendiquer les territoires conquis. Un an plus tard, les associés équipent quelques navires pour aller ravitailler les postes de l'Acadie et faire la traite à Tadoussac et dans la région de Québec. Le sieur de Caën remonte le fleuve jusqu'à Québec, espérant entrer en contact avec les Amérindiens qui descendraient, selon la coutume, échanger leurs fourrures contre des objets de troc. Thomas Kirke déclare à Émery de Caën que la traite s'annonce tellement faible qu'elle sera même insuffisante pour les Anglais.

Pendant ce temps, soit le 12 juin 1631, le roi d'Angleterre écrit à sir Isaac Wake, son ambassadeur en France, pour lui préciser les conditions de restitution de Québec et autres postes : « le paiement de la balance de la dot de la reine Henriette », l'épouse de Charles Ier ; « la restitution des navires pris par les Français » et « la main-levée des saisies pratiquées dans les eaux anglaises, contrairement au traité ». Il est convenu de rendre Québec et Port-Royal « dans le même état où elles étaient avant la conclusion de la paix ». Le roi ajoute : « Un autre point reste aussi à résoudre quant à l'obligation imposée à nos sujets de sortir du Canada et des autres lieux : c'est que révocation soit faite de tous les actes publiés en France contre tous ceux qui ont été engagés dans cette entreprise, particulièrement contre les trois frères Kirke. »

Enfin, un accord intervient le 29 mars 1632 à Saint-Germain-en-Laye. Guillaume de Caën doit se rendre à Québec présider à la remise du fort et de l'Habitation. En guise de compensation, il obtient le monopole de traite des fourrures pour la période d'une année, « à la condition, note l'historien Marcel Trudel, qu'il n'y aille pas lui-même et que soient catholiques tous ceux qui hiverneront à Québec ». Par contre, Émery de Caën obtient le commandement de la place.

Le dimanche de la Quasimodo, 18 avril 1632, un navire quitte le port de Honfleur ayant à son bord Émery de Caën, trois pères jésuites et une quarantaine d'hommes. La traversée est rude et ce n'est que le 18 juin que les voyageurs atteignent Tadoussac. Le 5 juillet suivant, le navire jette l'ancre devant Québec. Les Anglais occupent toujours la place. Le père Paul Le Jeune est déçu par ce qu'il voit : « Nous vîmes au bas du fort la pauvre habitation de Québec toute brûlée. Les Anglais qui étaient venus dans ce pays-ci pour piller et non pour édifier, ont brûlé, non seulement la plus grande partie d'un corps de logis que le père Charles Lalemant avait fait dresser, mais encore toute cette pauvre habitation de laquelle on ne voit plus que des murailles de pierres toutes bouleversées; cela incommode fort les Français qui ne savent où loger. »

Le lendemain de son arrivée à Québec, de Caën montre à Thomas Kirke les lettres patentes des rois de France et d'Angleterre « par lesquelles il était commandé au capitaine anglais de rendre le fort dans les huit jours ».

La remise du fort a lieu, le 13 juillet, et, le même jour, les Anglais quittent Québec à bord de deux navires. Ainsi se terminera la première occupation de Québec par les Anglais ! La colonie se trouve dans un bien piètre état. « Les Anglais délogeant, écrit le père Le Jeune, nous sommes rentrés dans notre petite maison. Nous y avons trouvé pour tous meubles deux tables de bois telles quelles, les portes, fenêtres et châssis, tous brisés et enlevés. Tout s'en va en ruine. C'est encore pire dans la maison des pères récollets. Nous avons trouvé les terres que nous avions défrichées couvertes de pois ; nos pères les avaient laissées à l'Anglais couvertes de froment, d'orge et de blé d'Inde. Cependant ce capitaine Thomas Kirke a vendu la récolte de ces pois, refusant de nous les donner pour les fruits qu'il avait trouvés sur nos terres. »

Les Kirke avaient amené avec eux un jeune Noir originaire de Madagascar ou de la Guinée. Ils l'avaient d'abord vendu à Olivier Le Baillif. Ce dernier le donne à Guillaume Couillard qui le fera baptiser l'année suivante sous le nom d'Olivier Le Jeune. Cet événement fait d'ailleurs craindre au jeune Noir d'être écorché vif car, noir de peau, on lui a dit que le baptême le rendrait pareil aux Français. Olivier Le Jeune peut être considéré comme le premier Noir à vivre au Québec. On le désignera avec le qualificatif « domestique », bien qu'en fait il soit un esclave.

Retour de Champlain

Samuel de Champlain, qui avait été écarté du voyage de 1632, est nommé, au mois de mars de l'année suivante, « lieutenant de Richelieu ». Il quitte le port de Dieppe, le 23 mars 1633, avec trois navires, le *Saint-Pierre*, le *Saint-Jean* et le *Don-de-Dieu*. Ces vaisseaux transportent en

Nouvelle-France plus de deux cents personnes. Dans la baie de Gaspé et à Tadoussac, on note la présence de navires anglais venus faire la traite des fourrures. Le nouveau commandant arrive à Québec le 22 mai. Sa première tâche est de s'assurer que la traite sera bonne et que les Anglais ne viendront pas devancer les Français dans ce commerce. Il fait établir un poste de traite sur un petit îlot situé en face de Deschambault. Il lui donne le nom d'île de Richelieu. L'autre tâche urgente est la reconstruction du magasin de Québec.

À l'automne, sur le cap aux Diamants, Champlain fait construire une petite chapelle qui prendra le nom de Notre-Dame-de-la-Recouvrance.

On demande des colons

Les Algonquins de la région des Trois-Rivières sont nombreux à Québec, le 24 mai 1633, pour saluer le retour de Champlain et lui demander la construction d'un fort français et d'un poste de traite aux Trois-Rivières. Le chef algonquin Capitanal, dont le père avait été tué aux côtés de Champlain lors d'un engagement armé contre les Iroquois, se fait le porte-parole de sa nation. « Avec une rhétorique aussi fine et déliée qu'il en saurait sortir de l'école d'Aristote ou de Cicéron », écrit le père Le Jeune, Capitanal se lance dans une grande harangue pour convaincre Champlain.

> Je ne suis qu'un pauvre petit animal qui va rampant sur la terre. Vous autres, Français, vous êtes les grands du monde qui faites tout trembler. Je ne sais comment j'ose parler devant d'aussi grands capitaines. […] Tu nous dis que les Français nous ont toujours aimés, nous le savons bien et nous mentirions si nous disions le contraire. Tu dis que tu as toujours été véritable, aussi t'avons-nous toujours cru. Tu nous as assistés en nos guerres, nous t'en aimons tous davantage.

Dans sa réponse, Champlain développe une idée qui deviendra à la mode quelques décennies plus tard. «Quand cette grande maison sera faite, déclara-t-il, alors nos garçons se marieront avec vos filles et nous ne ferons plus qu'un peuple.» En entendant cela, les Algonquins se mettent à rire, ne semblant pas prendre le Français au sérieux. «Tu nous dis toujours quelque chose de gaillard pour nous réjouir, répondent-ils. Si cela arrivait, nous serions heureux.» Le père Paul Le Jeune, qui rapporte la cérémonie dans la *Relation*, termine son récit par ce commentaire qui montre bien quelle idée certains de ses contemporains se faisaient des Amérindiens : «Ceux qui croient que les Sauvages ont un esprit de plomb et de terre, connaîtront par ce discours qu'ils ne sont pas si massifs qu'on les pourrait dépeindre.»

Champlain ne dispose pas d'assez d'hommes pour établir immédiatement un poste aux Trois-Rivières, mais il espère pouvoir le faire l'année suivante. Le recrutement des habitants se fait lentement et les quelques engagés causent parfois bien des soucis.

La Compagnie de la Nouvelle-France avait joué de malchance depuis sa fondation, en 1627. Ses premières tentatives de colonisation avaient tourné à l'échec. La restitution de Québec aux Français va signifier un nouveau début, mais comme les fonds sont quasi épuisés, la compagnie cherche un moyen de se décharger, sur d'autres épaules, de son obligation de peupler la colonie. Les dirigeants de la compagnie se réunissent en assemblée générale, le 15 janvier 1634. Ils concèdent alors au chirurgien Robert Giffard, de Mortagne, une seigneurie comprenant «une lieue de terre à prendre le long de la côte du fleuve Saint-Laurent, sur une lieue et demie de profondeur à l'endroit où la rivière, appelée Notre-Dame-de-Beauport, entre dans ledit fleuve, cette rivière comprise».

Giffard connaissait déjà le pays. Il avait traversé en 1627 et s'était bâti une cabane à la Canardière. Il était revenu en 1628 à bord de la flotte de Roquemont qui avait été prise par les Kirke. En 1634, Giffard est déterminé à s'installer dans la colonie, projet grandement facilité par la concession qu'il vient de recevoir. Le futur colonisateur s'engage à céder à son tour des portions de sa concession à des censitaires. « Les hommes que ledit sieur Giffard ou ses successeurs feront passer en la Nouvelle-France tourneront à la décharge de ladite compagnie en diminution du nombre qu'elle doit y faire passer et, à cet effet, en remettra tous les ans les rôles au bureau de ladite compagnie. »

Même si Giffard devient seigneur de Beauport, il n'obtient pas pour autant le droit de faire la traite des fourrures. Robert Giffard, pour peupler sa seigneurie, devient agent recruteur pour la Nouvelle-France. Le 14 mars 1634, il signe un contrat d'engagement avec Jean Guyon du Buisson et Zacharie Cloutier. Ces deux nouveaux colons « s'engagent à cultiver les terres de Giffard et à lui fournir son bois de chauffage jusqu'en 1637 ». Au printemps, plusieurs personnes quittent le Perche pour Québec : Robert Giffard, Marie Regnouard, son épouse et leurs deux enfants ; Jean Guyon, Zacharie Cloutier, Gaspard et Marin Boucher, Noël Langlois, Thomas Giroust ; Jean Juchereau de Maur, Marie Langlois, sa femme, et leurs quatre enfants, etc. Les quatre navires affrétés par la compagnie arrivent à Québec au cours du mois de juin 1634. Le 4, Robert Giffard débarque avec sa femme enceinte qui craignait d'accoucher sur le navire.

Les Trois-Rivières

En 1634, Champlain juge qu'il a le personnel suffisant pour établir un nouveau fort qui servira en même temps de poste de traite des fourrures. Il charge donc un employé de la compagnie, un nommé Laviolette, de conduire une barque à l'embouchure de la rivière Saint-Maurice, ayant à bord les hommes et le matériel nécessaires à un établissement. Le départ a lieu de Québec, le 1er juillet. Les pères jésuites Jean de Brébeuf et Antoine Daniel font partie de l'expédition.

Le 4 juillet, tous mettent pied à terre et un militaire surnommé Laviolette commence immédiatement à faire construire une habitation. Au cours du mois, Champlain fait l'inspection du nouveau poste où déjà se multiplient les rencontres avec les Hurons, les Algonquins et les Montagnais. Le grand chroniqueur de l'époque, le père Le Jeune, écrit dans la *Relation* : « Nos Français ont maintenant trois habitations sur le grand fleuve Saint-Laurent : une à Québec, fortifiée de nouveau; l'autre, à quinze lieues plus haut, dans l'île de Sainte-Croix, où M. de Champlain a fait bâtir le fort de Richelieu; la troisième demeure se bâtit aux Trois-Rivières, quinze autres lieues plus haut, c'est-à-dire à trente lieues de Québec. »

Le premier hivernement au poste des Trois-Rivières rappelle ceux du tout début de la colonie. Le scorbut cause la mort de quelques habitants dont Jean Guiot, surnommé Négrier, Pierre Drouet, Isaac Le Conte et Guillaume Née. L'hiver de 1634-1635 est particulièrement dur. Le 6 février 1635, le père Le Jeune écrit : « La grande rivière [le fleuve] fut gelée tout à fait, en sorte qu'on passait dessus avec assurance; elle gela même devant Québec, ce qui est fort extraordinaire. […] Il semble que la rigueur de l'hiver s'est fait sentir particulièrement en ce mois-ci. »

À part le scorbut et le froid, la faim devient elle aussi une menace au cours de l'hiver. Les vivres deviennent rares. Une fois encore, heureusement, les connaissances d'un Amérindien viennent au secours des Français.

> Le 27 janvier 1635, raconte le père Le Jeune, un Sauvage me vint apprendre un secret bien connu des Algonquins, mais non pas des Montagnais ; aussi n'est-il pas de ce pays-ci, mais de bien avant dans les terres. Il me dit donc que si quelqu'un de nos Français voulait l'accompagner, il s'en irait pêcher sous la glace d'un grand étang, placé à quelque vingt-cinq mille pas au-delà de la grande rivière, vis-à-vis de notre habitation. Il y alla en effet et rapporta quelques poissons ; ce qui consola fort nos Français, car ils peuvent maintenant, au plus fort des glaces, tendre des rêts dans cet étang. J'ai vu cette pêche ; voici comment ils s'y comportent : ils font à grands coups d'hache un trou assez grandelet dans la glace de l'étang.

La pêche sous la glace vient de faire son apparition dans la région des Trois-Rivières !

La mort de Champlain

Au mois d'octobre 1635, la santé de Samuel de Champlain commence à décliner. Âgé d'environ soixante-cinq ans, le fondateur de Québec est épuisé. La paralysie le frappe et, le 25 décembre, il meurt après avoir reçu les derniers sacrements des mains du père Charles Lalemant. Un autre jésuite, Paul Le Jeune, prononce l'oraison funèbre où il rend hommage à celui que, depuis, l'on désigne sous le nom de « père de la Nouvelle-France ». Aussitôt après les obsèques, l'orateur lit une lettre des associés de la Compagnie où il est dit que l'intérim sera assuré par Marc-Antoine Bras-de-Fer de Chateaufort. Ce dernier prend le titre de « lieutenant général en toute l'étendue du fleuve Saint-Laurent en la Nouvelle-France pour monseigneur le Cardinal, Duc de Richelieu ».

À Paris, on ignore encore le décès de Champlain. La Compagnie de la Nouvelle-France, qui connaît peut-être l'état de santé du fondateur de Québec, décide de le remplacer. Le 15 janvier 1636, le commandement et le titre de gouverneur de la colonie sont dévolus à Charles Huault de Montmagny. Ce dernier débarque à Québec, le 12 juin 1636. Il se rend immédiatement à la chapelle de Notre-Dame-de-la-Recouvrance où l'on chante un *Te Deum* d'action de grâces. Après la récitation de prières pour le roi Louis XIII, Chateaufort remet au nouveau gouverneur les clefs du fort où le représentant du souverain est accueilli «au bruit du canon et de plusieurs salves de mousqueterie».

La colonie s'enrichit, en 1636, de quarante-cinq personnes dont la plupart font partie des familles de Pierre Legardeur, sieur de Repentigny, et de Jacques Leneuf de La Poterie. La même année, la compagnie concède quelques nouvelles seigneuries : Beaupré, La Madeleine, île Jésus, Lauzon et Rivière-au-Griffon.

Une des premières tâches du gouverneur Montmagny est de renforcer le système défensif de Québec. Il trace les plans d'une nouvelle forteresse; il améliore la plateforme du fort et y fait installer de nouveaux canons. Lentement, Québec s'apprête à ressembler à une petite ville avec sa garnison.

Moins d'un mois après son arrivée, Montmagny se rend aux Trois-Rivières où il ordonne l'exécution d'importants travaux : «deux nouveaux corps de logis, un magasin et une plate-forme pour recevoir plus de canons». Mais la colonie ne progresse pas aussi rapidement que le souhaitent ses dirigeants. La plupart des associés de la Compagnie de la Nouvelle-France s'intéressent peu à la colonie. Les immigrants n'y viennent pas encore en nombre suffisant pour fonder de nouveaux établissements. L'œuvre des pères missionnaires parmi les Amérindiens produit peu de fruits.

En 1639, arrivent des religieuses ursulines ainsi que des hospitalières. Les premières doivent s'occuper de l'éducation des filles françaises et amérindiennes, les secondes de la fondation d'un hôpital.

La crainte s'installe

Depuis sa fondation, Québec n'a pas à trop à souffrir de l'hostilité des Iroquois. Il y a bien quelques combats de peu d'importance, des meurtres, des enlèvements, mais l'hostilité ne revêt pas encore le caractère d'une vraie guerre. Depuis que Champlain a épousé la cause des Hurons, des Algonquins et des Montagnais, les Iroquois se sont rapprochés des Hollandais qui occupent New Amsterdam (New York) et Fort Orange. À partir de 1639, les Hollandais approvisionnent les Iroquois en armes à feu; ce que Champlain et Montmagny n'ont pas voulu faire.

Le 20 février 1641, deux habitants des Trois-Rivières partent chasser dans les environs. Thomas Godefroy de Normanville, un interprète âgé d'une trentaine d'années, et François Marguerie de La Haye, lui aussi un interprète dans la trentaine, tombent aux mains des Iroquois. Ce sont deux hommes de la forêt. Le premier parle l'iroquois, le huron et l'algonquin; le second a obtenu le surnom de «homme double», parce que, d'après les Amérindiens, il est l'homme blanc «le mieux adapté à leurs coutumes et à leurs idiômes». Comme les deux hommes ne reviennent pas au fort, on commence à s'inquiéter et quelques-uns partent à la recherche de leurs compatriotes. Le premier indice qu'ils découvrent est un morceau de papier attaché à un bâton sur lequel il est écrit : «Les Iroquois nous ont pris; entrez dans le bois.» Plus loin, sur un tronc d'arbre dont l'écorce a été enlevée, ils lisent ces mots tracés avec un morceau de charbon de bois : «Les Iroquois nous ont pris la nuit. Ils ne nous ont fait encore aucun mal; ils nous emmènent dans leur pays. » À Québec, à l'annonce de la capture des deux interprètes, l'inquiétude est grande. « On chantait tous les jours, à la même intention, l'hymne *Ave Maris Stella.* »

En terre iroquoise, les prisonniers sont bien traités, même s'ils savent qu'ils peuvent être tués à n'importe quel moment. « Quelques Sauvages des nations plus hautes, raconte la *Relation*, ne voulant pas irriter les Français, firent des présents, à ce qu'on délivrât ces deux pauvres captifs. » Marguerie et Godefroy essaient de convaincre les Iroquois de négocier la paix avec les Français. Ils semblent réussir puisqu'au printemps cinq cents hommes se mettent en route vers Trois-Rivières. Une partie demeure à l'embouchure de la rivière Richelieu attendant les canots de leurs ennemis qui descendront le fleuve avec des chargements de fourrures. Les autres, montés à bord de vingt canots, arrivent en face du poste des Trois-Rivières, le 5 juin 1641.

Pendant que Godefroy demeure avec les Agniers sur la rive sud, un canot conduit Marguerie à Trois-Rivières. L'interprète décrit la situation au gouverneur du poste, François de Champflour, et lui fait part de l'unique exigence iroquoise : des armes. Les Agniers veulent que les Français leur remettent une trentaine d'armes à feu qui viendraient s'ajouter aux trente-six qu'ils possèdent déjà. Les intentions des Iroquois ne semblent pas très claires. Tout en désirant la paix avec les Français, ils veulent continuer la guerre contre les Hurons et les Algonquins, amis des Français. Bien plus, une prisonnière algonquine a confié à Marguerie « que les Iroquois voulaient attirer les Sauvages alliés à la France, les détruire et se rendre maîtres absolus de la grande rivière [le fleuve] ».

Champflour veut gagner du temps. Il répond que seul le gouverneur Montmagny qui réside à Québec pour négocier une telle paix. Les Agniers se retirent sur la rive sud dans l'attente de l'arrivée du gouverneur. Les jours s'écoulent sans que ce dernier arrive. Impatients, ils demandent à Marguerie et Godefroy de retourner au poste de Trois-Rivières voir ce qui s'y passe. Jean Nicollet et le père Paul Ragueneau traversent avec eux afin d'amorcer les négociations.

Un grand pow-wow

Montmagny est enfin à Trois-Rivières, le 10 juin, à la tête d'une barque et de quatre chaloupes armées. Il se rend au campement iroquois. Onagan, un des orateurs agniers, prend la parole le premier. Montrant les deux prisonniers, Godefroy et Marguerie, il dit au gouverneur :

> Ces deux jeunes hommes que vous voyez sont Iroquois ; ils ne sont plus Français. Le droit de la guerre les a fait nôtres. Jadis le seul nom de Français nous jetait la terreur dans l'âme, leur regard seul nous donnait de l'épouvante et nous les fuyions comme des démons qu'on n'ose approcher. Mais enfin, nous avons appris à changer les Français en Iroquois. Ils sont encore Iroquois ; et tout présentement ils seront Français. Disons plutôt qu'ils seront Français et Iroquois tout ensemble ; car nous ne serons plus qu'un peuple.

En prononçant ces derniers mots, Onagan coupe les liens des prisonniers et les lance par-dessus la palissade.

Comme il est tard, le gouverneur Montmagny décide de prendre la parole le lendemain seulement. Mais, le 11, la pluie et le vent l'empêchent de traverser le fleuve et la rencontre a donc lieu seulement le 12. La méfiance règne dans les deux camps. Les Français doutent de plus en plus de la sincérité des Agniers et Montmagny, pour négocier la paix, se fait accompagner de chaloupes montées de soixante-dix hommes armés. Après l'échange usuel des cadeaux, les Agniers demandent au gouverneur de la colonie de se faire construire une habitation dans leur pays.

Les Français exigent une paix générale avec toutes les tribus. Les négociations sont quasi rompues et, le 13 juin 1641, on se tire dessus de part et d'autre.

C'est la guerre ! Le calme, si relatif fût-il, va disparaître pour quelques décennies. Le père Barthélemy Vimont écrit, à la suite de ces événements : « Si ces barbares s'acharnent à nos Français, jamais ils ne les laisseront dormir en paix : un Iroquois se tiendra deux ou trois jours, sans manger, derrière une souche, à cinquante pas de votre maison, pour massacrer le premier qui tombera dans ses embûches. »

Pendant que la sincérité des uns et des autres est mise en doute, l'optimisme règne en France où un groupe d'hommes et de femmes décident de fonder un nouvel établissement sur l'île de Montréal.

Une colonie mystique

Le 15 janvier 1636, Jean de Lauson, futur gouverneur de la Nouvelle-France, se fait concéder par la Compagnie des Cent-Associés la seigneurie de l'île de Montréal. Le 2 février suivant, un receveur d'impôts de La Flèche, en France, Jérôme Le Royer de La Dauversière, se convainc qu'il doit travailler à l'établissement d'une colonie française sur l'île de Montréal. Trois ans plus tard, soit à la fin du mois de février ou au début du mois de mars 1639, La Dauversière se rend à Paris pour y rencontrer Pierre Séguier d'Autry, qui occupe le poste de chancelier de France. Au même moment, un cousin du chancelier, Jean-Jacques Olier de Verneuil, déambule dans la galerie de la maison de Séguier. Olier et La Dauversière, qui ne se connaissent pas encore, se rencontrent. L'abbé Olier déclare au visiteur : « Je sais votre dessein, monsieur, je vais le recommander à Dieu au saint autel ». Les deux hommes, par la suite, prennent la décision de former une société, « la Société de Notre-Dame de Montréal pour la conversion des Sauvages de la Nouvelle-France ». Malheureusement, la maladie empêchera monsieur Olier de se donner complètement à la nouvelle œuvre.

Pour établir une colonie sur l'île de Montréal, il faut d'abord s'assurer de la propriété de la seigneurie. Au mois d'août 1640, le père Charles Lalemant rencontre Jean de Lauson et lui fait part du désir de la Société de Notre-Dame de Montréal de se porter acquéreur de l'île de Montréal. Le 7 août, Lauson cède ses droits, moyennant certaines conditions, mais peu après la Compagnie de la Nouvelle-France annule cette donation car le seigneur depuis 1636 n'avait rempli aucune des obligations énumérées au contrat. Le 17 décembre suivant, la compagnie cède aux Associés de Montréal une partie de l'île, avec le droit d'en « jouir en toute propriété, justice et seigneurie, à perpétuité ». Cette petite clause fera de la colonie de Montréal un État dans l'État. De plus, les associés obtiennent le droit de navigation sur le fleuve Saint-Laurent ainsi que la permission de construire deux magasins, un à Québec et l'autre aux Trois-Rivières.

Le plan des Associés de Montréal, tel que présenté aux membres de la Compagnie de la Nouvelle-France, le 17 décembre 1640, est précis :

> Le dessein des Associés de Montréal est de travailler purement à procurer la gloire de Dieu et le salut des Sauvages. Pour atteindre ce but, ils ont arrêté entre eux d'envoyer, l'an prochain à Montréal, quarante hommes bien conduits et équipés de toutes les choses nécessaires pour une habitation lointaine. Ils ont arrêté aussi de

fournir deux chaloupes ou pinasses pour voiturer, de Québec à Montréal, les vivres et les équipages des colons. Ces quarante hommes, étant arrivés dans l'île, se logeront et se fortifieront avant toutes choses contre les Sauvages; puis ils s'occuperont, pendant quatre ou cinq ans, à défricher la terre et à la mettre en état d'être cultivée. Pour avancer cet ouvrage, les Associés de Montréal augmenteront, d'année en année, le nombre des ouvriers selon leur pouvoir.

Les Associés s'engagent en outre à envoyer le bétail nécessaire à l'établissement. Ensuite, les familles viendront s'installer. Car, pour les débuts, on ne prévoit la présence que de célibataires.

On cherche des chefs

Jérôme Le Royer de La Dauversière recherche un chef capable de diriger l'expédition. Le père Charles Lalemant lui dit un jour : « Je sais un brave gentilhomme champenois nommé M. de Maisonneuve qui a telle et telle qualité, lequel serait possible bien votre fait et commission. » Le jeune militaire de vingt-huit ans accepte le commandement et, au printemps de 1641, il prend le chemin de La Rochelle où doit avoir lieu l'embarquement.

Vers la même époque, à Langres, en Champagne, une jeune femme dans la trentaine, Jeanne Mance, s'occupe d'œuvres charitables, dont le soin des malades. Au mois d'avril 1640, lors d'une conversation avec un de ses cousins, Nicolas Dolebeau, chapelain de la Sainte-Chapelle de Paris, Jeanne Mance se voit exposer la situation de la Nouvelle-France. Le chapelain lui parle de madame de La Peltrie et des ursulines parties l'année précédente pour le Nouveau Monde. La future fondatrice de l'Hôtel-Dieu de Montréal est de plus en plus intéressée par le Canada. Elle songe même à y émigrer. Avec l'appui de son directeur de conscience, elle se rend à Paris rencontrer, entre autres, le père Charles Lalemant, chargé des affaires des jésuites du Canada. Elle est aussi reçue par Angélique Faure, la veuve de Claude de Bullion. Lors de leur quatrième rencontre, madame de Bullion demande à Jeanne Mance : « Dans le pays où vous allez, mademoiselle, ne prendriez-vous pas soin, en mon nom, d'un hôpital que j'ai dessein d'y construire, à l'exemple de celui de la duchesse d'Aiguillon, à Québec ? »

Après une courte réflexion, la jeune femme accepte. Jeanne Mance quitte Paris pour La Rochelle, au mois d'avril 1641. Dans la ville d'embarquement, elle rencontre le père Jacques de La Place qui s'apprêtait à partir pour la Nouvelle-France. Le jésuite lui parle de la présence en ville d'un groupe d'engagés qui, sous la direction de Maisonneuve, doit se rendre à Montréal. Le lendemain matin, comme Jeanne s'était rendue à l'église des jésuites pour se recueillir, elle croise un gentilhomme qu'elle ne connaît point. Ce gentilhomme n'est nul autre que La Dauversière. Cette rencontre arrive à point donné. Car les Associés, à la veille du départ, écrit Étienne-Michel Faillon, « s'aperçurent qu'il leur manquait un secours absolument indispensable et que tout leur argent ne pourrait leur procurer : c'était une femme sage et intelligente, d'un courage à toute épreuve et d'une résolution mâle, qui les suivît en ce pays, pour prendre soin des denrées et des diverses fournitures nécessaires à la subsistance de la colonie, et en même temps pour servir d'hospitalière aux malades et aux blessés. »

Jeanne Mance a pris sa décision : elle lie son sort à celui des Associés de Montréal. Le 9 mai 1641, deux navires quittent le port de La Rochelle. À bord du premier, monsieur de Maisonneuve, un prêtre séculier et vingt-cinq hommes ont pris place. Sur le second, Jeanne Mance, le père de La Place et douze hommes. Juste avant le départ, on avait appris que le reste de la recrue, soit une dizaine d'hommes, avait quitté le port de Dieppe depuis quelques semaines. À bord de ce troisième navire, se trouvaient trois femmes : « Deux des ouvriers engagés pour Montréal n'avaient consenti à partir qu'après avoir obtenu la faculté de conduire avec eux leurs femmes et [...] une vertueuse fille de Dieppe, touchée soudainement d'un ardent désir d'aller elle-même à Montréal, pour y offrir à Dieu ses services, était entrée de force dans le vaisseau qui démarrait du port, malgré les efforts qu'on faisait pour l'en empêcher ». Cette fille vertueuse serait une certaine Marie Joly qui se mariera à Antoine Damière, à Québec, quelques semaines après y être débarquée.

Trop tard !

Le navire parti de Dieppe arrive le premier à Québec. Les ouvriers entreprennent immédiatement la construction d'un magasin pour y déposer la cargaison. Les habitants de Québec espèrent que les arrivants vont choisir de demeurer dans leur ville pour en renforcer la garnison. Ils font valoir les dangers qui règnent à Montréal par suite du voisinage constant des Iroquois. On parle déjà de « folle entreprise ». Jeanne Mance arrive à Québec, le 8 août 1641. On est sans nouvelle du navire de Maisonneuve, car, après huit jours de navigation commune, le vent avait séparé les deux vaisseaux.

Vers le 20 septembre, Maisonneuve et ses hommes arrivent enfin à Tadoussac. La traversée a été pénible. Par trois fois, ils ont dû relâcher en France. Le chirurgien et trois ou quatre autres engagés ont profité de la circonstance pour s'enfuir et retourner chez eux. À Tadoussac, Maisonneuve rencontre un de ses amis, Paul de Courpont, qui commandait une flotte de navires. Ce dernier, désolé de voir Maisonneuve peiné de la perte de son chirurgien, lui offre le sien.

À Québec, la saison est trop avancée pour penser se rendre à Montréal. Le gouverneur Charles Huault de Montmagny offre l'hospitalité de Québec aux futurs colons de Montréal pendant la saison hivernale et il essaie de convaincre Maisonneuve de l'absurdité d'un établissement en zone aussi dangereuse. « Il n'y a pas d'apparence que vous songiez à vous rendre dans un lieu si éloigné ; il faut changer de délibération ; si vous voulez, on vous donnera l'île d'Orléans ; au reste la saison serait trop avancée pour monter jusqu'à l'île de Montréal, quand vous en auriez la pensée. »

Maisonneuve, que l'on dit peu loquace, riposte vivement. « Monsieur, dit-il, ce que vous me dites serait bon si on m'avait envoyé pour délibérer et choisir un poste ; mais ayant été déterminé par la compagnie qui m'envoie que j'irais à Montréal, il est de mon honneur, et vous trouverez bon que j'y monte pour commencer une colonie, quand tous les arbres de cette île se devraient changer en autant d'Iroquois. »

À la mi-octobre, Maisonneuve envoie quelques hommes faire un premier voyage à Montréal. Quant à lui, il passera l'hiver au fief de Saint-Michel, dans la maison de Pierre de Puiseaux. Au cours de la saison froide, les visites sont nombreuses. L'annaliste de l'Hôtel-Dieu de Québec écrit que, plusieurs fois, les montréalistes rendirent visite aux religieuses.

À Paris, la Société de Notre-Dame de Montréal fait des progrès. Le nombre de ses membres atteint trente-neuf en 1642. Le 27 février de cette année-là, trente-cinq d'entre eux se réunissent à Notre-Dame de

Paris. On consacre la nouvelle ville à la Sainte-Famille et décision est prise que l'établissement portera le nom de Ville-Marie.

Dès que le fleuve Saint-Laurent est débarrassé de ses glaces, Maisonneuve ordonne le départ pour l'île de Montréal. Le 8 mai 1642, une pinasse à trois mâts, un bateau plat à voiles et deux barques remontent enfin le fleuve. En plus des futurs habitants de Ville-Marie, il y a le gouverneur Montmagny, les pères jésuites, madame de La Peltrie, monsieur de Puiseaux, etc. Après neuf jours de navigation, la petite flotte arrive en vue de l'île. Nous sommes le samedi 17 mai. « Monsieur le gouverneur, raconte la *Relation*, mit le sieur de Maisonneuve en possession de cette île pour y commencer les premiers bâtiments ; le révérend père Vimont fit chanter le *Veni Creator*, dit la sainte messe, exposa le Saint-Sacrement, pour impétrer du ciel un heureux commencement à cet ouvrage ; l'on met incontinent après les hommes en besogne ; on fait un réduit de gros pieux pour se tenir à couvert contre les ennemis. »

En ce 17 mai 1642, l'histoire de Montréal commençait !

La pêche et la traite

Au XVIIe SIÈCLE, les catholiques de l'Europe occidentale et de l'Amérique du Nord se privent de viande pendant plus de cinq mois par année. L'abstinence, à cette époque, est rigoureusement observée. Manger de la viande les jours défendus pouvait entraîner une condamnation par le pouvoir civil.

Aux quarante jours du carême, il faut ajouter le vendredi et le samedi de chaque semaine, la vigile d'une dizaine de fêtes d'obligation, les Quatre-Temps, les Rogations et la Saint-Marc. Le total annuel des jours où l'on interdit la consommation de viande dépasse les cent soixante. Le poisson devient alors, par goût ou par obligation, le mets principal des repas. La morue est, sans contredit, le poisson qui se prête le mieux à toutes les sauces et celui dont la conservation est la moins compliquée.

Pour assurer l'approvisionnement des marchés français, anglais, espagnols, portugais, hollandais ou italiens, des centaines, voire des milliers de navires se rendront chaque année sur les bancs de Terre-Neuve pêcher la morue. Au début du XVIIe siècle, la France, à elle seule, enverra sur ces sites de pêche de deux cents à deux cent cinquante navires.

Avec la fourrure, la morue sera la principale richesse de la Nouvelle-France. Des recherches récentes, en particulier celles de Mario Mimeault, tendent à démontrer que l'économie de la colonie en profitera plus qu'on ne le croyait. Pour le père Pierre-François-Xavier de Charlevoix, les bancs de Terre-Neuve sont « de vraies mines qui valent mieux et demandent beaucoup moins de frais que celles du Pérou et du Mexique ».

La morue, un poisson de la même famille que le merlan ou l'aiglefin, se trouve en abondance sur les bancs, le long des côtes de Terre-Neuve et dans le golfe Saint-Laurent. Sa grosseur varie selon les régions. « Celle de la côte nord-est de l'île de Terre-Neuve, écrit l'historien Charles de La Morandière, est petite. Son épaisseur médiocre permettait de la sécher facilement et elle était prisée jadis à cause de cela même. On l'exportait d'ailleurs dans les pays chauds comme les Antilles ou en Méditerranée. La morue de Plaisance en l'île de Terre-Neuve et celle de Gaspé, côte du Canada, est grosse ; celle du Labrador, de grosseur moyenne comme celle du Grand-Banc. »

Champlain, dans son mémoire de 1618, évalue à un million de pièces le nombre de morues que l'on peut prendre annuellement en Nouvelle-France. Ce poisson, heureusement, se reproduit rapidement. La morue peut pondre de huit à neuf millions d'œufs par saison.

Sur les différents marchés, la morue se présente de deux façons : si elle n'a été que salée, elle porte le nom de morue verte ou blanche. Salée et séchée, elle est alors connue comme de la morue sèche ou merluche. Les Parisiens préfèrent la première et les Portugais et les Italiens, la seconde. La pêche à la morue verte se fait sur les bancs ; l'autre, le long des côtes et dans le golfe Saint-Laurent. Dans ce dernier cas, on parle de pêche sédentaire.

Les bancs de Terre-Neuve « sont une série de hauts fonds qui se trouvent approximativement au sud et au sud-est de l'île de Terre-Neuve ». Ces hauts fonds se situent à une profondeur variant de trente à cent mètres. Les principaux plateaux portent des noms particuliers. Le plus célèbre est le Grand Banc.

Les terre-neuviers quittent les différents ports vers la fin de février ou au cours du mois de mars pour se rendre sur les bancs. L'équipage a été assez facilement complété. En plus du capitaine et du chirurgien, il y a un nombre de matelots variant suivant le tonnage du navire. Quelques mousses se retrouvent à bord. Depuis l'ordonnance royale du 19 avril 1670, ils doivent être âgés de plus de douze ans. Auparavant, il n'était pas rare de retrouver sur un navire des enfants de dix et même de huit ans! Les mousses n'ont pas de tâche précise : ils sont au service de tout le monde.

Les armateurs, avant le départ, ont vu à l'embarquement de vivres pour six mois, au chargement du sel nécessaire à la conservation du poisson. Au cours de la traversée, lorsque le temps le permet, les hommes s'occupent aux préparatifs de la pêche. Le cri de «Vive le Roi ! » salue habituellement l'arrivée sur les bancs. C'est à qui prendra le premier poisson.

La pêche se continue tant que la cale n'est pas remplie ou que la saison n'est pas trop avancée. Les premiers navires quittent parfois les bancs la cale à moitié remplie lorsque le carême approche «pour tâcher d'arriver dans les premiers temps pour la vente qui est meilleure qu'en un autre temps». Cette morue nouvelle fait alors la joie des Parisiens qui consomment habituellement les trois-quarts de la morue verte.

La course de l'amiral

La pêche à la morue sèche ne se pratique pas de la même façon que celle à la morue verte. Le tonnage des navires est habituellement plus considérable. Il n'est pas rare que l'équipage se compose de plus de cent hommes. Les départs s'effectuent entre la mi-mars et la fin du mois de mai. Les armateurs ont prévu des vivres pour huit ou neuf mois, sinon plus : des biscuits, du vin, du lard, des pois, des fèves, de la morue, du beurre, de l'huile, du vinaigre « et autres petites commodités ». Le capitaine veille à l'embarquement du sel et surtout des chaloupes en pièces dont les pêcheurs se serviront sur les côtes.

En arrivant près de l'endroit où le navire doit jeter l'ancre, le plus important est de trouver un endroit où faire sécher le poisson. Alors commence une course effrénée, car celui qui mettra le premier pied à terre aura le premier choix et agira comme amiral du lieu. Des querelles et souvent même des bagarres éclatent à l'occasion de cette course, surtout dans la région de Percé. Car, à cet endroit, il y a des pêcheurs qui vivent l'année durant. En 1686, l'intendant Jacques De Meulle émet une ordonnance qui défavorise les vrais habitants de Percé au profit des pêcheurs français : « Les vaisseaux venus de France pour la pêche auront les graves, galets et vignaux, préférablement aux habitants qui demeurent sur les lieux. »

Un capitaine, ayant choisi l'endroit de son établissement, commence immédiatement à faire construire une cabane et les échafauds. La cabane, qui comprend deux étages, est recouverte d'une des voiles du navire. Les côtés « sont garnis de branches de sapin entrelacées dans des piquets ou pieux fichés en terre de quatre à cinq pieds de haut ». Les hommes dressent leurs lits où ils couchent deux à deux.

L'échafaud a habituellement une trentaine de mètres de longueur et une largeur d'environ sept mètres. Une partie s'avance au-dessus de la mer et le reste est construit sur le rivage. Le sel est entreposé sur la partie terrestre. Tout aussi importante est l'installation d'une grave en galets ou en vignaux pour faire sécher la morue. Si les galets abondent sur le rivage, il suffit alors de les entasser pour en faire une grande table avec des circuits d'aération. Lorsque les pierres plates ne sont pas assez nombreuses, les hommes construisent des vignaux. « Pour faire des vignaux, écrit La Morandière, on enfonçait dans le sol, à la distance les uns des autres de deux mètres environ, des piquets de bois dont l'extrémité supérieure devait s'élever à un pied et demi ou deux pieds au-dessus du sol. On réunissait la tête de ces piquets par de longues perches légères de façon à faire comme un quadrillage au-dessus du sable. Sur ce quadrillage, on plaçait des branches de sapin qui étaient destinées à recevoir la morue. »

Lorsque l'installation est presque terminée et que les charpentiers ont remonté les chaloupes que l'on avait transportées sur le navire, les pêcheurs partent à la recherche du poisson. Chaque chaloupe transporte habituellement trois personnes. Ces dernières pêchent la morue de la même manière que sur les bancs.

Commence alors, pour des semaines, le même rythme de vie. La veille du départ pour la pêche, le novice, c'est-à-dire un mousse qui a atteint ses seize ans, se rend à bord du navire remplir un corbillon de biscuits et prendre la provision de vin coupé de quatre à cinq portions d'eau. Le lendemain, à la pointe du jour, les chaloupes se rendent aux endroits où le poisson doit abonder. La première chaloupe est de retour à l'échafaud vers les six heures du soir. Les pêcheurs se servent de piques pour décharger le fruit de leur travail. Pendant ce temps, les habilleurs aiguisent les couteaux fournis par le capitaine. Chacun des habilleurs est accompagné d'un piqueur et d'un décolleur. Ce dernier a pour tâche de couper les têtes. Le poisson est préparé à peu près de la même façon que sur les bancs, puis salé proprement par le saleur.

Il peut arriver parfois que la morue ne morde plus à l'endroit où les hommes se sont installés. Le capitaine réunit alors son conseil pour savoir si les pêcheurs sont prêts à faire la pêche en dégrat. Si la réponse est affirmative, une ou plusieurs chaloupes partent dans différentes directions à la recherche du poisson. Ces pêcheurs reviennent habituellement le lendemain matin. Tous partent alors vers le point le plus poissonneux et là, pendant des jours, parfois une semaine, les hommes ne cessent de travailler.

Derniers préparatifs

Le poisson est apprêté et salé temporairement sur place avant d'être expédié à l'échafaud central. Il n'est pas rare, dans ces occasions, que le travail se poursuive tard dans la nuit.

Après quelques mois passés sur les bancs de Terre-Neuve ou le long des côtes, les navires retournent en France les cales chargées de morues. Les poissons sont acheminés vers les grandes villes et vendus soit en gros, soit au détail. Pour chaque cent morues vendues, on en remet cent vingt, à cause des pertes. Souvent, les matelots ont, pour salaire, le partage du tiers des revenus de l'expédition de pêche.

La pêche à la morue, même si elle se pratique le long des côtes de la Nouvelle-France, ne rapporte presque rien au gouvernement de la colonie tout en faisant la fortune de quelques entrepreneurs. Il faudra attendre le XVIIIe siècle pour que des Canadiens se risquent de façon durable à établir des pêches sédentaires. Mais l'importance économique de ces exploitations reste difficile à établir faute de données, les exportations étant faites directement vers la France sans être compilées et contrôlées par le port de Québec. « Plusieurs des exploitations sont dirigées de France et au bénéfice de bourgeois de France, conclut l'historien Marcel Trudel. Quant aux grandes pêches du golfe et des bancs, la Nouvelle-France n'y a point part. »

Des millions de peaux

Il n'en va pas de même pour la fourrure. Au XVIIe siècle, l'histoire de la colonie française en Amérique du Nord se développe autour du commerce des pelleteries. Les relations avec les Amérindiens ont alors une base plus économique que politique. Le seul élément original que la colonie peut fournir à la métropole repose sur le commerce des peaux de bêtes qui, en Europe, seront transformées en chapeau, en manchon, en mante ou manteau. Dès la fin du XVIe siècle, les chapeliers, les pelletiers et les merciers de Paris commencent à préférer les peaux importées de la Nouvelle-France à celles qu'ils achetaient auparavant en Russie ou dans les pays nordiques.

En Amérique du Nord, l'Amérindien est le personnage le plus important du commerce des fourrures. C'est lui qui, habituellement, traque la bête, la tue, détache et traite sommairement la peau. Au début, il vient troquer le produit de sa chasse là où les Européens s'installent. Mais rapidement, les Français décident de se rendre au-devant de l'Amérindien, alors que les Anglais se contentent souvent d'établir des postes de traite et d'attendre la venue des chasseurs. En Nouvelle-France, un nouveau personnage apparaît : le coureur des bois. Mais, dans les colonies anglaises, ce sont les Iroquois qui jouent ce rôle. La rivalité commerciale entre Français, Anglais et Hollandais se manifeste surtout dans les guerres que se livrent les Amérindiens alliés des différentes puissances.

Presque tous les animaux à fourrure sont objets de traite. Le plus commun demeure le castor. Entre les années 1660 et 1760, on évalue à environ vingt-cinq millions le nombre de peaux de castors expédiées en France. À cela s'ajoutent les centaines de milliers de peaux de loutres, de martres, de renards, de rats musqués, de visons, de carcajous, de loups. L'ours, l'orignal, le cerf et le caribou n'échappent pas à la chasse aux peaux.

La chasse aux castors

Avant l'arrivée des Européens, les Amérindiens utilisaient la peau de l'ours pour se vêtir. Ils chassaient le castor pour sa chair et non pour sa fourrure. Mais la demande des marchés européens change leurs habitudes de chasse. Ils se lancent à la poursuite du castor.

La chasse au castor a lieu habituellement l'hiver, car, durant la saison froide, le poil de l'animal est plus soyeux. « Sa fourrure est bizarre et bien différente d'elle-même, fait remarquer le baron de La Hontan. Elle est formée de deux sortes de poils opposés. L'un est long, noirâtre, luisant et gros comme du crin ; l'autre, délié, uni, long de quinze lignes pendant l'hiver ; en un mot, le plus fin duvet qui soit au monde. Il n'est pas nécessaire de vous avertir que c'est cette seconde espèce de poil que l'on cherche avec tant d'empressement et que ces animaux mèneraient une vie plus sûre et plus tranquille s'ils n'étaient vêtus que de crin. »

Toutes les peaux de castor ne valent pas le même prix. La moins prisée est celle dénommée castor sec, c'est-à-dire la peau « telle qu'elle sort de dessus l'animal ». Les Amérindiens se contentent alors d'enlever les chairs et de faire sécher la peau au soleil. Le castor sec d'hiver forme la classe suivante. Viennent ensuite le castor gras et le castor gras d'hiver. Les Français préfèrent de beaucoup cette dernière catégorie pour laquelle ils paient plus cher, car ces peaux donnent un poil non seulement plus résistant, mais surtout plus soyeux.

Les Amérindiens cousent ensemble plusieurs peaux de castors d'hiver et portent, pendant deux ou trois ans, cette robe. Leur sueur pénètre jusqu'à la racine du poil et l'engraisse. À l'usage, le poil trop long tombe et seul demeure le duvet. «Les coureurs des bois, lit-on dans un mémoire de la fin du XVIIe siècle, font souvent mille bassesses auprès des Sauvages pour avoir leurs castors. Ils les suivent jusques dans leurs chasses; ils ne leur donnent pas même le temps de faire sécher et de préparer les peaux. Ils essuient les railleries piquantes, les mépris et quelquefois les coups de ces Sauvages, qui ne sauraient assez s'étonner d'une avidité aussi sordide, et de voir les Français venir de si loin avec tant de fatigues et de dépenses pour ramasser des castors sales et puants, dont ils se sont habillés et dont ils ne font plus de cas.»

Rapidement, les Amérindiens se rendent compte qu'ils peuvent gagner à porter jour et nuit leurs robes de peaux. «Je vous laisse à penser, écrit le père Charlevoix, si dans les commencements on a été assez simple pour faire connaître aux Sauvages que leurs vieilles hardes étaient une marchandise précieuse. Mais on n'a pu leur cacher longtemps un secret de cette nature. Il était confié à la cupidité qui n'est jamais longtemps sans se trahir elle-même.»

Le précieux duvet de castor sert alors surtout à la fabrication des chapeaux. On tente, vers 1690, de fabriquer des tissus et autres pièces avec le poil, mais sans succès. Le père Charlevoix rapporte le cas d'un nommé Guigues qui : « se trouvant chargé d'une prodigieuse quantité de cette pelleterie, imagina, pour en faciliter la consommation, d'en faire filer et carder avec de la laine ; et de cette composition, il fit faire des draps, des flanelles, des bas au métier et autres ouvrages semblables, mais avec peu de succès. Cet essai fit connaître que le poil de castor n'est bon qu'à faire des chapeaux. Il est trop court pour être filé seul et il en faut mettre beaucoup moins de la moitié avec la laine, ainsi il y a peu de profit à faire dans cette fabrique. »

Pour la traite des fourrures, le castor est le roi des bêtes. Par contre, le chat sauvage, la loutre, les fouines, le rat musqué, l'hermine, la martre forment ce que l'on appelle la menue pelleterie.

En 1686, le baron de La Hontan accompagne un groupe d'Amérindiens à la chasse aux loutres. En bon officier militaire, il ne dédaigne pas la traite, car cela lui permet d'arrondir quelque peu sa solde.

> Après avoir élevé nos maisons portatives, raconte-t-il, quelques Sauvages se mirent à pêcher des truites ; mais le plus grand nombre passa le temps à dresser des pièces ou trappes pour prendre des loutres sur les bords du lac. Cette trappe se fait avec des piquets en forme d'un petit parc carré ; il y a au milieu une espèce de porte suspendue par le moyen d'une corde passée dans une fourche, à laquelle on lie une truite bien serré. Lorsque la loutre vient à terre et qu'elle voit ce friand morceau, elle entre plus de la moitié du corps dans cette cage fatale, pour avaler le poisson. Mais à peine y touche-t-elle que le piquet qui soutient la porte attiré par la petite corde qui tient l'appât, venant à tomber, cette porte chargée de bois et conséquemment fort pesante lui tombe sur les reins et l'écrase. Quand ces pièges sont ainsi tendus, les Sauvages ne se donnent plus aucun mouvement de chasse ; ils en donnent la direction aux esclaves qui visitent les trappes tous les matins, qui remettent un nouvel appât et qui

rapportent la capture. Vous ne croiriez pas combien elle est fort copieuse cette capture. On ne resta que quelques jours à cet endroit-là, et cependant on prit deux cent cinquante loutres. La peau en est beaucoup plus belle en Canada qu'en Moscovie ni qu'en Suède.

Martre et rat musqué

Les martres font aussi l'objet de l'attention des chasseurs et des traiteurs. «Elles se tiennent ordinairement au milieu des bois d'où elles ne sortent que tous les deux ou trois ans, mais elles en sortent toujours en grandes troupes, écrit le père Charlevoix. Les Sauvages sont persuadés que l'année où ils les voient sortir sera bonne pour la chasse, c'est-à-dire qu'il neigera beaucoup.»

Les poils de rat musqué servent, mélangés avec ceux du castor, à la fabrication de chapeaux. Quant à la peau de chat sauvage, elle sert à la confection de robes et, plus tard, elle formera la matière première des célèbres capots de chat. Le loup-cervier fournit lui aussi une fourrure très recherchée. Son poil et sa peau «sont fort connus en France : c'est une des plus belles fourrures de ce pays et qui entre le plus dans le commerce».

Parmi le gros gibier, l'ours est l'animal le plus profitable : sa peau sert à la fabrication de manchons, sa chair est délicieuse et sa graisse est utilisée abondamment dans la préparation de remèdes, surtout chez les Algonquins.

La chasse à l'ours se fait habituellement avec des flèches. L'utilisation d'armes à feu fait trop de bruit et les ours alors «s'épouvanteraient». Toute l'habileté du chasseur se manifeste dans la chasse à l'ours et «un homme n'est pas réputé grand chasseur, s'il ne tue douze grandes bêtes en un jour».

Du couteau au fusil

À la fin du XVIe siècle et au début du siècle suivant, les Amérindiens troquent leurs fourrures contre de menus objets : une aiguille, un morceau de fer blanc, un petit miroir, un grelot, un bonnet de marin, etc. Mais rapidement, le jeu de l'offre et de la demande leur révèle la richesse qu'ils peuvent tirer de leurs produits. Champlain note : «Ceux qui pensent faire leur affaire en arrivant les premiers s'abusent, car ces peuples sont maintenant trop fins et subtils.» Les prix augmentent rapidement. Là où un Amérindien se contentait de deux couteaux pour une peau de castor, il en exige une douzaine dès 1608.

Chaque année ou presque, au cours des premières décennies du XVIIe siècle, on évalue de 15000 à 20000 le nombre de peaux de castors acheminées vers la France. Un des premiers objets de troc est la hache de traite qui remplace le tomahawk de pierre. «En effet, écrit l'historien Russel Bouchard, l'Indien constate rapidement la supériorité de la hache de métal quelle que soit sa forme. Habitué à utiliser la hache de pierre presque uniquement pour le combat, il réunissait désormais l'outil indispensable pour la construction de son gîte et l'exécution d'innombrables travaux quotidiens, à l'arme par excellence des corps à corps tant contre les siens que contre l'homme blanc.»

Les lames d'épées et de sabres sont aussi utiles pour la chasse. Les Amérindiens céderont volontiers des peaux de castors pour en obtenir. Ils feront de même, à la fin du siècle, pour les couteaux croches.

Un autre important objet de troc est l'écarlatine, un genre de couverture faite «de draps blancs, ou rouges, ou bleus bordés de bandes noires». Plus le commerce des fourrures se développe, plus nombreux sont les

Amérindiens qui font de ces couvertures leurs vêtements usuels.

Avant l'arrivée des Européens, les Amérindiens ignoraient l'existence des armes à feu. Les premiers coups de feu qu'ils entendent jettent la terreur. Rapidement, ils veulent posséder ces armes, tant pour faire la guerre que pour améliorer leurs chasses. Dès le début du XVIIe siècle, des trafiquants échangent des armes à feu contre des peaux. En 1612, dans une ordonnance, défense est faite « à tous nos sujets ou autres, de quelque état, qualité et condition qu'ils soient, de porter dorénavant auxdits Sauvages habitants desdits lieux de la Nouvelle-France aucunes armes à feu à peine de dix milles livres d'amende et de punition corporelle ». Il faut croire que l'ordonnance n'est pas suivie à la lettre, car dix ans plus tard, soit en 1622, le Conseil privé du roi de France émet une nouvelle ordonnance plus sévère, menaçant de mort, cette fois, ceux qui remettront des armes à feu aux Amérindiens.

Le problème se complique à partir du moment où les Anglais et les Hollandais tolèrent la vente d'armes à feu. Vers 1640, les Iroquois, principaux fournisseurs en fourrures des Hollandais, disposent d'armes à feu. Une bourgade de sept cents hommes dispose alors de trois cents arquebuses. En Nouvelle-France, en 1636, la vente d'armes à feu était restreinte aux Amérindiens qui s'étaient convertis !

Le plus offrant

Afin de mettre un peu d'ordre dans la traite des fourrures, Alexandre de Prouville de Tracy, lieutenant général du roi en Amérique, fixe les prix qui, en 1665, sont les suivants :

- une couverture blanche de Normandie : six castors
- un fusil : six castors

- une barrique de blé d'Inde : six castors
- une couverte de ratine : quatre castors
- une couverte à l'Iroquoise : trois castors
- un grand capot : trois castors
- un moyen capot : deux castors
- un petit capot : un castor

Pour un castor, un Amérindien obtient, au choix, deux livres de poudre, quatre livres de plomb, huit couteaux à manche de bois, dix jambettes, vingt-cinq alènes, douze fers de flèches, deux épées, deux tranches ou deux haches.

La rivalité commerciale entre Français et Anglais amène l'établissement de différentes échelles de prix. En 1689, les prix payés à Montréal ou à Albany vont souvent du simple au double. À Albany, un Amérindien obtient huit livres de poudre pour un castor. À Montréal, il lui faut remettre quatre castors pour recevoir la même quantité. Un fusil coûte deux castors à Albany et cinq à Montréal. Pour une couverture de drap rouge, un grand capot, quatre chemises ou six paires de bas, il faut un castor chez les Anglais et deux, chez les Français. Il est bien normal alors que les chasseurs préfèrent vendre leurs fourrures en Nouvelle-Angleterre. Bien des Français, même ceux qui occupent de hauts rangs dans l'administration, font de la contrebande pour obtenir de meilleurs prix, en vendant, eux aussi, leurs fourrures aux Anglais.

Un document datant de 1689 fait état des différences de prix pour l'eau-de-vie. « Les Anglais, y lit-on, donnent six pots d'eau-de-vie pour un castor : c'est du rhum ou guildive ou autrement de l'eau-de-vie de canne de sucre qu'ils font passer des îles de l'Amérique. Les Français n'ont point de règle sur la traite de l'eau-de-vie : les uns en donnent plus, les autres moins, mais on ne va jamais jusques à un pot pour un castor.» La vente de l'eau-de-vie aux Amérindiens causera plus tard de sérieux problèmes politiques et religieux.

La foire des fourrures

Même si, à certaines époques, la traite des fourrures est libre en Nouvelle-France, tout le castor qui quitte la colonie est soumis à une taxe spéciale et doit être acheminé en France par la compagnie qui possède le monopole de traite. À l'intérieur du territoire, le mode de traite varie suivant les années. La foire des fourrures, jusqu'à la fin du XVIIe siècle, tient une place importante dans ce commerce.

Une fois l'an, Québec, Trois-Rivières et Montréal deviennent des postes de traite. Les Amérindiens, surtout les Algonquins et les Outaouais, à la fin du printemps ou au début de l'été (du moins au XVIIe siècle), arrivent à bord de canots chargés de ballots de fourrures. La foire commence. La plus importante se tient à Montréal, sur le terrain de la Commune située, selon Victor Morin et E.-Z. Massicotte, «entre la rue Saint-Paul et le fleuve, puis entre la rue Saint-Pierre et la chapelle de Notre-Dame-de-Bon-Secours». Après 1665, les habitants qui désirent commercer avec les Amérindiens se font concéder temporairement un emplacement sur lequel ils construisent des boutiques volantes qu'ils devront démolir dès que la foire sera terminée. Avant 1665, d'après le témoignage de Charles Le Moyne, «chacun traitait dans les maisons».

Cette façon de procéder n'est pas sans engendrer de graves désordres. Les autorités doivent réglementer. Lors d'une assemblée des habitants de Montréal, tenue le 20 octobre 1675, au matin, il est proposé «que, puisqu'on prétend que la traite des Outaouais soit érigée en ce lieu en foire publique, qu'il soit défendu de traiter, pendant ladite foire, hors les lieux de la commune qui seront désignés à cet effet et qu'il soit mis une taxe sur les marchandises qui seront traitées aux Outaouais, à peine de confiscation et d'amende, comme aussi qu'il soit défendu à tous ceux qui entendent la langue outaouaise de leur parler pendant la traite en langue sauvage ni de les tirer à part pour les faire traiter où il leur plaise, à peine d'amende».

Une ordonnance royale du 3 mai 1681 restreint à Québec, à Trois-Rivières et à Montréal la traite des fourrures, sauf pour ceux qui ont obtenu des permissions spéciales à cet effet, soit des congés de traite. Deux ans plus tard, soit le 21 février 1683, une nouvelle ordonnance précise les droits et devoirs de chacun. «Défenses sont aussi faites à tous ceux qui ont des habitations au-dessus de la ville de Montréal et autres lieux, précise l'article 6, d'empêcher directement ni indirectement les Sauvages de descendre aux lieux de foire, ni de les arrêter en remontant sous quelque prétexte que ce soit.»

Au mois de mai 1685, le baron de La Hontan assiste à la foire des fourrures à Montréal. Une cinquantaine de canots chargés d'Outaouais et de Hurons viennent vendre le produit de leurs chasses hivernales. Le jeune officier, selon certains historiens, a légèrement déformé la vérité.

> Ces marchands, écrit-il, se campent à cinq ou six cents pas de la ville. Le jour de leur arrivée se passe tant à ranger leurs canots et débarquer leurs marchandises qu'à dresser leurs tentes, lesquelles sont faites d'écorce de bouleau. Le lendemain, ils font demander au gouverneur général une audience, qu'il leur accorde le même jour en place publique. Chaque nation fait un corps séparé; mais tous ces cercles étant assis par terre et chaque

Sauvage ayant la pipe à la bouche, l'un d'eux choisi par la troupe comme le plus éloquent se lève et s'adressant au gouverneur qui est dans un fauteuil lui dit : que ses frères sont venus pour le visiter et renouveler en même temps avec lui l'ancienne amitié ; que le principal motif de leur voyage est celui de procurer l'utilité des Français, parmi lesquels il s'en trouve qui n'ayant ni moyen de trafiquer ni même assez de force de corps pour transporter des marchandises le long des lacs, ne pourraient faire de profit, si ses frères ne venaient pas eux-mêmes trafiquer les castors dans les colonies françaises ; qu'ils savent bien le plaisir qu'ils font aux habitants de Montréal par rapport aux gains que ces mêmes habitants en retirent, que ces peaux étant fort chères en France et, au contraire, les marchandises que l'on donne en échange aux Sauvages coûtant très peu, ils sont bien aises de marquer leur bonne volonté aux Français et de leur procurer pour presque rien ce qu'ils recherchent avec tant d'empressement. Que pour avoir le moyen d'en apporter davantage une autre année, ils sont venus prendre, en échange, des fusils, de la poudre et des balles, pour s'en servir à faire des chasses plus abondantes ou pour tourmenter les Iroquois, en cas qu'ils se mettent en devoir d'attaquer les habitations françaises ; et qu'enfin, pour assurer leurs paroles, ils jettent un collier de porcelaine avec une quantité de castors au gouverneur dont ils demandent la protection en cas qu'on les vole ou qu'on les maltraite dans la ville.

« Le harangueur, ajoute La Hontan, ayant fini reprend sa place et sa pipe et se remet tranquillement à fumer. L'interprète explique le compliment du Sauvage. Le gouverneur y répond et fait un présent à son tour. » Les Amérindiens retournent ensuite dans leurs quartiers « où ils achèvent de disposer tout pour l'échange ».

Les transactions commencent le surlendemain de l'arrivée des Amérindiens. Ces derniers « s'adressent, autant que cela se peut, aux meilleures bourses et à ceux des échangeurs qui donnent les pièces de munition et de ménage à plus bas prix». Ils trafiquent parfois jusqu'aux vêtements de fourrures.

La présence en ville de quelques centaines d'Amérindiens n'est pas sans engendrer un peu de désordre, surtout certaines années. La Hontan dit avoir été témoin, en 1685, d'échanges non prévus dans les ordonnances. A-t-il exagéré ou inventé? Impossible de l'affirmer avec certitude. Selon lui, c'est un plaisir de voir les Amérindiens «courir de boutique en boutique l'arc et la flèche à la main, tout à fait nus». «Nos Françaises qui ont de la pudeur ou qui veulent paraître en avoir, écrit-il, portent leur éventail sur les yeux pour ne pas être effrayées à l'aspect de si vilaines choses; mais ces drôles qui connaissent aussi bien que nous les jolies marchandes ne manquent pas de leur offrir ce qu'elles daignent quelquefois accepter...»

Les coureurs des bois

La traite des fourrures pratiquée à la française donne naissance à un nouveau type de «négociant» : le coureur des bois. L'expression apparaîtra vers 1675 pour désigner ceux qui continuent à faire la traite sans autorisation des autorités. Les voyageurs munis d'un congé prennent le nom d'engagés. Mais on en vient rapidement à désigner sous le vocable de coureurs des bois tous ceux qui parcourent les forêts pour négocier directement avec les Amérindiens les peaux de bêtes. «Ces coureurs des bois, lit-on dans un mémoire écrit en 1705, sont toujours des jeunes gens dans la force de l'âge; la vieillesse n'étant pas capable des fatigues de ce métier. Il y en a qui sont de bonne famille, d'autres qui ne sont que de simples habitants; d'autres enfin qui n'ont aucune profession et qu'on appelle volontaires : le désir de gagner est commun à tous ces hommes.»

La course des bois et la vie à l'amérindienne attirent vraiment une bonne partie de la jeunesse de la Nouvelle-France. Jacques-René de Brisay de Denonville, gouverneur de la colonie de 1685 à 1689, luttera contre la désertion vers les bois; mais il se rend bien compte que la vie en forêt exerce une grande fascination. « Dès le moment que les enfants peuvent tenir un fusil, les pères ne peuvent plus retenir leurs enfants.[...] Ces déréglements se trouvent bien plus grands dans les familles de ceux qui sont gentilshommes ou qui se sont mis sur le pied de le vouloir être. Car n'étant pas accoutumés à tenir la charrue, la pioche, la hache, toute leur ressource n'étant que le fusil, il faut qu'ils passent leur vie dans les bois. »

Vers les années 1680, le marchand Aubert de La Chesnaye évalue à quatre ou cinq cents le nombre de jeunes gens qui vivent dans les bois. Plusieurs viennent de la région de Trois-Rivières. Le système politique et économique de l'époque est en bonne partie responsable de la désertion des terres. L'historien Benjamin Sulte est catégorique sur ce point : « Nos cultivateurs étaient entraînés à devenir coureurs des bois et à négliger fatalement les travaux de la terre. Le commerce a exploité la colonie agricole comme pour l'obliger à s'éteindre. »

Le coureur des bois, lorsqu'il veut revenir à Montréal ou à Trois-Rivières en courant le risque d'être mis sous arrêt, vient lui-même porter le produit de son négoce. En 1685, au mois de mai, les habitants voient arriver une trentaine de canots montés par des Canadiens et chargés de ballots de fourrures. Des coureurs des bois « portent leurs marchandises propres chez les Sauvages, affirme le mémoire de 1705; les autres les empruntent à des marchands. Il y en a qui font ce commerce pour des particuliers qui leur donnent des gages; d'autres qui s'intéressent et qui risquent avec des marchands». La classe la plus exploitée de coureurs des bois est, sans doute, celle qui fait affaire avec les marchands qui leur prêtent soit les marchandises, soit l'argent nécessaire pour leur achat. Dans ce dernier cas, l'aventurier doit non seulement rembourser l'emprunt, mais aussi payer un intérêt qui dépasse souvent 33 pour cent.

Le coureur des bois se reconnaît facilement à son costume : «un brayet ou culotte courte, des mocassins ou souliers de peaux, des mitasses ou guêtres de drap ou de peau de chevreuil, en guise de bas, le tout complété par la tuque ou le bonnet de laine.» Il se déplace, chaque fois que c'est possible, dans un canot qu'il conduit lui-même. Il parcourt habituellement, lorsque le temps et l'eau s'y prêtent, environ soixante-dix kilomètres par jour. Sa nourriture est faite de biscuits, pois, blé d'Inde et eau-de-vie. Lorsque ces vivres viennent à manquer, il doit s'en remettre aux produits de sa chasse, ou se contenter de manger une certaine mousse appelée *tripe de roche.*

L'aspect le plus intéressant de la course des bois est sans doute la liberté qu'on y trouve. Pierre-Esprit Radisson écrit dans son journal : «Nous étions des Césars contre qui personne n'élevait la voix pour nous contredire.»

> Comme il ne faut pas beaucoup de temps pour faire le trafic des fourrures, lit-on dans le *Mémoire* de 1705, la vie des coureurs des bois est une perpétuelle oisiveté, qui les conduit à toutes sortes de débauches. Ils dorment, ils fument, ils boivent de l'eau-de-vie quoiqu'elle coûte; et souvent ils débauchent les femmes et les filles des Sauvages. Le jeu, l'ivrognerie et les femmes consument souvent le capital et les profits de leurs voyages. Ils vivent dans une entière indépendance; ils n'ont à rendre compte de leurs actions à personne; ils ne reconnaissent ni supérieur, ni juge, ni lois, ni police, ni subordination.

Une telle vie n'est pas sans engendrer des problèmes graves aussi bien en forêt que dans la colonie. L'attitude de certains coureurs des bois explique l'agressivité manifestée quelquefois par les Amérindiens. Le gouverneur Denonville écrit, le 12 juin 1686 : « Les désordres et les libertinages ont été à une telle extrémité que c'est merveille que les Sauvages ne les aient pas tous assommés pour se garantir des violences qu'ils ont reçues des Français. » Pour certains coureurs des bois, le moyen le plus facile de s'enrichir consiste à échanger de l'eau-de-vie contre des peaux de castors. Une seule barrique d'eau-de-vie pouvait rapporter soixante-quinze fois son prix d'achat!

Un homme décrié

L'homme qui a épousé la vie des bois revient difficilement poursuivre son existence dans la colonie. Pour le gouverneur Denonville, les coureurs des bois sont une perte sèche. « L'air noble qu'ils prennent à leur retour, par leurs ajustements et par leurs débauches au cabaret, fait que méprisant les paysans, ils tiennent au-dessous d'eux d'épouser leurs filles, bien qu'eux-mêmes soient paysans comme eux, et outre cela ils ne veulent plus s'abaisser à cultiver la terre et ne veulent plus entendre qu'à retourner dans les bois continuer le même métier. »

Il n'y a pas que des aspects négatifs à la course des bois. Souvent ces aventuriers sont des fondateurs de postes de traite ou d'établissements. Ils servent de trait d'union entre Français et Amérindiens dont ils parlent parfaitement la langue et connaissent bien la manière de vivre. Comme le fait remarquer Benjamin Sulte : « Ces voyageurs, perdus pour nous, croit-on, parce qu'ils ne sont pas revenus, fondent des colonies, de grandes villes même, et, en tous cas, ils ont porté jusqu'aux confins du monde habité ce sentiment français, cette langue impérissable, cette gaieté de tous les instants, cette vigueur des muscles, cette connaissance et ce mépris du danger que la civilisation s'étonne d'apercevoir à son avant-poste. »

L'art de se faire des ennemis

Trois nations européennes, vers les années 1640, manifestent de l'intérêt pour la partie septentrionale de l'Amérique du Nord. L'Angleterre possède le long de la côte atlantique quelques établissements prospères qui forment déjà une Nouvelle-Angleterre. Près de 30 000 émigrants y ont trouvé une nouvelle patrie. La Nouvelle-France, avec ses trois cents habitants, joue un rôle plus important, malgré sa faible population. La Hollande a deux postes : New Amsterdam, qui deviendra New York, et Fort Orange (Albany), sur la rivière Hudson.

Hollandais et Français s'intéressent surtout à la traite des fourrures. Les premiers se sont alliés aux Iroquois qui leur servent d'intermédiaires dans le commerce. Quant aux Français, ils font surtout affaire avec les Algonquins, les Outaouais et les Hurons. Rapidement, la rivalité commerciale, liée à des problèmes d'opposition séculaire, va engendrer des guerres qui, pendant vingt-cinq ans, mettront en péril l'existence même de la Nouvelle-France. L'historien André Vachon explique ainsi la marche vers le conflit :

> Hurons et Iroquois avaient promis des fourrures en grandes quantités. Or, leurs territoires respectifs étaient pauvres en gros gibier. Les Hurons, habitués dès longtemps au commerce, ne s'en trouvèrent point embarrassés. Portant aux Algonquins, aux Montagnais et aux Outaouais du maïs, du tabac, du chanvre et des

produits de leur industrie, ils en recevaient de la viande fumée et des fourrures en abondance. Patients, rusés, beaux parleurs, ils étaient passés maîtres dans l'art des échanges fructueux. Ils devinrent rapidement, entre les nations pourvoyeuses de fourrures et les Français, les intermédiaires indispensables ; coupées des nations du Nord par le pays des Hurons, ennemies au surplus des nomades de la famille algonquine, les Cinq-Nations paraissaient devoir assister, impuissantes, à l'enrichissement des Hurons.

Les Hollandais, principaux bénéficiaires de la traite avec les Iroquois, ne peuvent demeurer impassibles devant la destruction de leur commerce. Ils fournissent donc à leurs alliés des armes à feu dans le but « de détourner les fourrures des Hurons vers la Nouvelle-Hollande ».

Les Iroquois décident alors, non seulement de mater les Hurons pour s'emparer de tout le commerce des fourrures, mais aussi de devenir maîtres du fleuve Saint-Laurent pour convoyer vers la Nouvelle-Hollande toutes les peaux de traite. Comme la présence française constitue un obstacle à ce désir de contrôle, les amis des Hollandais conçoivent également le projet de détruire les établissements français. « Les Iroquois sont venus à un tel point d'insolence, écrit le père Le Jeune en 1641, qu'il faut voir perdre le pays, ou y apporter un remède prompt et efficace. Si les Français étaient ralliés les uns auprès des autres, il leur serait bien aisé de maîtriser ces barbares. »

Avant 1641, les Iroquois avaient fait subir quelques attaques aux Français, mais il faut attendre cette année-là pour assister à une guérilla systématique.

La torture, une denrée quotidienne

Le 1er août 1642, une quarantaine de personnes, montées à bord de douze canots, quittent Trois-Rivières en direction de la Huronie. La majorité sont des Hurons, quelques Français les accompagnent : le père jésuite Isaac Jogues, un frère jésuite René Goupil, chirurgien de profession, et Guillaume Couture, un coureur des bois. Le lendemain du départ, dans la région de Berthier ou de Lanoraie, les Hurons remarquent des traces de pas sur le sable du rivage. Ahatsistari, un des guerriers hurons qui vient de recevoir le baptême, demande à ses compagnons de voyage de continuer leur route, car, selon lui, les ennemis ne sont pas en nombre supérieur. Peu après, les Agniers passent à l'attaque. Les trois Français et dix-neuf Hurons sont faits prisonniers et amenés captifs à Ossernenon, aujourd'hui Auriesville, dans l'État de New York.

Pour les Iroquois, les missionnaires représentent une menace politique et culturelle. Ils propagent une religion qui détruit la leur et qui risque fort de modifier les bases mêmes de leur structure sociale. Ils incarnent l'impérialisme français. Jogues et Goupil sont soumis à divers sévices, les mêmes que les Iroquois font endurer à leurs prisonniers amérindiens. Rendus au lieu de leur captivité, les prisonniers font face à une nouvelle flambée de violence. « Ils nous accueillirent avec des bâtons, des coups de poing et des pierres. Comme ils ont en aversion la chevelure rare et courte, cette tempête se déchaîna en particulier sur moi et sur ma tête chauve, écrit le père Jogues. Il me restait deux ongles ; ils les arrachèrent avec leurs dents et ils dénudèrent jusqu'aux os, avec leurs ongles très pointus, la chair qui est au-dessous. »

René Goupil est tué d'un coup de hache, le 29 septembre 1642, alors qu'il venait de faire le signe de la croix sur la tête d'un enfant iroquois. Le grand-père de l'enfant avait incité un de ses compatriotes à lever la main sur le Français en disant : « Les Hollandais nous assurent que ce que fait ce prisonnier ne vaut rien; cela causera la mort de mon petit-fils; va donc tuer ce misérable.»

Un fort sur le Richelieu

Quelques jours avant la capture des trois Français, le gouverneur de la Nouvelle-France, Charles Huault de Montmagny, quitte Québec avec une centaine d'hommes. Il se rend à l'embouchure de la rivière Richelieu dans le dessein d'y construire un fort. Cette rivière est habituellement utilisée par les nations iroquoises pour venir attaquer la colonie ou les convois de fourrures qui descendent le fleuve Saint-Laurent. Le 13 août 1642, les hommes se mettent à l'ouvrage. Les Iroquois venaient justement de procéder à la construction d'un système défensif non loin de l'endroit choisi par le gouverneur. Le 20, ils se lancent à l'attaque du nouveau fort. Les Français résistent tant bien que mal. Montmagny quitte le petit navire sur lequel il se trouve et réussit à pénétrer dans le réduit. L'attaque est repoussée, mais le caporal Deslauriers est tué. La victoire française redonne un peu d'espoir à la colonie.

Même la fondation d'un poste français sur l'île de Montréal ne calme pas toutes les appréhensions. Au contraire. La hantise iroquoise occupe tous les esprits. Habiles guerriers et bons stratèges, les Iroquois changent de tactique à partir de 1643. Ils n'attaqueront plus par groupes de trois cents à la fois, comme au fort Richelieu. Ils utilisent le petit groupe de harcèlement.

> Quand une bande s'en va, l'autre lui succède, écrit le père Barthélemy Vimont; ce ne sont que petites troupes bien armées, qui partent les unes après les autres du pays des Iroquois, pour occuper toute la grande rivière [Saint-Laurent] et y dresser partout des embuscades

d'où ils sortent à l'improviste, se jetant indifféremment sur les Montagnais, les Algonquins, les Hurons et les Français. On nous a écrit de France que le dessein des Hollandais est de faire tellement harceler les Français par les Iroquois, à qui ils fournissent des armes, qu'ils les contraignent de quitter le pays et même d'abandonner la conversion des Sauvages.

Les colons de Ville-Marie, qui n'ont pas eu à trop souffrir de l'hostilité iroquoise, ne se rendent pas compte, au mois de juin 1643, que six des leurs qui travaillent aux champs sont victimes de leurs ennemis. Comme Maisonneuve ne les voit pas revenir au fort, il demande à quelques colons-soldats d'aller aux champs. Ils découvrent les cadavres scalpés de Guillaume Boissier, Pierre Laforêt dit L'Auvergnat et Bernard Berté. Les trois autres Montréalistes sont amenés prisonniers. L'un réussira à s'enfuir et les deux autres mourront brûlés.

Plusieurs habitants de Ville-Marie veulent se lancer à la poursuite de leurs ennemis et les tailler en pièces. Maisonneuve refuse : « Sans doute, nous pourrions poursuivre les Iroquois, ainsi que vous le souhaitez avec tant d'ardeur ; mais nous ne sommes qu'une poignée de monde, peu expérimentés au bois, théâtre ordinaire de la guerre avec ces barbares ; et tout à coup nous tomberons dans quelque embuscade, où il y aura vingt Iroquois contre un Français. Prenez patience ; quand Dieu nous aura donné du monde, nous risquerons des coups. Maintenant ce serait hasarder imprudemment la perte de tout en une seule fois, et je me croirais coupable en conduisant, avec si peu de prudence, l'œuvre qui m'est confiée. »

Pour prévenir les attaques-surprises, les habitants iront tous ensemble « au travail, au son de la cloche, toujours armés » et ils reviendront pour le dîner lorsque la cloche du fort les y appellera. Bien plus, les chiens, que l'on avait amenés de France pour voir au bétail et faire un peu de garde, sont dressés pour dénicher les Iroquois. Le 30 mars 1644, les chiens ne cessent de japper pendant leur tournée matinale. Les colons sont assurés que des Iroquois sont cachés près de là. Ils se demandent si Maisonneuve va leur permettre, cette fois, de courir sus à l'ennemi. Ceux qui doutent encore du courage de leur chef reçoivent une réponse affirmative. « Oui, vous verrez l'ennemi, leur dit le commandant ; qu'on se prépare à marcher tout à l'heure ; mais qu'on soit aussi brave qu'on le promet. Je vais moi-même à votre tête. »

Ceux qui possèdent des raquettes les chaussent. Une trentaine d'hommes accompagnent Maisonneuve. Les ennemis, on s'en rendra compte trop tard, sont au nombre d'environ deux cents. Ils sont là, cachés derrière les arbres. Ils voient la troupe de Français s'avancer à l'orée du bois. Ils se divisent alors en petites bandes pour encercler leurs ennemis. Bientôt, du côté français, les munitions commencent à manquer. Il faut songer à la retraite, sans oublier les blessés et les morts.

La retraite s'effectue plus rapidement que commandée et Maisonneuve se retrouve seul face aux Iroquois qui veulent laisser à un de leurs chefs le plaisir de s'emparer du commandant de l'établissement français. Comme l'Iroquois s'apprête à saisir Maisonneuve par les épaules, ce dernier le met en joue et tire. L'Amérindien a le temps de se baisser et d'éviter le coup. « Cet homme se releva pour sauter sur lui, mais en cet instant il prit son autre pistolet et le tira si promptement et si heureusement qu'il le jeta tout raide mort. »

Les Iroquois songent à s'occuper de leur chef plutôt qu'à poursuivre Maisonneuve qui réussit à regagner la troupe française. À la suite de ce fait d'armes, le commandant de Ville-Marie regagne l'admiration de ses hommes et ceux-ci « eurent pour lui le dévouement le plus entier et pour ses avis la confiance la plus parfaite, protestant tous qu'ils ne souffriraient jamais qu'il s'exposât ainsi à l'avenir ».

Dans la plupart des engagements, les Iroquois se servent adroitement des armes à feu qu'ils ont obtenues des Hollandais. Les Amérindiens alliés des Français ne disposent que de haches de guerre, d'arcs et de flèches. Le 9 juillet 1644, le gouverneur Montmagny renouvelle la défense de « vendre, donner, troquer et échanger aux Sauvages, tant chrétiens que autres non chrétiens, des arquebuses, pistolets et autres armes à feu, poudre, plomb ». Cette décision des autorités françaises place les Amérindiens alliés sur un pied d'infériorité, mais elle montre surtout que les Français ont alors peu confiance dans la fidélité de ceux qui se prétendent leurs amis.

La guérilla iroquoise a comme conséquence immédiate de diminuer considérablement le volume de traite des fourrures. Les autorités françaises cherchent un moyen de mettre fin aux hostilités. Elles ont entre leurs mains deux prisonniers agniers. Montmagny ordonne la libération de l'un des deux et lui dit de retourner dans sa tribu et de faire libérer Guillaume Couture qui est toujours prisonnier. Les Français relâcheront ensuite l'autre captif et on pourra entreprendre des négociations de paix. L'Amérindien s'en retourne seul et, quelques semaines plus tard, un canot monté par trois Iroquois accompagnant Couture arrive au fort Richelieu. À Trois-Rivières, un des Agniers déclare : « On m'a dit à mon départ que je venais chercher la mort et que je ne verrais plus ma patrie ; mais je me suis involontairement exposé pour le bien de la paix. Je viens donc entrer dans les desseins des Français, des Hurons et des Algonquins et vous communiquer les pensées de tout mon pays. »

Montmagny, dès l'annonce de l'arrivée des émissaires agniers à Trois-Rivières, s'y rend pour présider les délibérations. Dans la cour du fort, on dresse une tente de toile. Deux perches reliées par une corde sont plantées à l'intérieur de l'abri et les Iroquois viennent y suspendre leurs présents. Les discours succèdent aux discours. Le gouverneur offre un banquet et des présents.

La paix avec les Agniers est ratifiée le 20 septembre 1645, en présence de quatre cents Amérindiens de diverses nations. L'historien américain George T. Hunt affirme que les Agniers ont accepté la paix parce que «les Hurons et les Algonquins s'étaient engagés à livrer les fourrures qu'ils récoltaient à la tribu des Agniers». Par ailleurs, ce sont surtout les Français qui désirent la paix.

Il est normal et prévisible qu'à la moindre occasion la guerre reprenne. Le 12 septembre 1646, des Hurons arrivent à Ville-Marie avec un chargement de 32 000 livres de castors. Douze jours plus tard, Jean de La Lande et le père Jogues, revenu à Québec à l'été de 1644, quittent Trois-Rivières pour aller hiverner chez les Agniers. Vers le 15 octobre, ils tombent aux mains de ces derniers qui les font prisonniers. Au début du mois de juin 1646, Jogues s'était rendu chez les Agniers en voyage diplomatique et y avait laissé une mystérieuse cassette, en demandant de ne pas l'ouvrir. Or, au cours de l'été, la maladie se répand dans le village et la récolte de maïs est nulle. De là à conclure que la cassette était responsable de tous les malheurs, il n'y avait qu'un pas, vite franchi par les Agniers. Chose importante à noter : l'arrivée des missionnaires coïncide souvent avec des débuts d'épidémies ou de malheurs, aussi bien chez les Hurons que chez les Iroquois. Les pères jésuites sont d'ailleurs conscients de ce phénomène, puisqu'ils notent dans leurs *Relations* : «Au reste il est vrai que, parlant humainement, ces Barbares ont des sujets apparents de nous faire des reproches, d'autant que les fléaux qui humilient les superbes, nous devancent et nous accompagnent partout où nous allons.»

Sans doute pour éviter la multiplication des malheurs, le 18 octobre, un Agnier tue d'un coup de hache le père Jogues. Vraisemblablement, le lendemain, Jean de La Lande subit le même sort.

À nouveau, la guerre

La paix est de bien courte durée. L'ingénieur Louis d'Ailleboust a quand même le temps de fortifier Ville-Marie. «Il réduisit le fort à quatre bastions réguliers, si bien construits et si solides, qu'on n'avait encore rien vu de semblable au Canada.»

Le 30 novembre 1646, deux colons s'étant aventurés loin du fort disparaissent sans laisser de traces. Peu après, comme le gouverneur Montmagny avait rappelé tous les soldats cantonnés au fort Richelieu, les Iroquois pillent le poste et l'incendient.

Au mois de mars 1647, une centaine d'Algonquins de la région de Trois-Rivières sont faits prisonniers par les Agniers. Quelques-uns sont tués lors des engagements, mais la plupart trouveront la mort dans les villages iroquois. En cette année 1647, ce sont surtout les Hurons et les Algonquins qui font les frais de la guerre.

Les Iroquois décident, en 1648, d'effectuer une attaque massive contre la Huronie. Le 4 juillet, la mission de Saint-Joseph, composée de quatre cents familles, est complètement détruite. Le père Antoine Daniel est tué au sortir de la chapelle où il venait de terminer sa messe. Environ sept cents Hurons sont tués ou faits prisonniers. Au mois de mars 1649, les autres missions huronnes subissent la furie iroquoise. Près de

2000 Hurons conservent la vie en épousant la cause iroquoise; quelques centaines viennent s'établir près de Québec. Mais la majorité sont massacrés ou meurent victimes de la famine. Lors de cette guerre, les pères Jean de Brébeuf et Gabriel Lalemant sont tués.

Au printemps de 1649, Louis d'Ailleboust, devenu gouverneur de la Nouvelle-France, établit un camp volant de quarante hommes, dont la mission est de patrouiller le fleuve entre Québec et Montréal. Au bruit des rames de la chaloupe des patrouilleurs, les Iroquois s'enfuient, mais ils reviennent aussitôt, de sorte que le camp volant est d'une mince utilité. La destruction de la Huronie a rendu les Iroquois plus audacieux.

> En l'année 1650, écrit Jeanne Mance, les Iroquois [...] recommencèrent à nous incommoder et à nous attaquer si souvent et si fréquemment qu'ils ne donnaient point de relâche. Il ne se passait quasi point de jour qu'on ne découvrît quelques embûches ou qu'il y eût quelques alarmes. [...] Tous les jours ou peu s'en fallait, il recevait quelques attaques. Ce triste état ayant continué près de deux ans, et sans recevoir de forces de France ni secours, nous voyant dans une extrême faiblesse et ne pouvant en recevoir d'aucun lieu du pays, chacun se trouvant assez en peine pour soi; la crainte et l'effroi étaient partout.

La situation devient telle que Maisonneuve décide de retourner en France implorer du secours. Montréal résiste assez bien aux attaques. Mais, à Trois-Rivières, une trentaine d'Iroquois conduits par un chef métis, issu d'une mère iroquoise et d'un père hollandais, attaquent une soixantaine de Français « dont ils tuèrent quelques-uns qui étaient de nos meilleurs soldats et en blessèrent grièvement d'autres ». La situation est presque intolérable. Certains engagés trouvent que les risques de la fuite sont moins grands que ceux d'une mort entre les mains iroquoises. Au mois de juin 1650, quatre domestiques de Michel Leneuf Du Hérisson, de Trois-Rivières, s'enfuient en canot espérant trouver un navire français qui les ramènerait en France.

On demande l'aide des Anglais

Le gouverneur d'Ailleboust charge le père jésuite Gabriel Druillettes de négocier une entente commerciale et défensive avec les autorités anglaises de la Nouvelle-Angleterre. Le père quitte Québec le 1er septembre 1650. Le 8 décembre suivant, il est à Boston où le major général Edward Gibbons, le commandant militaire de l'endroit, le reçoit. Quelques jours plus tard, le père rencontre le gouverneur William Dudley à qui il expose la situation de la Nouvelle-France et lui propose un projet d'entente visant à écraser les Iroquois. Vers la fin du mois, il rencontre le gouverneur du New Hampshire. Personne ne s'engage vraiment. Une décision doit être prise lors de la réunion prévue pour septembre 1651 et qui réunira les dirigeants du Connecticut, du Rhode Island, du Massachusetts et du New Hampshire. Le père Druillettes revient à Québec au printemps de 1651 avec un mince espoir de succès.

Le 20 juin 1651, le Conseil de Québec tient une réunion spéciale et charge le père Druillettes et Jean-Paul Godefroy de se rendre en Nouvelle-Angleterre. Les guides abénaquis décident d'emprunter un nouveau chemin beaucoup plus difficile que la voie ordinaire. La mission est un échec, car les autorités anglaises ne veulent pas se mêler d'un conflit où elles ne sont pas directement intéressées. Le 30 octobre suivant, Godefroy apporte la nouvelle à Québec. Le père jésuite hiverne chez les Abénaquis et revient le printemps suivant « mangeant en chemin le cuir bouilli de ses souliers, de sa camisole en peau d'orignal et les cordes de ses raquettes ».

Pendant que les colons français espèrent une aide des Anglais, les Iroquois harcèlent sans trève Ville-Marie et Trois-Rivières. Le 26 juillet 1651, deux cents Iroquois se lancent à l'attaque de l'hôpital de Jeanne Mance occupé maintenant par les soldats. Raphaël-Lambert Closse, qui n'a avec lui que seize hommes, repousse l'attaque ennemie qui dure de six heures du matin à six heures du soir. Les Français ne déplorent qu'une seule perte de vie : Denis Archambault est tué, lorsque la pièce de canon à laquelle il s'apprêtait à mettre le feu lui explose en plein visage.

La mort à Trois-Rivières

La région de Trois-Rivières devient un endroit de prédilection pour les Iroquois. Le poste est peu peuplé et assez mal fortifié. Un matin de mai 1652, trois jeunes gens quittent le poste pour aller chasser sur les rives du lac Saint-Pierre. Deux des membres du trio jugeant la chasse assez abondante décident de retourner à Trois-Rivières. Le troisième, âgé de seize ans et ayant pour nom Pierre-Esprit Radisson, continue à tirer canards et sarcelles. Il se décide à rebrousser chemin. Il retrouve les cadavres ensanglantés de ses compagnons presque à l'endroit où il les avait laissés. Il se sent cerné. Il veut fuir, mais c'est impossible. Des Iroquois le capturent et lui laissent la vie sauve. Le lendemain, Radisson prend la direction du pays des Agniers où il sera prisonnier pendant dix-huit mois.

Guillaume Guillemot, mieux connu sous le nom de Du Plessis-Kerbodot, gouverneur de Trois-Rivières, organise un camp volant qu'il dirige lui-même. Le 18 août 1652, quatre colons sont assaillis par les Iroquois; deux sont tués sur place et les deux autres sont amenés prisonniers. Le lendemain, le gouverneur réunit sa brigade volante composée d'une soixantaine d'hommes, dont douze Amérindiens. À bord de deux chaloupes, on explore les rives du fleuve à la recherche des ennemis. On les aperçoit sur les bords d'un bois. Du Plessis-Kerbodot donne l'ordre de mettre pied à terre. Mais le rivage, à cet endroit, se prête peu à un débarquement. Les hommes enfoncent dans la vase. Les Iroquois remportent une victoire facile : le gouverneur et quatorze Français sont tués et sept autres sont faits prisonniers. Un de ces derniers réussit à écrire un message avec un morceau de charbon. Sur un bouclier iroquois on peut lire : « Normanville, Francheville, Poisson, Lapalme, Turgot, Chailloux, Saint-Germain. [...] je n'ai encore perdu qu'un ongle. » Le message qui énumère les noms des prisonniers précise de plus que les vainqueurs les conduisent en territoire agnier.

Le 14 octobre 1652, à Ville-Marie, les chiens décèlent la présence d'ennemis. Le major Lambert Closse réunit vingt-quatre soldats et part à la poursuite des Iroquois. Trois hommes sont détachés en éclaireurs : Étienne Thibault, Baston et un autre. Le premier grimpe dans un arbre pour explorer le territoire avoisinant, sans se rendre compte qu'il est au milieu d'un groupe d'Iroquois qui lui tirent dessus dès qu'il en atteint la cime. Thibault est tué au moment où il tue son assaillant. Les deux autres éclaireurs cherchent à fuir. Baston se réfugie dans « une chétive maison de terre ». Closse et ses hommes doivent maintenant faire face à près de deux cents Iroquois.

> Un brave habitant de Ville-Marie, Louis Prud'homme, qui voyait le péril et qui se trouvait dans la maisonnette où Baston venait d'entrer, crie de là au major de se retirer au plus vite et qu'il est investi, raconte Faillon. Le major, tournant aussitôt la tête, voit en effet une nuée d'Iroquois environner déjà sa petite troupe et même la maison où

> Prud'homme était renfermé. À l'instant, il commande à ses gens de forcer ces barbares pour entrer dans cette bicoque, à quelque prix que ce soit ; et cet ordre est aussitôt exécuté, avec autant de succès que d'audace. À peine le major et les siens sont-ils entrés que tous, s'étant mis à percer des meurtrières, commencent à faire feu sur l'ennemi. [...] Les Iroquois environnaient en effet la maison de toutes parts et tiraient même si rudement que leurs balles passaient à travers de cette baraque en si mauvais état et construite si légèrement qu'une balle, après l'avoir percée, blessa l'un des assiégés, le brave Laviolette, et le mit hors de combat.

Les Iroquois se rendent compte qu'ils ne peuvent s'emparer de la maison ; ils décident donc de battre en retraite. Ils ne peuvent se résoudre à abandonner leurs morts et leurs blessés. Pourtant, chaque fois qu'un homme s'approche d'un de ses compatriotes gisant par terre, il essuie une rafale de balles.

Dans la masure, on s'aperçoit que les munitions diminuent dangereusement. Closse déclare qu'il n'y a qu'une planche de salut : envoyer quelqu'un au fort demander du secours. Baston, le meilleur coureur de Ville-Marie, se porte volontaire. « Le major, ajoute Faillon, transporté de joie d'un tel geste de dévouement, donne aussitôt à Baston toutes sortes de témoignages d'amitié. Et après avoir fait ouvrir la porte, il ordonne des redoublements de décharges pour favoriser sa sortie. Baston passe au travers des feux des Iroquois sans recevoir aucune blessure, arrive au fort et retourne immédiatement avec dix hommes conduisant deux petites pièces de campagne, chargées de cartouches et prêtes à tirer. »

La petite troupe de renfort peut s'approcher du lieu du combat sans se faire remarquer par les Iroquois. Les deux canons lancent leur mitraille sur les assaillants. Au même moment, Closse et ses hommes couvrent l'arrivée des soldats dans la maison. Jugeant inutile de poursuivre leur attaque, les Iroquois se retirent.

Chicane chez les Iroquois

En 1653, les cinq nations qui forment le peuple iroquois ne présentent plus un front uni. Pour des raisons surtout commerciales, les Agniers s'opposent aux quatre autres nations. Ces dernières décident de conclure la paix avec les Français. Depuis six ans, la situation amérindienne a profondément évolué. «De 1647 à 1653, écrit l'historien Léo-Paul Desrosiers, l'Iroquoisie fournit un effort de guerre énorme. Elle disperse ou anéantit non seulement les Hurons, les Neutres, mais encore des groupes importants de race algonquine : les Nipissings, les Iroquets, les Outaouais, les habitants de l'île des Allumettes et de l'Outaouais inférieur. Ses guerriers conduisent des expéditions dans l'ancienne Huronie, l'île des Chrétiens, la grande île Manitouline, les territoires au nord du lac Huron, pour empêcher les survivants de se fixer et de créer des centres hostiles.»

Les Onontagués sont les premiers à demander la paix. Le 26 juin 1653, une soixantaine d'entre eux se présentent à Ville-Marie demandant que leurs chefs soient admis à l'intérieur du fort pour négocier une paix. Plus tard, des représentants de la nation Onneiout arrivent à Ville-Marie avec la même intention. Le 7 septembre, le gouverneur Jean de Lauzon accepte les propositions de paix. Il est alors question que les Français établissent un poste en territoire iroquois. À leur tour, les Agniers, qui ont subi un échec dans la région de Trois-Rivières, demandent la paix. La raison profonde du brusque changement d'attitude des Iroquois semble être d'ordre économique.

> Les quatre tribus de l'Ouest (Onéiouts, Onontagués, Goyogouins et Tsonnontouans) connues sous le nom commun de « Sinèkes », écrit Léo-Paul Desrosiers, devaient traverser le pays des Agniers pour se rendre à Orange aujourd'hui Albany, où elles échangeaient leurs pelleteries contre des marchandises. Enorgueillis par leurs victoires militaires, ou poussés par leurs besoins de fourrures, ces derniers exigeaient des péages élevés, tout comme autrefois les Algonquins de l'île en exigeaient des Hurons. Incapables d'obtenir un rabais ou le passage gratuit, les « Sinèkes » et surtout les Onontagués sont fermement résolus à conclure la paix avec la Nouvelle-France, et à créer entre la capitale, Onontagué, dans la région sud-est du lac Ontario, et Ville-Marie, un courant commercial qui ne sera pas entravé par les extorsions. D'autre part, les canots chargés de pelleteries peuvent se rendre d'une place à l'autre, sans portages ou presque, dans la descente, tandis que d'Onontagué à Orange, le transport se fait à dos d'hommes sur la piste de l'Iroquoise.

De plus, les Agniers veulent convaincre les Hurons, installés sur l'île d'Orléans, de se joindre à eux. Ces Hurons sont devenus leurs ennemis et servent d'éclaireurs pour les établissements français.

La paix qui s'installe est non seulement fragile, mais surtout bizarre. Les Iroquois conservent le droit d'attaquer les Amérindiens alliés des Français, en particulier les Outaouais de la région du lac Michigan qui s'apprêtent à se rendre dans la colonie avec d'importantes quantités de fourrures. Au début du mois de juin 1654, ces Hurons et ces Outaouais réussissent malgré tout à conduire à Ville-Marie des canots chargés de fourrures, faisant ainsi la joie des habitants.

Au printemps de 1654, les nations iroquoises, sauf celle des Agniers, sentent le besoin de se rapprocher plus encore des Français, car elles viennent d'entrer en guerre contre les Ériés, ou nation du Chat.

Pour répondre à la demande des Onontagués, le gouverneur de la Nouvelle-France charge Zacharie Dupuy de conduire une mission française dans le pays de cette nation. Le commandant, accompagné de dix soldats et de quarante-trois autres Français, quitte Québec, le 17 mai 1656. L'expédition voyage à bord de deux chaloupes et d'une douzaine de canots.

Le 18 mai, des Agniers, ne pouvant accepter le rapprochement entre Onontagués et Français, attaquent les canots qui ferment le convoi. Un frère jésuite est blessé. Les prisonniers hurons sont par la suite relâchés. Le lendemain soir, le même groupe assaille les Hurons de l'île d'Orléans, sans que les Français de Québec se portent à leur secours.

Après un long voyage, la mission française arrive au lieu fixé pour l'établissement, les bords du lac Gannentaha (ou Gannata), «lieu choisi pour l'habitation française, parce qu'il est le centre des quatre nations iroquoises, que l'on peut de là visiter en canots sur des rivières et sur des lacs qui font le commerce libre et fort facile». Le 17 juillet 1656, les hommes se mettent à l'ouvrage à Sainte-Marie de Gannentaha. Rapidement, ils terminent la construction d'un grand bâtiment, qui sert de magasin et d'arsenal, d'une chapelle et de quelques maisons. Une palissade complète l'établissement. Les Français ont amené avec eux des chiens dressés pour faire la garde.

Le gouverneur d'Ailleboust, qui assure l'intérim en attendant l'arrivée du nouveau gouverneur Pierre Voyer d'Argenson, est convaincu que la paix est menacée de toutes parts. Le 21 octobre 1657, il réunit les principaux habitants de Québec. On décide alors «que les habitants se défendraient contre les insolences des Iroquois d'en bas et d'en haut, et qu'on ne se laisserait pas voler, ni piller, ni faire aucun acte d'hostilité sous prétexte de paix».

Quatre jours plus tard, une trentaine d'Onneiouts, une nation voisine de celle d'Onontagué, se présentent chez un habitant de la Pointe-Saint-Charles, sur l'île de Montréal. Nicolas Godé les accueille chaleureusement. Le repas terminé, les Iroquois l'abattent de sang-froid ainsi que son gendre, Jean de Saint-Père, et son serviteur, Jacques Noël. Trouvant la chevelure de Saint-Père très belle, ils lui coupent la tête pour la conserver comme « souvenir ».

En guise de représailles, le gouverneur de la colonie ordonne l'arrestation de tous les Iroquois qui se trouvent à Québec, Trois-Rivières et Ville-Marie. Cette décision a comme conséquence immédiate le rapprochement des Cinq-Nations. Trois ambassadeurs agniers se présentent à Québec, le 3 janvier 1658, pour demander la libération des leurs. Le 12 février, le gouverneur d'Ailleboust leur fait la réponse suivante :

> C'est chose étrange que toi, Agnier, tu me traites comme si j'étais ton captif. Tu me tues; moi, qui suis Français, je crie : on m'a tué. Tais-toi, me dis-tu, nous sommes bons amis et tu me jettes un collier de porcelaine, comme en me flattant et en te moquant. Sache que le Français tirera raison de ta perfidie, qui dure depuis si longtemps. Il n'a qu'un mot à te dire, le voici : fais satisfaction, ou dis qui a commis le meurtre. Tu sais bien que ton armée est en campagne et cependant tu crois m'amuser avec un collier de porcelaine. Le sang de mes frères crie bien haut; si bientôt je ne suis apaisé, je tirerai vengeance de leur mort. Tu es si effronté que tu oses bien redemander quelques haches et quelques haillons qu'on a pris à tes gens; as-tu rapporté ce que tes compatriotes ont pillé, ce que vous avez volé, depuis deux ans, dans les maisons françaises? Si tu veux la paix, faisons d'abord la guerre. Le Français ne sait ce que c'est que de craindre, quand une fois la guerre est résolue.

Une fuite préméditée

Pendant que les négociations se déroulent à Québec, les chefs des nations iroquoises décident de reprendre ouvertement les armes. Les habitants de Gannentaha ne tardent pas à en être informés. Ils se savent traqués. Plusieurs soldats songent à s'enfuir. En cachette, on construit deux chaloupes dans le grenier du bâtiment principal. On veut non seulement se sauver, mais aussi emporter plus de quinze mille livres de castor. Un jeune Français qui avait été adopté par un chef onontagué des environs convainc son père adoptif de donner un festin à tout manger. Il lui déclare avoir eu un songe dans lequel il était sur le point de mourir, lorsque son père adoptif lui redonna la vie en offrant à tous un banquet «à tout manger». Le 20 mars 1658, tous les Amérindiens du voisinage sont invités à Gannentaha. Les Français fournissent quelques porcs et des outardes. Les Onontagués mettent dans la marmite des poissons, de la graisse d'ours, diverses viandes, dont quelques chiens. Pendant que les viandes cuisent, les Français jouent du tambour et de divers instruments de musique. Au même moment, d'autres Français transportent les embarcations sur le bord du lac. Dans la salle du banquet, les Amérindiens dansent à la française et les Français imitent les danses amérindiennes. Lorsque tout est prêt, le jeune Français dit à son père adoptif: «C'en est fait, j'ai pitié de vous; cessez de manger, je ne mourrai pas. Je vais vous jouer d'un doux instrument pour vous exciter au sommeil. Mais ne vous levez demain que bien tard et dormez jusqu'à ce qu'on vienne vous réveiller pour les prières.»

Le jeune homme leur joue alors un air sur sa guitare. Lorsque tous dorment, les Français, qui avaient installé des mannequins sur le chemin de ronde de la palissade, s'enfuient par la porte arrière. La neige qui couvre leurs pistes empêchera les Onontagués de voir, le lendemain, quelle direction ils ont prise. Le 3 avril 1658 au soir, les cinquante Français arrivent à Ville-Marie. Trois des fuyards trouvent la mort au cours du voyage de retour. À cause des glaces et de la mauvaise saison, les fugitifs arrivent à Québec le 23 avril seulement.

Défense sur défense

Ville-Marie n'est pas en état de se défendre convenablement. Maisonneuve émet des ordonnances réglementant les sorties hors du fort.

La première, en date du 18 mars 1658, porte les articles suivants :

> 1- Chacun tiendra ses armes en état et marchera ordinairement armé, tant pour sa défense particulière que pour donner secours à ceux qui pourraient en avoir besoin. 2- Nous ordonnons à tous ceux qui n'auraient point d'armes, d'en acheter et de s'en fournir suffisamment, ainsi que des munitions et nous défendons d'en vendre et d'en traiter avec les Sauvages alliés, qu'au préalable chacun des colons n'en retienne ce qu'il sera nécessaire pour sa défense. 3- Pour que tous fassent leur travail en sûreté, autant que possible, les travailleurs se joindront plusieurs de compagnie et ne travailleront que dans des lieux d'où ils puissent se retirer facilement en cas de nécessité. 4- De plus, chacun regagnera le lieu de sa demeure tous les soirs, lorsque la cloche du fort sonnera la retraite et fermera ensuite sa porte. Défense d'aller et venir, de nuit, après la retraite, si ce n'est pour quelque nécessité absolue qu'on ne pût remettre au lendemain. 5- Personne, sans notre permission, n'ira plus loin, à la chasse, que dans l'étendue des champs défrichés; ni à la pêche, sur le fleuve, plus loin que le grand courant. Défense à toutes sortes de personnes de se servir de canots, de chaloupes et autres, qui ne

leur appartiendraient pas, sans l'exprès consentement des propriétaires, si ce n'est en cas de nécessité, pour sauver la vie à quelqu'un ou pour empêcher quelque embarcation d'aller à la dérive ou de périr.

À partir de 1658, la guérilla reprend entre les Iroquois, les Français, les Algonquins et les Hurons. De part et d'autre, on multiplie les raids pour ensuite tenter d'échanger les prisonniers. Des Hurons se plaisent à répandre des rumeurs tant en Iroquoisie que dans les postes français. La situation est telle qu'en 1658 et en 1659 peu de canots de traite arrivent dans la colonie. L'économie stagne gravement. Les Iroquois, craignant une invasion de leur territoire, demandent l'aide des Hollandais. Les Français sont convaincus d'une attaque imminente.

Pour sauver l'économie

Au début de 1660, les Amérindiens de la région du lac Supérieur et du lac Michigan veulent absolument troquer leurs fourrures contre des marchandises françaises. Ils forment le dessein d'organiser un énorme convoi qui, dès la fonte des neiges, prendra le chemin de Ville-Marie. Les Iroquois connaissent certainement ce projet. Ils vont tout tenter pour que le convoi n'arrive pas à destination. Par ailleurs, les Agniers veulent attaquer les postes français. Enfin, l'on sait que des guerriers chasseurs de diverses nations reviendront de leur saison de chasse en empruntant, eux aussi, l'Outaouais. Au printemps de 1660, Adam Dollard des Ormeaux, âgé de 25 ans et « commandant en la garnison du fort de Ville-Marie », réunit seize jeunes gens pour aller au-devant des Iroquois et, peut-être aussi, pour protéger la descente des Outaouais. Selon la coutume de l'époque, certains compagnons de Dollard font leur testament avant de partir et tous se mettent en règle avec l'Église. La petite troupe part de Ville-Marie, le 19 avril 1660. L'endroit choisi pour l'attaque contre les Iroquois est le Long-Sault, à une soixantaine de kilomètres de Ville-Marie, sur l'Outaouais.

À peine le groupe a-t-il quitté l'île de Montréal que des cris se font entendre sur l'île Saint-Paul. Dollard et ses hommes se lancent à l'attaque des Iroquois qui abandonnent tout sur le rivage et s'enfuient dans les bois. Nicolas Duval est tué d'une balle, pendant que le charpentier Mathurin Soulard et l'habitant Blaise Juillet dit Avignon se noient, lorsque leur embarcation chavire. Après un bref retour à Ville-Marie pour assister aux funérailles de Duval et trouver des remplaçants, Dollard se remet en route, le 20 avril. L'expédition arrive au Long-Sault, le samedi 1er mai. Les Français, auxquels se sont joints 40 Hurons et quatre Algonquins, s'installent « dans un fort abandonné que des Algonquins avaient construit, l'automne précédent, sur une petite hauteur ». Dès le lendemain, on aperçoit deux canots montés par des Onontagués qui précèdent une flotte de deux à trois cents Iroquois. À ce moment, les Français font cuire leur repas au bord de l'eau. Ils se retranchent immédiatement dans le fort. Après un échange de coups de feu, un chef onontagué « s'avance sans armes jusqu'à la portée de la voix pour demander quels gens étaient dans ce fort et ce qu'ils venaient faire ». On établit une trêve. Les Français profitent de cette trêve pour fortifier leur réduit, pendant que les Iroquois construisent rapidement un fortin juste en face du fort français. Peu après, les Onontagués se lancent à l'attaque que les Français repoussent, sans oser tenter une sortie.

Les Onontagués dépêchent quelques habiles canotiers aux îles du Richelieu « pour solliciter le secours des 500 Agniers et Onéiouts qui les y attendaient ». Dans l'attente du renfort, les assaillants se contentent d'empêcher les assiégés de sortir. Du côté français, les munitions baissent dangereusement. L'eau commence aussi à manquer.

La fuite des Hurons

Après une accalmie de cinq ou sept jours, les renforts agniers arrivent enfin. Le chef huron demande aux Français de lui permettre de négocier « quelque bonne composition ». On délègue un Onneiout « huronisé » et deux Hurons chez les assaillants. Pendant ce temps, les Hurons qui se battaient aux côtés des Iroquois supplient les leurs de quitter le fort français et de se joindre à eux pendant qu'il en est encore temps. De vingt à trente Hurons acceptent l'offre. Des Iroquois s'approchent encore du fort « à dessein de se saisir de ceux qui voudraient prendre la fuite ». « Inquiétés par ce mouvement et peu confiants dans le résultat de l'ambassade, écrit l'historien André Vachon, les Français ouvrirent le feu, renversant ceux qui s'étaient aventurés le plus près. [...] En rompant la trêve avant que les pourparlers n'eussent échoué, les Français venaient de commettre une deuxième erreur. » La première ayant été de ne pas tenter, précédemment, une sortie.

La situation des assiégés est désespérée. On charge un baril de poudre et on tente de le lancer sur l'ennemi par-dessus la palissade. Mais un obstacle ramène le projectile à l'intérieur de l'enceinte où il explose, tuant et blessant quelques hommes. Les Français n'ont plus de munitions; le fort est délabré et les Iroquois peuvent y pénétrer facilement. Ils n'y trouvent que neuf survivants : cinq Français et quatre Hurons. Un des Français est massacré sur les lieux. Les autres trouveront la mort dans les villages iroquois.

Un salut de courte durée

La nouvelle de la défaite du Long-Sault parvient à Ville-Marie vers le 25 mai 1660. Québec l'apprend le 8 juin, vers minuit. La colonie est temporairement sauvée, car il n'y aura pas d'attaque massive contre les établissements français.

La surveillance quotidienne ne peut cesser, surtout à Québec où, au début du mois de juin, à la suite d'une rumeur, les habitants s'étaient enfermés, craignant une attaque iroquoise. «Toutes les avenues des cours étaient barricadées, écrit Marie de l'Incarnation, outre environ une douzaine de grands chiens qui gardaient les portes du dehors, et dont la garde valait mieux, sans comparaison, que celle des hommes, pour écarter les Sauvages; car ils craignent autant les chiens français que les hommes, parce qu'ils se jettent sur eux et les déchirent quand ils les peuvent attraper.»

La principale conséquence du geste de Dollard et de ses compagnons est de sauver la colonie d'une faillite financière. «Grâce à Dollard des Ormeaux, écrit Léo-Paul Desrosiers, l'indispensable se réalisa. Le 19 août, soixante canots, avironnés par trois cents Outaouais, sous la conduite de Radisson et de Chouart Des Groseilliers, atteignaient Ville-Marie. [...] Radisson pouvait conclure, au nom de tous, et inscrire dans son journal, pour la postérité, le jugement suivant : "Cette défaite nous a sauvés, sans aucun doute."»

Le harcèlement iroquois se poursuit quand même en Nouvelle-France. Entre 1661 et 1665, les Iroquois redoublent d'audace. Rien ne les arrête. Ville-Marie surtout est l'objet de multiples attaques. Plusieurs habitants trouvent la mort de façon plus ou moins horrible. Trois-Rivières, la côte de Beaupré et l'île d'Orléans sont des cibles de raids.

Les Iroquois ne se contentent pas de harceler les Français. Ils se rendent jusqu'au lac Saint-Jean dans l'espoir de vaincre les Amérindiens mistassins. Vers 1663, le major Guebin, de Boston, offre aux Français de les débarrasser des Iroquois pour la somme de vingt mille francs, mais la colonie ne peut disposer d'un tel montant. Il faudra attendre l'arrivée du régiment de Carignan-Salières pour songer à mater les Iroquois et à retrouver une paix relative.

Des soldats et des filles

Dès son arrivée à Québec, Pierre Dubois Davaugour, qui vient d'être nommé gouverneur de la Nouvelle-France, est frappé par le triste état de la colonie. La menace iroquoise est omniprésente. Bien des colons osent à peine s'aventurer dans les champs. L'agriculture s'en ressent. Pierre Boucher, alors gouverneur des Trois-Rivières, reçoit mission de se rendre à la cour pour expliquer les besoins de la colonie et convaincre les autorités d'envoyer quelques centaines de soldats pour rétablir la paix. En France, Louis XIV vient de commencer son règne personnel, brillamment assisté par Jean-Baptiste Colbert. Il songe déjà à modifier profondément les structures administratives de sa colonie. C'est dans ce contexte que Jean Péronne du Mesnil entreprend une enquête au Canada. À la demande de la Compagnie des Cent-Associés, il s'est embarqué à l'été 1660. « Dès l'instant où le sieur du Mesnil pose le pied au Canada, écrit l'historien Christophe Horguelin, tout ce que le pays compte de puissances [...] réagit comme le ferait un seul organisme investi par un corps étranger ». L'élite canadienne fait front commun contre le Français venu fouiner dans leurs affaires. C'est un épisode mal connu mais combien révélateur de la distance qui existe déjà entre le Canada et la France.

De son côté, Boucher a peu de difficulté à convaincre le roi et Colbert de la nécessité d'envoyer des militaires et de mettre sur pied une nouvelle politique de colonisation. « J'eus l'honneur de parler au roi, qui m'interrogea sur l'état du pays, dont je lui rendis un fidèle compte, écrira plus tard Boucher, et Sa Majesté me promit qu'elle secourrait le pays et le prendrait sous sa protection ; ce qu'elle a fait. » Le 15 juillet 1662, l'*Aigle d'Or* et le *Saint-Jean-Baptiste* quittent le port de La Rochelle avec à bord, Pierre Boucher ainsi que cent soldats fournis par le roi et une centaine de colons que l'émissaire avait réunis à ses frais.

La traversée, prévue pour deux mois, en dure quatre : les vivres viennent à manquer. Les personnages de marque se plaignent d'avoir été maltraités par le capitaine. Ce dernier, à cause de la saison avancée, refuse de remonter le fleuve plus haut que Tadoussac, où il jette l'ancre le 27 octobre. Passagers et bagages sont acheminés vers Québec, à bord de barques. Le sieur De Mons, après un séjour d'environ une semaine dans la colonie, retourne en France faire rapport au roi.

Le petit nombre de soldats envoyés par le roi est nettement insuffisant pour mater les Iroquois. Le 27 janvier 1663, Maisonneuve émet une ordonnance établissant la Milice de la Sainte-Famille de Jésus, Marie et Joseph. Cinq jours plus tard, soit le 1er février, l'île de Montréal peut compter sur vingt escouades de sept volontaires. La petite guerre n'en continue pas moins.

À l'automne de 1663, les renforts promis ne sont toujours pas arrivés. Marie de l'Incarnation le déplore en ces termes : « Le roi ne nous a pas envoyé des troupes, comme il l'avait fait espérer, pour détruire les Iroquois. On nous mande que les démêlées qu'il a dans l'Italie en sont la cause. » Comme les nouvelles ne circulent pas rapidement au XVIIe siècle, la supérieure des ursulines ignore, lorsqu'elle écrit sa lettre, que le 19 novembre

Louis XIV avait nommé Alexandre de Prouville de Tracy «lieutenant général dans toute l'étendue des terres de notre obéissance situées en l'Amérique Méridionale et Septentrionale». La mission confiée au militaire est double : déloger les Hollandais des Antilles et, au Canada, porter la guerre jusque dans les foyers des Iroquois pour les exterminer entièrement. Il faut attendre l'été de 1665 pour voir arriver le régiment promis.

Pendant ce temps, les colonies anglaises et hollandaises d'Amérique du Nord en viennent aux armes. Au mois d'août 1664, alors que l'Angleterre et la Hollande sont toujours en paix, le colonel Richard Nicolls s'empare de New Amsterdam qu'il rebaptise immédiatement New York. La guerre entre les deux pays n'éclate qu'en mars 1665. Marie de l'Incarnation croit que les dires de Pierre-Esprit Radisson, passé aux Anglais, auraient été suffisants pour les convaincre de s'emparer des postes hollandais. À ce sujet elle écrit, le 28 juillet 1665 :

> Ce ne sont plus les Hollandais qui sont voisins des Iroquois, mais bien les Anglais qui se sont rendus maîtres de tout ce qu'ils possédaient et qui les ont chassés. Cette conquête s'est faite par ceux de la Nouvelle-Angleterre qui sont devenus si forts qu'ils sont plus de quarante mille. Ils reconnaissent le roi d'Angleterre pour leur prince, mais ils ne veulent pas en être tributaires. Un habitant d'ici, mais qui n'y était pas bien vu, parce que c'était un esprit de contradiction et de mauvaise humeur, se retira chez les Anglais, il y a environ deux ans, et leur donna, à ce que l'on croit, la connaissance de beaucoup de choses du pays des Iroquois, et du grand profit qu'ils en pourraient tirer pour la traite, s'ils en étaient les maîtres. On croit que ce peut être la raison qui les a portés à attaquer la Nouvelle-Hollande.

Un régiment complet

Le 26 février 1664, Tracy, à la tête de quatre compagnies d'infanterie, fait voile vers les Antilles. Au mois de décembre de la même année, le régiment de Carignan reçoit l'ordre « de se rendre à l'un des ports de Brouage ou de La Rochelle et de s'embarquer dans le temps jugé nécessaire au service par l'intendant Colbert de Terron, soit en avril ou mai suivant ».

Le régiment de Carignan comprend mille hommes répartis en vingt compagnies. D'après les recherches des historiens Régis Roy et Gérard Malchelosse, « les compagnies du régiment de Carignan auraient [...] été composées de trois officiers : capitaine, lieutenant, enseigne ; de deux sous-officiers (sergents), un fourrier, deux tambours, un fifre et quarante-quatre soldats, parmi lesquels deux caporaux et trois ou quatre anspessades. Il n'y avait que deux enseignes réellement attitrés puisqu'il n'y avait que deux drapeaux blancs. [...] Les tambours placés à la tête de chaque compagnie servaient à régulariser la marche, à la presser, à la ralentir et à rappeler autour du drapeau tous les hommes dispersés ».

Quatre compagnies quittent le port de La Rochelle, le 19 avril 1665. Au cours de son voyage, le *Vieux Siméon*, qui transporte cette partie des troupes, croise le *Brézé*, à bord duquel voyage Tracy, qui a quitté la Guadeloupe le 25 avril. La rencontre a lieu dans la région de l'île Percée, en Gaspésie. Le *Vieux Siméon* arrive à Québec le 19 juin. La population de la ville est heureuse de voir arriver ces hommes qui, on l'espère, ramèneront la paix et la prospérité. Peut-être parce que l'armement dont disposent les compagnies est des plus modernes. Elles sont les premières à utiliser des fusils à platine.

Le *Brézé* jette l'ancre à Tadoussac car, à cause de son tonnage élevé, le capitaine craint de lui faire remonter le fleuve jusqu'à Québec. Les soldats font le voyage à bord de deux petits vaisseaux. Le 30 juin 1665, le représentant du roi est accueilli avec un éclat auquel la colonie n'est pas habituée.

Pendant ce temps, huit autres compagnies voguent sur l'Atlantique. Elles ont quitté le port de La Rochelle, le 13 mai, à bord de deux navires. Le premier atteint Québec le 19 août, et le second, le lendemain. À la fin du mois de mai, les huit dernières compagnies quittent la France. À bord du *Saint-Sébastien* voyagent Daniel de Rémy de Courcelle, qui vient occuper le poste de gouverneur de la Nouvelle-France, et Jean Talon, le nouvel intendant. La traversée dure 117 jours et se termine par une demi-catastrophe. À l'approche des terres, les voyageurs « ont trop tôt ouvert les sabords de leurs navires, ce qui a fait que l'air y étant trop tôt entré, la maladie s'y est mise, qui a causé bien de la désolation ». Huit soldats meurent et une centaine d'autres doivent être transportés à l'hôpital. Un si grand nombre de malades cause certains problèmes aux religieuses hospitalières. « La salle de l'hôpital étant pleine, écrit Marie de l'Incarnation, il en a fallu mettre dans l'église, laquelle étant remplie jusqu'aux balustrades, il a fallu avoir recours aux maisons avoisinantes, ce qui a extraordinairement fatigué toutes les religieuses, mais ce qui a aussi excellement augmenté leur mérite. »

Dès son arrivée à Québec, Tracy met ses hommes à l'ouvrage. On construit de petits bateaux pour acheminer soldats, vivres et munitions vers la région du Richelieu, en prévision d'une marche contre les Iroquois. Le 23 juillet, les quatre premières compagnies arrivées à Québec, accompagnées d'une centaine de volontaires du pays, partent en bateau pour se rendre sur la rivière Richelieu, au pied d'un rapide, pour y construire un fort en bois. Le capitaine Jacques de Chambly commande l'expédition. Le fort prend le nom de Saint-Louis, car sa construction avait commencé pendant la semaine où l'on célébrait la fête de ce saint. Il prendra plus tard le nom de Chambly. Le 25 août 1665, Tracy ordonne au capitaine Pierre de Saurel de conduire sa compagnie à l'embouchure de la rivière Richelieu pour y construire un second fort, baptisé d'abord fort Richelieu, puis plus tard Sorel.

En prévision d'une attaque massive contre le pays des Iroquois, Tracy juge bon de doter le Richelieu de quelques forts. Aux deux premiers, il ajoute le fort Sainte-Thérèse, au pied d'un autre rapide situé à trois lieues du fort Saint-Louis. Henri Chastelard de Salières commande les sept compagnies qui sont affectées à cette construction. L'officier se plaint qu'une bonne partie de ses hommes sont malades.

À l'automne, Tracy répartit les compagnies entre les différents postes de la colonie : huit à Québec, cinq à Montréal, trois à Trois-Rivières, une à Sainte-Famille de l'île d'Orléans, deux au fort Richelieu, deux au fort Saint-Louis et les trois dernières au fort Sainte-Thérèse. Au mois d'août, une ordonnance oblige les habitants de Québec à fournir, au cours de l'hiver, 800 cordes de bois aux soldats qui hiverneront à cet endroit.

La présence des 1200 soldats sème un peu d'inquiétude chez les Iroquois. Le 19 novembre 1665, arrivent à Montréal 14 canots d'Onontagués, de Tsonnontouans et de Goyogouins, sous la conduite de Garakontié qui veut négocier une paix avec les Français. Monsieur de Salières organise un grand déploiement pour accueillir les Amérindiens. «Je les fis fort bien recevoir, affirme-t-il, ayant fait mettre sous les armes les cinq compagnies et fait faire une décharge et tirer du canon. Ils furent menés dans le château où je leur fournis des pois, du tabac, du pain et autres choses que l'on donne aux Sauvages et leur baillai souvent à manger et ne leur ai pas épargné mon vin et mon tabac, leur en donnant de façon qu'il ne leur fît point mal.»

Douze soldats français accompagnent les douze ambassadeurs iroquois à Québec où ces derniers rencontrent Tracy au mois de décembre. Le lieutenant général répond favorablement aux demandes des trois nations. Il promet à Garakontié «la paix et la protection du roi pour sa nation; mais il lui fit même espérer la même grâce pour les autres nations iroquoises, si elles aimaient mieux se porter d'elles-mêmes à leur devoir que de s'y laisser contraindre par la force des armes. [...] Cependant, ajoute le père François Le Mercier, dans la *Relation* de 1665-1666, comme l'on ne doit attendre aucun avantage de ces nations, qu'autant qu'on paraît en état de leur pouvoir nuire, on fit les préparatifs pour une expédition militaire contre celles avec qui il n'y avait point de paix conclue.»

Le 9 janvier, selon la *Relation*, 300 soldats du régiment de Carignan et 200 habitants, qui se sont portés volontaires, quittent Québec pour le pays des Iroquois. La troupe avance lentement. Les soldats, pour la plupart, chaussent des raquettes pour la première fois. De plus, tous transportent sur leur dos de vingt-cinq à trente livres de biscuits, des couvertures et les autres provisions nécessaires à une telle expédition. Même le gouverneur et les officiers sont astreints au transport du matériel. Trois jours à peine après le départ, les militaires sont exténués. Plusieurs ont «les genoux et les doigts ou autres parties entièrement gelés et le reste du corps couvert de cicatrices; et quelques autres, entièrement entrepris et engourdis par le froid, seraient morts sur la neige, si on ne les avait portés avec beaucoup de peine jusqu'au lieu où l'on devait passer la nuit».

Le 15 janvier, le corps expéditionnaire atteint le Cap-de-la-Madeleine et, le lendemain, Trois-Rivières. Les soldats sont épuisés, alors que les habitants du pays n'ont rien perdu de leur bonne forme. Le fort Richelieu est remis en état par les hommes du capitaine Saurel. Les soldats malades sont remplacés et la troupe se complète d'un groupe de Montréalais conduits par Charles Lemoine.

Le 30 janvier, soldats et Canadiens quittent le fort Sainte-Thérèse sans plus attendre l'arrivée des Algonquins qui devaient les guider vers les bourgades des Agniers. Courcelle, dans son impatience de marcher contre ses ennemis, n'avait pas jugé bon d'attendre plus longtemps. La marche est de plus en plus pénible. On s'égare, on revient sur ses pas. Enfin, le 14 février, plutôt que d'arriver près d'un village agnier, les Français se retrouvent à Corlaer (Schenectady), un établissement hollandais. Quelques jours auparavant, lors d'une escarmouche avec un petit groupe d'Iroquois, un officier français et dix hommes avaient trouvé la mort. Le commandant hollandais apprend à Courcelle que la majorité des guerriers iroquois des villages avoisinants sont déjà partis faire la guerre à des tribus appelées « faiseurs de porcelaine ». Les Agniers n'avaient laissé dans les villages « que les enfants et les vieillards infirmes ». Le gouverneur prend alors la décision de revenir à Québec, sans pousser plus avant.

Les dirigeants d'Albany sont tout surpris d'apprendre qu'une armée française se promène sur leur territoire, sans autorisation préalable du gouverneur de New York, et ce, en temps de paix. Ce que tous ignorent, c'est qu'ils sont ennemis, la France et l'Angleterre étant en guerre depuis le 26 janvier 1666.

Péniblement, les soldats prennent le chemin du retour, après avoir attaqué une cabane d'Agniers, tuant deux hommes et une vieille femme. Le dimanche 21 février, arrivent les Algonquins avec des provisions de viande fraîche. Le retour est aussi pénible que l'aller. Des Iroquois harcèlent la petite armée française et tuent quelques soldats. Le 8 mars 1666, le gouverneur arrive au fort Saint-Louis : il a laissé derrière lui plus d'une soixantaine d'hommes ayant succombé au froid ou à la faim. L'expédition est un échec complet. Courcelle s'en prend au père Charles Albanel qui exerce au fort les fonctions curiales. Il l'accuse d'avoir volontairement retardé le départ des guides algonquins, «ce qui s'est trouvé n'être pas vrai», lit-on dans le *Journal* des jésuites.

En territoire agnier

Au cours du printemps de l'été 1666, les Agniers continuent la petite guerre contre les établissements français, tuant quelques soldats. Tracy prépare sa grande expédition punitive et fait construire le fort Saint-Jean, sur le Richelieu, et le fort Sainte-Anne, au lac Champlain. Pendant l'érection de ce dernier fort, les Iroquois surprennent sept Français et en tuent cinq, dont monsieur de Chasy, le neveu de Tracy. Dès que la nouvelle de cet attentat parvient à Québec, les autorités mettent sous arrêt les ambassadeurs onneiouts venus négocier la paix.

Le 24 juillet, Pierre de Saurel quitte Québec à la tête de 200 Français et d'environ 80 Amérindiens pour aller attaquer les Agniers. En cours de route, l'expédition rencontre le chef agnier Bâtard Flamand qui se rend à Québec, accompagné de quelques prisonniers français, dont le lieutenant Louis de Canchy de Lerole, un des cousins de Tracy. Saurel décide alors de revenir dans la capitale où les négociations de paix traîneront en longueur.

Le 1er septembre 1666, l'intendant Jean Talon fait parvenir à Tracy et à Courcelle un mémoire dans lequel il se demande «s'il est plus avantageux au service du roi de faire la guerre aux Agniers que de conclure la paix avec eux». Il invoque neuf raisons en faveur de la guerre, et six pour la paix. Cinq jours plus tard, Tracy décide de conduire lui-même une armée au pays des Iroquois. La troupe se composera «de six cents soldats tirés de toutes les compagnies du régiment de Carignan, de six cents habitants du pays, dont cent dix de Ville-Marie, et de cent Sauvages Hurons ou Algonquins». Le départ est fixé au 14 septembre. Ce jour-là, Tracy fait sortir Bâtard Flamand de prison et fait défiler devant lui la plus grande armée jamais mise sur pied en Nouvelle-France. «Voilà que nous allons dans ton pays», déclare le lieutenant général au chef agnier. Ce dernier, les larmes aux yeux, lui répond : «Je vois bien que nous sommes perdus, mais notre perte coûtera cher. Je t'avertis que notre jeunesse se défendra jusqu'à l'extrémité et qu'une bonne partie de la tienne demeurera sur la place; seulement, je te prie de sauver ma femme et mes enfants.» Ce que promet Tracy, «si l'on peut les reconnaître».

Les différents corps d'armée se donnent rendez-vous, le 28 septembre, au fort Sainte-Anne, sur le lac Champlain. Courcelle part immédiatement avec près du tiers des effectifs. Tracy quitte le fort, le 3 octobre et l'arrière-garde le suit, le 7.

La marche est pénible. Bientôt, les vivres viennent à manquer et l'on doit diminuer la ration quotidienne de chaque homme. Les Iroquois sont bien au fait de la marche de l'armée française. Le 14 octobre, celle-ci approche de la première bourgade iroquoise. Le temps est affreux. Tracy oblige ses hommes à marcher toute la nuit, au son des tambours. Les Iroquois désertent le premier village que les Français envahissent sans peine et qu'ils incendient, après l'avoir pillé.

Trois autres villages subissent le même sort. Les villages contenaient assez de provisions pour nourrir la population entière de la Nouvelle-France pendant deux ans. Craignant les rigueurs de l'automne avancé, Tracy ordonne le retour. Mais, avant de partir, les quatre aumôniers qui accompagnaient les troupes célèbrent la messe près des ruines fumantes, et les officiers prennent possession du territoire au nom du roi de France.

Les deux expéditions du régiment de Carignan-Salières en territoire iroquois se soldent par des demi-échecs. Peu d'Iroquois perdent la vie. Même si les réserves de vivres ont été anéanties, il n'est pas prouvé que les habitants des villages détruits aient eu réellement à souffrir de la faim. Le bilan positif est très mince.

> On a [...] dit que cette expédition de M. de Tracy, écrivent Roy et Malchelosse, avait eu un effet moral sur l'esprit de l'Iroquoisie, lui montrant que le Français pouvait porter l'épée et la torche dans son pays, et que cela inspira chez notre redoutable ennemi une crainte salutaire. Était-ce une crainte? Ne serait-ce pas un sentiment où la surprise dominait, de voir pour la première fois les Français en nombre important envahir leur territoire? Comme cette première invasion pouvait se répéter, il convenait donc pour eux d'user d'astuce et de ruse et de faire croire au gouverneur à des expressions de paix et d'amitié.

Au printemps de 1667, «les Cinq-Nations témoignent une bonne disposition pour la paix». Le 20 avril, Bâtard Flamand et deux Onneiouts arrivent à Québec «sans avoir amené ni Hurons ni Algonquins, ni familles qu'on leur avait demandé». Une semaine plus tard, Tracy prend la décision «de retenir ici toutes les femmes et de renvoyer les hommes dans le pays, à la réserve de deux avec protestation de monsieur de Tracy : que si, dans deux lunes, ils n'obéissent et n'exécutent les articles proposés, notre armée partira pour les aller ruiner dans le pays». Enfin, le 8 juillet 1667, la paix intervient avec les Iroquois qui laissent quelques familles en otage.

Considérant que sa mission est accomplie, Tracy quitte Québec, à bord du *Saint-Sébastien*, le 28 août 1667. Parmi les soldats, plus de quatre cents décident de demeurer en Nouvelle-France. On évalue à environ 250 le nombre de ceux qui sont morts au cours de leur séjour. Quant aux autres, soit la moitié des effectifs, ils regagnent la France en 1667 et en 1668.

Louis XIV souhaite qu'une partie des officiers et des soldats demeurent en Nouvelle-France et se transforment en colons. À cet effet, il leur accorde des vivres pour un an et des gratifications dont le montant varie suivant le grade. L'intendant Talon voit à ce que des terres leur soient concédées.

Au cours des années qui suivent, quelques officiers décident de retourner en France. Le ministre Colbert écrit à Talon pour lui dire qu'il est nécessaire «qu'à l'avenir, ces officiers ne repassent point en France, leur faisant connaître que le véritable moyen de mériter les grâces de Sa Majesté est de demeurer fixés au pays et d'exciter fortement tous leurs soldats à travailler au défrichement et à la culture des terres».

Parmi les officiers du régiment de Carignan qui décident de demeurer en Nouvelle-France, il faut retenir les noms des capitaines Jacques de Chambly, Antoine Pécaudy de Contrecœur, Michel-Sidrac Dugué de Boisbriand, Louis Petit, Pierre de Saurel, Pierre de Saint-Ours, Louis de Niort de La Noraye, Alexandre Berthier, Olivier Morel de La Durantaye, qui pour la plupart ont laissé leur nom à des villes ou villages qui existent encore de nos jours. Dans la classe des lieutenants, plusieurs firent souche au Québec : Philippe Gaultier de Comporté, François Provost, René Gaultier de Varennes, Séraphin Margane de Lavaltrie et Pierre de Joybert de Soulanges et de Marson. Quant aux enseignes, ils furent moins nombreux à choisir la Nouvelle-France pour patrie. Retenons les noms de François Jarret de Verchères et Thomas-Xavier Tarieu de Lanaudière et de la Pérade. Quelques centaines de soldats sont, eux aussi, à l'origine de familles québécoises.

Un lent peuplement

Si l'établissement en Nouvelle-France des soldats du régiment de Carignan-Salières marque un moment important dans le peuplement de la colonie, une certaine politique d'immigration avait été mise au point auparavant. Dès 1627, la Compagnie de la Nouvelle-France, ou Compagnie des Cent-Associés, s'était engagée à transporter dans la colonie, en quinze ans au moins, 4000 personnes.

L'obligation imposée à la Compagnie des Habitants, en 1645, est plus réaliste. Il s'agit pour elle de trouver vingt nouveaux colons par année. De plus, à partir de 1647, selon l'historien Marcel Trudel, « les propriétaires de navires sont tenus de transporter un immigrant par tonneau de fret » ou « trois engagés par 60 tonneaux et six par 100 tonneaux ». Dans ce dernier cas, l'ordonnance réfère au tonnage du navire. Cette politique d'immigration a comme résultat qu'entre 1608 et 1660 la Nouvelle-France reçoit en moyenne une vingtaine d'immigrants par année. Il est vrai qu'à cette époque la colonie peut se développer avec une faible population, car la politique française défend à sa colonie d'avoir des industries qui pourraient nuire à celles de la métropole. La colonie ne peut exporter que bien peu de choses à part les fourrures et les poissons. Dans le premier cas, la main-d'œuvre est peu abondante; dans le second, elle est saisonnière.

Quelques colons émigrent en Nouvelle-France avec leur famille, mais bon nombre le font à titre d'engagés. Ces derniers, très souvent gens de métier, consentent habituellement à servir un maître pour une période de trente-six mois, moyennant un salaire fixé lors de l'engagement signé en France.

À sa réunion du 15 octobre 1663, le Conseil souverain prend la décision suivante : «Il a été résolu que les hommes de travail venus dans les vaisseaux de Sa Majesté, tant cette année que l'année dernière, lesquels ont été distribués aux habitants, seront obligés de servir trois ans lesdits habitants, après lequel temps ils seront libres de s'habituer, séjourner au pays ou repasser en France sans qu'ils puissent être retenus par force, non plus que ceux qui ont accompli le temps qu'ils étaient obligés envers leurs maîtres.» Les engagés, ou les trente-six mois comme on les appelle alors, ne peuvent quitter leur maître sans la permission de ce dernier, et ce sous peine d'amendes ou d'emprisonnement.

Le Conseil souverain adopte, le 5 décembre 1663, une législation sévère portant sur la désertion des engagés : «À quoi faisant droit, le conseil a fait et fait très expresses interdictions et défenses à toutes personnes de quelque qualité et condition qu'elles soient, de retirer, sous quelque prétexte que ce soit, aucuns serviteurs sans congé par écrit, de leurs maîtres, à peine d'amende arbitraire et auxdits serviteurs engagés de quitter le service de leurs dits maîtres, sans congé par écrit, sous même peine, et de payer à leurs dits maîtres chaque journée d'absence ou de temps perdu, à la somme de quatre livres.»

La désertion des engagés et l'hébergement des fautifs sont des crimes qu'on punit sévèrement. Le 14 janvier 1664, Louis Lepage est condamné à la prison pour avoir quitté son maître Charles Legardeur de Tilly. Quinze jours plus tard, soit le 1er mars 1664, la veuve Badeau est condamnée à verser dix livres d'amende pour avoir reçu chez elle deux des valets de Pierre Denys de La Ronde. Le 5 juin 1673, René Blanchard, un aide-cuisinier au service du gouverneur Frontenac, est condamné pour avoir déserté son maître. Entre autres peines, il est conduit, par l'exécuteur de la haute justice, à la grande place de la basse-ville de Québec et installé au carcan pendant trois heures « avec un écriteau sur l'estomac auquel sera écrit : domestique engagé qui a délaissé le service de son maître sous un faux donné à entendre ».

Heureusement, la plupart des engagés remplissent fidèlement les engagements de leur contrat et ils trouvent assez facilement une compagne.

> La plupart de nos habitants qui sont ici, écrit Pierre Boucher en 1664, sont des gens qui sont venus en qualité de serviteurs et, après avoir servi trois ans chez un maître, se mettent à eux ; ils n'ont pas travaillé plus d'une année qu'ils ont défriché des terres et qu'ils recueillent du grain plus qu'il n'en faut pour les nourrir. Quand ils se mettent à eux d'ordinaire, ils ont peu de chose, ils se marient ensuite à une femme qui n'en a pas davantage ; cependant, en moins de quatre ou cinq ans, vous les voyez à leur aise, s'ils sont un peu gens de travail et bien ajustés pour des gens de leur condition.

Tous les engagés recrutés en France ne sont pas aptes au travail dès leur arrivée. Le convoi de 1663 comprend environ une centaine de trente-six mois. Parmi ceux-ci, selon le Conseil souverain, « il n'y avait tout au plus que vingt hommes prêts à faire quelque travail. Les autres étaient malades et faibles à ne se pouvoir tenir sur les pieds, d'ailleurs la plupart étaient des jeunes gens, clercs, écoliers ou de cette nature dont la majeure partie n'avait jamais travaillé.»

Le Conseil doit leur donner des justaucorps, des bas et des souliers. Un tel recrutement est peu utile à la colonie, du moins pour les premiers temps. Dans une lettre adressée à Colbert, le 29 octobre 1667, l'intendant Talon écrit : «Qu'il soit défendu à ceux qui seront chargés de la levée des passagers pour le Canada d'envoyer aucun homme qui ne soit au-dessus de seize ans et au-dessous de quarante, parce que tout ce qui est au-dessus de l'un de ces âges et au-dessous de l'autre ne peut accommoder ce pays et ne laisse pas de coûter au roi.»

Les finances de la colonie ne peuvent supporter le poids des bouches inutiles. Le 20 août 1664, le Conseil souverain ordonne le retour en France des personnes inhabiles à travailler, ainsi que celles «qui sont à charge au pays».

En 1665, la Compagnie des Indes occidentales se charge de l'envoi de 429 personnes en Nouvelle-France. Pour chacune d'elles, le roi paie à la compagnie 10 livres pour la levée, 30 pour l'habillement et 60 pour le passage. L'année suivante, 35 personnes font la traversée et les habitants qui engagent ces trente-six mois remboursent la compagnie pour les frais encourus. En 1667, on dénombre 286 arrivants au compte de la compagnie et 228 l'année suivante. Marie de l'Incarnation est un peu surprise de la variété de la recrue de 1668. Elle écrit : «Les navires n'ont point apporté de malades cette année. Le vaisseau arrivé était chargé comme d'une marchandise mêlée. Il y avait des Portugais, des Allemands, des Hollandais, et d'autres de je ne sais quelles nations [...]. Quant aux hommes, ce sont des gens qui ont été cassés du service du roi et que

Sa Majesté a voulu être envoyés en ce pays. On les a tous mis au Bourg-Talon à deux lieues d'ici, pour y habiter et le peupler. Quand ils auront mangé la barrique de farine et le lard que le roi leur donne, ils souffriront étrangement jusqu'à ce qu'ils aient défriché. »

Un pays de célibataires

Les recrues de Montréal de 1653 et de 1659 se composent surtout de célibataires. Les soldats du régiment de Carignan-Salières sont eux aussi pour la plupart célibataires et d'âge à se marier. Ils ont de 17 à 28 ans. Selon Roy et Malchelosse, aucun n'a plus de 40 ans. Pour des raisons de stabilité sociale et pour éviter que ces hommes ne se rendent trop souvent dans les bois dans l'espérance de rencontrer de jeunes Amérindiennes, les autorités sont amenées à prendre diverses mesures. La situation devient tragique. En 1666, lors du recensement, on dénombre 719 célibataires masculins âgés de 16 à 40 ans et seulement 45 filles célibataires des mêmes âges.

Selon le généalogiste Archange Godbout, avant 1639, on ne dénombre que six filles « venues seules au pays, dont trois moururent sans postérité ». De 1634 à 1663, plus de 200 filles célibataires viennent s'établir en Nouvelle-France. Elles portent le nom de *filles à marier*. Leur recrutement est assez sévère puisque ce sont surtout les communautés religieuses qui s'en chargent. En 1654, c'est la reine Anne d'Autriche qui voit à l'envoi d'une dizaine de filles sous la conduite de mère Marie-Renée Boulic dite de la Nativité. Le père jésuite François-Joseph Le Mercier écrit à ce sujet : « La reine, ayant de la tendresse pour la conversion des Sauvages et de l'affection pour l'établissement de la colonie française en ce nouveau monde, y envoya ce printemps dernier quelque nombre de filles fort honnêtes, tirées des maisons d'honneur. »

Certains marchands se risquent parfois à expédier en Nouvelle-France des filles qui effectuent le voyage de retour plus tôt que prévu. Le gouverneur Pierre de Voyer d'Argenson raconte ainsi l'aventure survenue à l'une de ces demoiselles.

> Il faut que je vous dise une chose qui vous divertira, écrit-il le 24 octobre 1658 au père Charles Lalemant. C'est un jugement que j'ai rendu contre un marchand de La Rochelle, appelé Perron. Il a été assez insolent pour nous envoyer en ce pays une fille débauchée, actuellement grosse, et qu'il savait être dans cet état. Je l'ai condamné à la ramener à La Rochelle, à toutes les dépenses qu'il en pouvait avoir faites et à celles qu'avait faites celui à qui il l'avait donnée en service, à 150 livres d'amende dont le tiers je le fais donner à l'hôpital de Québec. Cela remettra notre pays en réputation que l'on confond avec les îles Saint-Christophe et empêchera les marchands de charger de ce bétail. Je n'ai rien de plus agréable à vous apprendre.

La recrue de 1659, qui se chiffre à une quarantaine de personnes de sexe féminin, effectue la traversée sous la direction de Marguerite Bourgeoys.

L'historien Gustave Lanctot qui, dans son livre *Filles de joie ou Filles du roi,* cherche à démontrer la bonne moralité des filles à marier, écrit :

> Les jeunes immigrantes de 1634 à 1663, qui, sans retard ni reproche, trouvaient maris à leur convenance, dans quelle catégorie sociale faut-il les ranger ? Approximativement, on peut se hasarder à dire que les quatre septièmes appartenaient à la classe rurale : filles de paysans et de campagnards divers, industrieuses et robustes, elles deviennent de vaillantes compagnes du colon, bâtisseur de sa maison et défricheur de son champ. Deux autres

septièmes descendaient de familles urbaines, filles d'artisans, de journaliers et de domestiques, actives avec du savoir-faire et ménagères de bon conseil, elles épaulent chaque jour le mari penché sur son labeur ou courant sus aux Iroquois. Le dernier septième comprenait une modeste élite, filles de négociants, de fonctionnaires, de militants, d'hommes de profession ou de petite noblesse, qui épousent des seigneurs, des notaires, des médecins ou des marchands.

Les gros arrivages

Après les années 1660, le nombre de célibataires ne cesse d'augmenter en Nouvelle-France. Il y a bien certains couples qui émigrent ensemble et des trente-six mois, déjà mariés, qui font venir femmes et enfants une fois bien installés. Pourtant, la plupart des colons comptent sur l'arrivée des navires pour trouver une épouse. Entre 1663 et 1673, la colonie recevra près de 800 filles du roi. Plus de la moitié d'entre elles, selon des chiffres compilés par l'historien Silvio Dumas, sont pensionnaires à la Salpêtrière de Paris avant leur immigration. La Salpêtrière, genre de succursale de l'Hôpital Général de Paris, hébergeait les femmes et les filles indigentes. En 1661, écrit Silvio Dumas, « ce refuge abritait 1460 personnes ; on y recevait des filles de petits nobles pauvres ou gênés, lesquelles jouissaient d'un traitement particulier et qu'on appelait les "bijoux". [...] On enseignait aux filles à lire, à tricoter, à faire de la lingerie, de la broderie et de la dentelle ; on leur donnait un solide enseignement religieux. »

À peine un peu plus de 400 des filles du roi sont des orphelines et la majorité d'entre elles ont moins de 25 ans. Comme les autorités cherchent des filles jeunes et saines, il est normal de retrouver 76 filles âgées de 12 à 15 ans.

Le premier contingent arrive à Québec au début de l'été 1663. Il se compose de 38 filles qui sont immédiatement réparties entre la capitale, Trois-Rivières et Montréal. En peu de temps, toutes trouvent un mari « excepté trois dont une a été prise par les Iroquois dans l'Île d'Orléans et emmenée captive ».

Le roi de France avait non seulement défrayé le coût de la traversée, mais il avait aussi vu à leur procurer quelque bien-être matériel. La plupart des Françaises qui émigrent en Nouvelle-France y arrivent avec peu de bagages. « Les hardes, écrit Lanctot, devaient comprendre, outre les habits, les articles suivants : 1 cassette, 1 coiffe, 1 mouchoir de taffetas, 1 ruban à souliers, 100 aiguilles, 1 peigne, 1 fil blanc, 1 paire de bas, 1 paire de gants, 1 paire de ciseaux, 2 couteaux, 1 millier d'épingles, 1 bonnet, 4 lacets et 2 livres en argent. »

En 1664, près d'une vingtaine de filles du roi émigrent en Nouvelle-France. L'année suivante, le contingent est plus important. Silvio Dumas l'évalue à 89 personnes, alors que Marie de l'Incarnation parle de 100 filles qui, dès la fin d'octobre, ont presque toutes trouvé mari.

Même mariées, le sort de ces filles comporte des problèmes. « Quand une famille commence une habitation, écrit la supérieure des ursulines, le 29 octobre 1665, il lui faut deux ou trois années avant que d'avoir de quoi se nourrir, sans parler du vêtement, des meubles et d'une infinité de petites choses nécessaires à l'entretien d'une maison ; mais ces premières difficultés passées, ils commencent à être à leur aise, et s'ils ont de la conduite, ils deviennent riches avec le temps autant qu'on le peut être dans un pays nouveau comme celui-ci. » Marie de l'Incarnation a raison de souligner les difficultés économiques auxquelles doivent faire face les nouveaux mariés. L'intendant Talon revient sur ce problème lorsqu'il écrit au ministre Colbert, le

13 novembre 1666 : « Les quatre-vingt-dix filles que le roi a fait passer sont toutes mariées à l'exception de six auxquelles je suis obligé de donner quelque secours de temps en temps, de même qu'aux mariées dans le besoin qu'elles souffrent les premières années de leur mariage. »

La recrue de 1667, du moins quelques-unes des filles qui la compose, cause quelques problèmes à la directrice du groupe, Françoise Desnoyers, l'épouse de Pierre LePetit, seigneur de Neuville. Talon, dans sa lettre du 27 octobre 1667, fait part à Colbert des doléances de ces demoiselles : « Elles m'ont fait de grandes plaintes du [traitement] qu'elles ont reçu sur mer, et elles m'ont assuré que, du moment qu'elles ont été sous la voile, elles n'ont reconnu ni humanité dans les officiers de leur bord, qui les ont fait beaucoup souffrir de la faim, ne leur donnant qu'un léger repas le matin et, le soir pour souper, un bien peu de biscuit sans aucune suite. »

Il ne faut pas croire que toutes les filles étaient d'une docilité exemplaire. Leur jeune âge peut expliquer certaines fredaines. Mère Saint-André, des ursulines de Québec, écrit, le 29 octobre 1668 : « Nous n'avons pu nous défendre de louer ladite maison [de madame de La Peltrie] à d'autres et, depuis deux ou trois ans en deçà, ce sont les filles que l'on fait venir de France qui l'ont occupée et l'occupent encore à présent. Vous ne sauriez croire le dégât que ces bonnes créatures y font, sans compter qu'elles y ont déjà pensé mettre le feu deux ou trois fois, ce qui a mis en danger de brûler tout notre monastère. »

Filles à problèmes

Le contingent de 1668, qui totalisait près de 80 filles, comprend « une sauvagesse de la nation du Brésil » ou

« Maure de nation », née au Brésil et baptisée à Lisbonne, Espérance du Rosaire, qui épouse Simon Longueville peu après son arrivée. La décision de plusieurs soldats et officiers du régiment de Carignan-Salières de s'établir en Nouvelle-France amène les autorités françaises à organiser des contingents de filles plus considérables, soit près de 400 personnes pour les années 1669, 1670 et 1671. Au cours de ces trois années, le roi versera à environ 250 filles à marier la somme de 50 livres lors du mariage. Cette prime fera souvent préférer la fille du roi à la fille du pays lors du choix d'une future épouse. En octobre 1669, Marie de l'Incarnation informe encore son correspondant européen de l'évolution du peuplement. « C'est une chose prodigieuse de voir l'augmentation des peuplades qui se font en ce pays. Les vaisseaux ne sont pas plus tôt arrivés que les jeunes hommes y vont chercher des femmes et, dans le grand nombre des uns et des autres, on les marie par trentaines. Les plus avisés commencent à faire une habitation un an avant de se marier, parce que ceux qui ont une habitation trouvent un meilleur parti ; c'est la première chose dont les filles s'informent, et elles font sagement, parce que ceux qui ne sont point établis souffrent beaucoup avant que d'être à leur aise. »

Dès la première année de leur mariage, la plupart des nouvelles épouses ont déjà un enfant ou en attendent un. L'intendant Talon surveille la qualité des envois. Dans un mémoire à Colbert, daté du 10 novembre 1670, il décrit la fille du roi idéale : « Il serait bon de recommander fortement que celles qui seront destinées pour ce pays ne soient aucunement disgraciées de la nature, qu'elles n'aient rien de rebutant à l'extérieur, qu'elles soient saines et fortes pour le travail de campagne, ou du moins qu'elles aient quelque industrie pour les ouvrages de main. »

À la fin de 1671, il semble bien que l'équilibre démographique soit rétabli. « J'estime qu'il n'est pas à propos d'envoyer des filles l'année prochaine, écrit Talon le 2 novembre 1671, afin que les habitants donnent plus aisément en mariage les leurs aux soldats qui demeurent habitués et libres. Il n'est plus nécessaire de faire passer ces demoiselles, en ayant reçu quinze ainsi qualifiées, au lieu de quatre que je demandais, pour faire des alliances avec les officiers ou les principaux habitants d'ici. »

La demande de Talon arrive à point car, en France, le roi et Colbert commencent à trouver que ces envois massifs coûtent cher au trésor royal. Il n'y a donc pas d'envoi en 1672. Mais l'année suivante, pour répondre à la demande du gouverneur Frontenac, on expédie à Québec une cinquantaine de filles pour assainir le climat social. « Cette rareté d'ouvriers et d'engagés, avait écrit le gouverneur à Colbert, le 2 novembre 1672, m'oblige à vous supplier d'avoir la bonté de vouloir songer à nous envoyer quelques-uns de toutes les façons et même des filles à marier à beaucoup de personnes qui n'en trouvent point ici, et qui font mille désordres dans les habitations de leurs voisins et surtout dans les lieux les plus éloignés où des femmes sont bien aises d'avoir plusieurs maris [...]. S'il y avait eu ici cette année cent cinquante filles et autant de valets, dans un mois ils auraient tous trouvé des maris et des maîtres. »

Les Filles du roi n'étaient pas toutes de petites saintes, ni non plus des filles de mauvaise vie. Même à l'époque des Filles du roi et au cours des décennies qui suivent, la polémique concernant la vertu de ces filles est vivace. Le père Chrestien Le Clercq, qui vit en Nouvelle-France de 1675 à 1686, aborde lui aussi la question. Il écrit en 1691 :

> Je sais que, du côté de la France, on y a fait souvent passer [au Canada] des personnes suspectes parmi

> quantité de gens d'honneur; mais on doit cette justice aux gouverneurs et aux missionnaires du pays de n'y avoir rien souffert d'impur, de libertin ou de mal réglé; l'on a examiné et choisi les habitants et renvoyé en France les marchandises de contrebande et les personnes vicieuses ou marquées, aussitôt qu'on les a connues, et s'il en est resté de l'un et l'autre sexe, qui n'auraient pas été en France tout à fait exempts de reproche, on a remarqué que le passage de la mer les avait purifiés, qu'ils effaçaient glorieusement par leur pénitence les taches de leur première conduite, leur chute n'ayant servi qu'à les rendre plus sages et plus précautionnés, en sorte qu'elles sont devenues et ont été des exemples et des modèles de la colonie.

Avec l'apport des soldats du régiment de Carignan-Salières et celui des Filles du roi, la population de la Nouvelle-France double en sept ans, passant de 3200, en 1666, à 6700 en 1672. La France considère alors qu'elle a fait son effort.

Jean Talon : un organisateur de génie

DEPUIS 1627, la Nouvelle-France avait été cédée à une compagnie qui, en échange de privilèges commerciaux, devait s'occuper de son peuplement. Tous se rendent compte que cette politique de colonisation aboutit à un échec. Le roi décide donc de reprendre à son compte l'administration de la colonie. Lors d'une réunion tenue à Paris, le 24 février 1663, 15 actionnaires de la Compagnie des Cent-Associés signent une résolution par laquelle ils retournent au pouvoir royal l'administration et la propriété de leur seigneurie. Le roi accepte la démission de la compagnie au mois de mars, « considérant que cette compagnie de cent hommes était presque anéantie par l'abandonnement volontaire du plus grand nombre des intéressés dans celle-ci, et que le peu qui restait de ce nombre n'était pas assez puissant pour soutenir ce pays et pour y envoyer les forces et les hommes nécessaires, tant pour l'habiter que pour le défendre, nous aurions pris la résolution de le retirer des mains des intéressés en ladite compagnie. » L'ordonnance stipule ensuite que la nomination des gouverneurs et des officiers de justice relèvera de la Couronne. Par cet acte, la Nouvelle-France devient donc une colonie royale.

Le roi se rend compte que les distances qui séparent la colonie de la métropole causent de graves problèmes et que les solutions doivent souvent venir de Québec même. L'édit royal créant le Conseil supérieur de Québec, au mois d'avril 1663, insiste sur ce point : « nous avons cru ne pouvoir prendre une meilleure résolution qu'en établissant une justice réglée et un Conseil souverain dans ledit pays pour y faire fleurir les lois, maintenir et appuyer les bons, châtier les méchants et contenir chacun dans son devoir, y faisant garder autant qu'il se pourra la même forme de justice qui s'exerce dans notre royaume et de composer ledit Conseil souverain d'un nombre d'officiers convenables pour la rendre. »

Le Conseil supérieur, qui prendra plus tard le nom de Conseil souverain, est d'abord un tribunal judiciaire appelé à juger souverainement toutes les causes civiles et criminelles. Les conseillers ont le droit d'établir à Québec, Trois-Rivières et Montréal des personnes habilitées à juger en première instance les différents procès. Le but visé par le roi est clairement exprimé : « Ôter autant qu'il se pourra toute chicane dans ledit pays de la Nouvelle-France, afin que prompte et brève justice y soit rendue. » Le Conseil a aussi le pouvoir de faire des lois et des ordonnances pour la bonne marche de la colonie, mais le roi se réserve le droit d'abolir et de modifier les décisions du Conseil. De plus, le Conseil veillera à la traite des pelleteries et au commerce en général.

Le gouverneur Davaugour et monseigneur François de Laval sont les premiers conseillers nommés par le roi. Cinq autres membres s'ajouteront, que le gouverneur et l'évêque choisiront « conjointement et de concert ». La durée du mandat des conseillers est d'une année, au terme de laquelle « ils pouvaient être changés ou continués tous les ans selon qu'il sera estimé plus à propos et plus avantageux par lesdits gouverneur, évêque ou premier ecclésiastique qui y sera ».

Une fournée de nominations

Les plaintes de Pierre Boucher et de monseigneur de Laval contre l'administration de la colonie visent surtout le gouverneur Pierre Dubois Davaugour, qui aurait eu de violentes discussions avec le chef de l'Église canadienne.

Par suite des plaintes multipliées, le roi décide de rappeler Davaugour et il demande à monseigneur de Laval de lui suggérer quelqu'un capable de bien remplir le poste de gouverneur de la Nouvelle-France. L'évêque de Québec glisse le nom d'un converti de la dernière heure, Augustin de Saffray de Mézy, qu'il a connu à l'Ermitage avec l'abbé Jean de Bernières. Le candidat fait valoir qu'il a des dettes tellement abondantes qu'il ne peut se rendre dans la colonie. Le roi lui aurait alors offert d'éponger ses dettes à la condition expresse qu'il accepte de se rendre à Québec. Toujours est-il que le 1er mai 1663, Louis XIV signe les lettres patentes établissant Saffray de Mézy gouverneur de la Nouvelle-France pour une durée de trois ans. Le lendemain, Mézy prête, entre les mains du roi, le serment traditionnel de fidélité.

Presque au même moment, le roi nomme Louis Robert au poste d'intendant de la Nouvelle-France. Colbert, croit-on, s'oppose à la nomination de Robert parce qu'il fait partie du clan de Louvois. Ce qui expliquerait pourquoi le nouvel intendant ne vint jamais dans la colonie.

Le 7 mai 1663, Louis XIV désigne Louis Gaudais-Dupont au poste de commissaire royal et il le charge de faire enquête sur la situation du Canada. « Premièrement, il faut qu'il prenne une information exacte de la situation du pays. » En plus de ces questions primordiales, l'enquêteur royal devra s'informer « de la fertilité de la terre ». Gaudais-Dupont s'informera aussi du nombre de familles qui composent les habitations de Québec,

Montréal et Trois-Rivières, « à quoi particulièrement les habitants s'appliquent, en quoi consiste leur commerce, les moyens qu'ils ont de subsister et d'élever leurs enfants ».

Le roi, dans ses instructions à Gaudais-Dupont, montre une bonne connaissance de la situation réelle de la colonie. Il souligne le fait que les habitations sont trop dispersées et que les colons auraient peut-être avantage à se regrouper. Les autorités de la métropole veulent connaître le nombre exact des habitants, ainsi que la quantité de terre en culture. « Le dit sieur Gaudais observera s'il manque audit pays des femmes ou des filles, afin d'y en envoyer le nombre nécessaire, l'année prochaine. » Des instructions secrètes lui ordonnaient « de s'enquérir discrètement de la conduite et des sentiments de l'ancien et du nouveau gouverneur, de Mgr de Laval et des jésuites ».

Le 15 septembre 1663, débarquent à Québec le commissaire royal, le nouveau gouverneur et monseigneur de Laval. Sitôt arrivés, les trois dignitaires procèdent à la nomination des membres du Conseil supérieur. Comme monseigneur de Laval est le seul qui connaisse vraiment bien les habitants, le choix lui est laissé. Il désigne donc Louis Rouer de Villeray, ancien secrétaire du gouverneur de Lauson et commis du magasin de la Compagnie de la Nouvelle-France, le marchand Jean Juchereau de La Ferté, Denis-Joseph Ruette d'Auteuil, le commerçant Charles Legardeur de Tilly et le major Mathieu Damours de Chauffours. Jean Bourdon est nommé procureur général et Jean-Baptiste Peuvret Demesnu, secrétaire et greffier en chef du Conseil.

Le Conseil souverain siège pour la première fois le 18 septembre 1663. On enregistre les diverses lettres patentes et commissions émises par le roi depuis le mois de février. Deux jours plus tard, les conseillers ordonnent la tenue d'une assemblée générale des habitants de la ville de Québec pour procéder à l'élection d'un maire et de deux échevins. Le dimanche 7 octobre, à la suite de l'affichage de la convocation des habitants, plusieurs d'entre eux s'assemblent dans la salle du conseil, à l'issue de la grand-messe célébrée à l'église Notre-Dame, à Québec. Le choix populaire désigne Jean-Baptiste Legardeur de Repentigny au poste de premier maire de Québec. Le chirurgien Jean Madry et un des principaux commerçants de la ville, Claude Charron, sont élus échevins. Les membres du « premier Conseil municipal » ne prennent pas leur nomination trop au sérieux, « en ne se mettant guère en peine des dites charges ». Le Conseil souverain décide alors d'abolir les trois postes et de retourner à l'ancienne formule, celle d'un syndic.

Une nouvelle élection a donc lieu le dimanche 3 août 1664 et Claude Charron est élu syndic des habitants de Québec. Lors de la réunion du Conseil, le 19 septembre suivant, des protestations s'élèvent contre le choix de Charron parce que ce dernier « fut nommé et choisi par un fort petit nombre d'habitants dont et de laquelle élection le peuple se trouva très mal satisfait ».

Quelques jours auparavant, des électeurs avaient désigné le charpentier Jean Lemire au poste de syndic. Le Conseil est divisé : il y a d'un côté la clique de l'évêque et de l'autre, celle du gouverneur. On reproche à Charron d'être un marchand et on craint qu'avec lui les marchands aient trop d'influence « sur l'établissement des tarifs applicables aux marchandises débitées dans la colonie ». Charron, à cause des pressions exercées par certains membres du Conseil, donne sa démission et Lemire est déclaré élu.

Une nouvelle compagnie

Les relations commerciales entre la métropole et la colonie semblent trop importantes au roi pour être laissées entre les mains des marchands de la Nouvelle-France. Louis XIV, fidèle aux théories mercantiles de son ministre Colbert, établit, au mois de mai 1664, une nouvelle compagnie qui hérite de la Nouvelle-France.

La Compagnie des Indes occidentales se voit concéder un territoire immense : « Toute la terre ferme de l'Amérique depuis la rivière des Amazones jusqu'à celle d'Orenoque ; le Canada, l'Acadie, l'île de Terre-Neuve et autres îles et terre ferme, depuis le nord dudit pays de Canada jusqu'à la Virginie et Floride, ensemble toute la côte de l'Afrique, depuis le Cap-Vert jusqu'au Cap-de-Bonne-Espérance, soit que lesdits pays nous appartiennent pour être ou avoir été ci-devant habités par les Français, soit que ladite compagnie s'y établisse, en chassant ou soumettant les Sauvages ou naturels du pays ou les autres nations de l'Europe qui ne sont dans notre alliance. »

L'article 15 de l'acte d'établissement accorde à la compagnie le monopole de commerce. La compagnie obtient, de plus, le droit de concéder des terres, de nommer les gouverneurs et les juges, de faire des statuts et des règlements pour régir la colonie.

L'article 34 concerne l'immigration :

> Pour favoriser d'autant plus les habitants desdits pays concédés et porter nos sujets à s'y habituer, nous voulons que ceux qui passeront dans lesdits pays jouissent des mêmes libertés et franchises que s'ils étaient demeurés en ce royaume, et que ceux qui naîtront d'eux et des Sauvages convertis à la foi catholique, apostolique et romaine soient censés et réputés régnicoles et naturels français et, comme tels, capables de toutes successions.

Un tandem compliqué

La Compagnie des Indes occidentales peut nommer ou destituer les gouverneurs. Mais le roi, par l'intermédiaire de ses ministres, contrôle l'administration de la Nouvelle-France. Louis XIV signe, le 23 mars 1665, la commission nommant Daniel Rémy de Courcelle gouverneur et lieutenant général en Canada, Acadie et île de Terre-Neuve. Courcelle remplace Saffray de Mézy qui est rappelé surtout à la suite de ses démêlés avec monseigneur de Laval.

Le gouverneur représente le roi lui-même et, à ce titre, il a préséance sur tous les autres personnages de la colonie. Ses droits et devoirs sont précisés dans sa commission de nomination :

> Assembler quand besoin sera les communautés, leur faire prendre les armes ; prendre connaissance, composer et accommoder tous différends qui pourraient être nés ou à naître dans lesdits pays, soit entre les seigneurs et les principaux de ceux-ci, soit entre les particuliers habitants ; assiéger et prendre des places et châteaux, selon la nécessité qu'il y aura de le faire, y faire conduire des pièces d'artillerie et les faire exploiter ; établir des garnisons où l'importance des lieux le demandera ; commander tant aux peuples desdits pays qu'à tous nos autres sujets, ecclésiastiques, nobles et gens de guerre et autres de quelque qualité et condition qu'ils soient, y demeurant ; appeler les peuples non convertis, par toutes les voies les plus douces qu'il se pourra, à la connaissance de Dieu et lumière de la foi et de la religion catholique, apostolique et romaine, et en établir l'exercice à l'exclusion de toute autre, [...] le tout néanmoins sous l'autorité du sieur de Tracy, notre lieutenant général en l'Amérique, lorsqu'il sera présent audit pays de Canada.

Courcelle, comme ses deux prédécesseurs, est célibataire, tout comme celui que le roi nomme intendant en remplacement de Robert qui n'était pas venu en Nouvelle-France. Le 23 mars 1665, Jean Talon obtient une commission d'intendant de la justice, police et finances pour le Canada, l'Acadie et Terre-Neuve. Talon est déjà au service de Colbert. Son dévouement pour le contrôleur général est connu.

Les droits et devoirs de l'intendant sont aussi précisés dans sa commission :

> Vous trouver aux conseils de guerre qui seront tenus par notre lieutenant général en l'Amérique et par le gouverneur et notre lieutenant général auxdits pays de Canada; entendre les plaintes qui vous seront faites par nos peuples desdits pays, par les gens de guerre et tous autres, sur tous excès, torts et violences, leur rendre bonne et briève justice; informer de toutes entreprises, pratiques et menées faites contre notre service; procéder contre les coupables de tous crimes de quelque qualité et condition qu'ils soient, leur faire et parfaire le procès jusqu'au jugement définitif et exécution de celui-ci inclusivement; appeler avec vous le nombre de juges et gradués portés par les ordonnances, et généralement connaître de tous crimes et délits, abus et malversations qui pourraient être commis en nosdits pays par quelques personnes que ce puisse être; présider au conseil souverain en l'absence des sieurs de Tracy [...] et de Courcelle; juger souverainement seul en matières civiles et de tout ordonner ainsi que vous verrez être juste et à propos.

Le gouverneur et l'intendant partagent certaines zones d'autorité, ce qui engendrera souvent une opposition ouverte ou dissimulée entre les deux personnages. Le gouverneur a la main haute sur la guerre et la politique indienne, mais l'intendant « est celui qui voit au financement de la guerre et qui paie les frais d'une politique de cadeaux vis-à-vis les Amérindiens ». Les germes de la discorde sont semés.

Au travail !

Le 23 septembre 1665, dans la première salle du château Saint-Louis de Québec, le marquis de Tracy préside la cérémonie d'enregistrement des lettres patentes en faveur de Courcelle et de Talon. Les membres du Conseil souverain sont présents : monseigneur de Laval, Claude Le Barroys, agent général de la Compagnie des Indes occidentales, conseiller de Sa Majesté et son premier interprète de la langue portugaise, les anciens conseillers, le procureur général Jean Bourdon et le greffier Jean-Baptiste Peuvret. Le Barroys dépose aussi les lettres l'autorisant à siéger au Conseil avec voix délibérative.

L'intendant se rend rapidement compte que la décision du roi et de Colbert de céder la Nouvelle-France à une compagnie n'est peut-être pas la meilleure solution. À l'époque, le prix de la marchandise en France sert de base et l'importateur peut faire des bénéfices jusqu'à concurrence de 55 pour cent sur les marchandises sèches et 120 pour cent sur les liquides. Ce système commercial frustre les habitants qui risquent, en fin de compte, de se dégoûter de la vie en Nouvelle-France. Talon s'en ouvre à Colbert, le 4 octobre :

> Les agents de la compagnie ont fait entendre qu'elle ne souffrirait aucune liberté de commerce, non seulement aux Français qui avaient coutume de passer en ce pays pour le transport des marchandises de France, mais même aux propres habitants du Canada jusqu'à leur disputer le droit de faire venir pour leur compte des denrées du royaume, desquelles ils se servent tant pour leur subsistance que pour faire la traite avec les Sauvages, qui seule arrête ici ce qu'il y a de plus considérable entre les habitants qui, pour y demeurer avec leurs familles, ne trouvent pas assez de charmes en la seule culture de la terre; enfin je reconnais très bien que la compagnie

> continuant de pousser son établissement jusques où elle prétend le porter, profitera sans doute beaucoup en dégraissant le pays et non seulement elle lui ôtera les moyens de se soutenir, mais encore elle fera un obstacle essentiel à son établissement et, dans dix ans, il sera moins peuplé qu'il ne l'est aujourd'hui.

Talon, tout au long de son intendance, s'opposera à l'existence même de la Compagnie des Indes occidentales. On lui donnera raison en 1674, lorsque cette dernière perdra tous ses privilèges.

Point d'État canadien

Talon, comme ses prédécesseurs, est frappé par les possibilités de la Nouvelle-France. En 1663, Davaugour avait proposé de fortifier Québec. La ville, selon lui, « ainsi fortifiée et ainsi soutenue doit être regardée pour la pierre fondamentale [du pays]. »

Deux ans plus tard, en octobre 1665, Talon se fait insistant : « Si le roi de France a regardé ce pays comme un beau plan dans lequel on peut former un grand royaume et fonder une monarchie ou du moins un État fort considérable, je ne puis me persuader qu'elle réussisse dans son dessein, en laissant en d'autres mains que les siennes la seigneurie, la propriété des terres, la nomination aux cures et adjoints, même le commerce qui fait l'âme de l'établissement qu'elle prétend. »

En France, les autorités ne semblent pas subir le même emballement que l'intendant de la Nouvelle-France. Colbert, avec son réalisme administratif, répond à Talon, le 5 avril 1666 :

> Le roi ne peut convenir de tout le raisonnement que vous faites sur les moyens de former du Canada un grand et puissant État, y trouvant divers obstacles qui ne sauraient être surmontés que par un très long espace de

> temps, parce que quand même il n'aurait point d'autre affaire et qu'il pourrait employer et son application et sa puissance à celle-là, il ne serait pas de la prudence de dépeupler son royaume comme il faudrait pour peupler le Canada. [...] Vous connaîtrez assez par ce discours que le véritable moyen de fortifier cette colonie est d'y faire régner la justice, d'y établir une bonne police, de bien conserver les habitants, de leur procurer la paix, le repos et l'abondance.

Voilà qui est clair et Talon se rend compte qu'une colonie doit être au service de la métropole et rien de plus. Le sort en est jeté : la Nouvelle-France devra se contenter d'un lent développement, alors que sa rivale, la Nouvelle-Angleterre, progressera à pas de géant.

Le premier recensement

Entre le début du mois de février et la fin du mois d'août 1666, des recenseurs parcourent la Nouvelle-France pour dénombrer le nombre exact d'habitants en précisant l'âge, la qualité et le métier ou la profession. Le 13 novembre de la même année, l'intendant envoie le rôle des familles à Colbert, en lui précisant qu'il « y a quelques omissions qui ne peuvent être réparées que dans l'hiver prochain». Le document donne alors pour Québec 555 habitants; pour Beaupré, 678; pour Beauport, 172; pour l'île d'Orléans, 471; pour Sillery, 217; pour Montréal, 584 et pour Trois-Rivières, 461. La population totale de la colonie s'élève alors à 3418 habitants.

En 1666, la population de la colonie est relativement jeune : 40 pour cent ont moins de quatorze ans, 73 pour cent, moins de vingt-neuf ans; et seulement 1,9 pour cent est âgé de plus de 60 ans. Cette population est à 63 pour cent de sexe masculin. Le recensement nous montre aussi que les femmes se marient plus jeunes que les hommes : sept femmes mariées ont quatorze ans ou moins ; 56 ont dix-neuf ans ou moins, alors qu'aucun homme n'est marié à ces âges. Les célibataires de sexe masculin sont en nombre nettement supérieur aux célibataires de sexe féminin : on dénombre 791 hommes non mariés âgés de 10 à 29 ans pour seulement 257 femmes.

Pour obtenir des résultats plus précis, Talon ordonne, en 1667, un nouveau recensement de la population. La collecte des données s'effectue entre la fin d'avril et celle d'octobre. L'intendant lui-même effectue une partie du travail. Le nouveau recensement, qui inclut le nombre d'arpents sous culture ainsi que le nombre de bestiaux, montre une augmentation d'environ 12 pour cent de la population qui passe alors à plus de 4000 habitants. Colbert se montre un peu déçu des résultats du recensement qu'il commente, le 20 février 1668 :

> J'ai été surpris de ne trouver dans le rôle des habitants du Canada que votre secrétaire m'a remis en mains quatre mil trois cent douze personnes dont quinze cent soixante-huit seulement sont en état de porter les armes et de ne trouver aussi que onze mille cent soixante-quatorze arpents cultivés ; ce sur quoi votre secrétaire m'a dit qu'il y avait beaucoup de fautes et d'omissions dans cet état parce que vous n'y avez pu vaquer vous-même à cause de vos maladies, qu'il connaissait des familles entières qui n'y étaient pas comprises et que tous les envoyés de l'année dernière, soit hommes soit filles et aussi les soldats qui ont pris des habitations n'y sont pas même compris…

Pour comprendre, Colbert aurait dû voir le pays et juger combien il pouvait être difficile, sinon impossible, d'en visiter tous les habitants.

Il faut se marier jeune

Talon et Colbert songent donc à divers moyens de faire croître rapidement la population. Des solutions sont envisagées : immigration plus intensive d'engagés et de filles à marier; pression sur les soldats du régiment de Carignan-Salières pour qu'ils s'établissent dans la colonie et enfin quelques mesures incitatives ou coercitives concernant les mariages et les naissances.

On ne se contente pas de souhaits pieux. Le 5 avril 1669, le roi signe un édit où il prévoit une amende pour ceux qui ne sentent pas assez tôt l'attrait du mariage : « Qu'il soit établit quelque peine pécuniaire, applicable aux hôpitaux des lieux, contre les pères qui ne marieront pas leurs enfants à l'âge de vingt ans pour les garçons et de seize ans pour les filles. »

Le lundi 20 octobre 1670, le Conseil souverain de Québec enregistre l'édit royal dont la réglementation est sévère : il est « enjoint aux pères de faire déclaration au greffe de six mois en six mois des raisons qu'ils pourraient avoir eues pour le retardement du mariage de leurs enfants, à peine d'amende arbitraire ». Par contre, les garçons qui acceptent de se marier à 20 ans ou moins et les filles qui prendront mari à 16 ans ou moins sont récompensés en recevant chacun, le jour de leurs noces, la somme de 20 livres, « ce qui sera appelé le présent du roi ».

Les distraits, les célibataires endurcis et les récalcitrants n'échappent pas à la vigilance royale. Les engagés dont le terme de 36 mois est terminé et les « autres personnes qui ne sont plus en puissance d'autrui » reçoivent, le 20 octobre 1670, une mise en demeure stipulant qu'ils devront se marier l'année suivante, au plus tard quinze jours après l'arrivée des navires transportant les Filles du roi. S'ils osent demeurer célibataires, ils ne goûteront pas la liberté qui leur est si chère, car ils seront condamnés à «être privés de la liberté de toute sorte de chasse et de pêche et de la traite avec les Sauvages, et de plus grande peine si nécessaire». Cette dernière menace vise surtout les coureurs des bois qui préfèrent la liberté des forêts aux contraintes maritales. L'intendant Talon, lui-même célibataire, ajoute, comme peines supplémentaires, la privation d'honneurs civils ou religieux pour les récalcitrants.

Les autorités civiles font plus que forcer les habitants à se marier; elles les incitent à multiplier le nombre des enfants. Le recensement de 1666 montrait que, sur quelque 400 familles, seulement une dizaine avaient plus de sept enfants. La famille la plus nombreuse est celle de Simon Denys, sieur de La Trinité, de Beauport, avec cinq filles et six garçons. Le 5 avril 1669, le roi établit un système d'allocations familiales pour venir en aide aux familles nombreuses : «À l'avenir, les habitants dudit pays qui auront jusqu'au nombre de dix enfants vivants, nés en légitime mariage, ni prêtre, ni religieux, ni religieuses, seront payés des deniers qu'elle enverra audit pays, d'une pension de 300 livres par chacun an, et ceux qui en auront douze, de 400 livres.» Les parents qui veulent bénéficier des largesses royales doivent présenter leur demande à l'intendant au cours des mois de juin et juillet. La moitié de l'allocation leur est alors immédiatement remise et le reste à la fin de l'année. L'ordonnance précise aussi que les honneurs civils et religieux seront réservés de préférence aux pères de familles nombreuses.

La politique de natalité porte fruits et Talon peut écrire à Colbert, le 2 novembre 1671 : «Sa Majesté pourra voir par l'abrégé des extraits des registres des baptêmes dont j'ai chargé mon secrétaire, que le nombre des enfants nés cette année est de six à sept cents, que dans les suivantes on en peut espérer une augmentation considérable.»

En 1673, la population de la colonie dépasse les 6700 habitants. À la même époque, les colonies anglaises de l'Amérique du Nord comptent plus de 120000 âmes...

Enfin, des chevaux

Pour les nouveaux colons, il faut de nouvelles terres. Talon facilite l'établissement des habitants en faisant défricher quelques arpents de terre prêts à la culture ou en faisant parfois construire, en particulier pour les soldats, «de petites maisons». Afin d'inciter les gens de bien à devenir seigneurs, Louis XIV accepte de distribuer des titres de noblesse «aux grands vassaux». Talon est nommé baron des Islets, en 1671, puis comte d'Orsainville, quatre ans plus tard.

Afin d'améliorer les conditions de culture, la France envoie des chevaux dans sa colonie. Le gouverneur de Montmagny avait reçu en cadeau, le 25 juin 1647, une magnifique monture, sans doute morte de solitude quelque temps plus tard. Mais le cheval du gouverneur était de peu d'utilité pour les travaux de la ferme. En 1664, Pierre Boucher écrit : «Voici le nom [des animaux] que l'on amène de France : des bœufs et des vaches; les bœufs servent à labourer la terre et à traîner le bois l'hiver sur les neiges. Des cochons en grand nombre; des moutons, il y en a peu; des chiens, des chats et des rats. Voilà les animaux que l'on nous a amenés de France, qui font bonne fin dans ce pays-ci.»

Le premier contingent de chevaux arrive à Québec le 16 juillet 1665. Les pères jésuites notent dans leur journal : «Arriva le capitaine Poulet avec M. Bourdon, 12 chevaux, 8 filles, etc.» Huit bêtes avaient trouvé la mort au cours de la traversée. Les Amérindiens, qui, dit-on, n'avaient jamais vu de chevaux, ne cachent pas leur admiration, « s'étonnant que les orignaux de France [car c'est ainsi qu'ils les appellent] soient si traitables et si souples à toutes les volontés de l'homme ».

Au cours des années suivantes, la métropole expédie dans la colonie d'autres bêtes. Ainsi, en 1669, débarquent à Québec 11 cavales et deux étalons. La même année, on importe 100 brebis, six chèvres et deux boucs. « De 1665 à 1672, écrit l'historien Robert-Lionel Séguin, le cheptel de la Nouvelle-France s'est enrichi d'environ quatre-vingts chevaux et cavales ».

Les bêtes sont distribuées aux personnes les plus sûres. Si un animal meurt par suite de la négligence de son propriétaire, ce dernier doit payer une amende de 200 livres. Celui qui reçoit un cheval s'engage à le nourrir à ses frais pendant trois ans. Ce n'est qu'à l'expiration de ce terme qu'il peut vendre la bête. Au cours des trois années, « il a l'obligation de donner au receveur de Sa Majesté un poulain d'un an pour chaque cheval ou la somme de cent livres ».

Un territoire mal occupé

Occasionnellement, depuis la fondation de la Compagnie des Cent-Associés, on concédait d'immenses portions de territoire à quelques grands personnages. Puis des seigneuries plus petites. Quelques-unes de ces seigneuries et plusieurs lots ne sont pas cultivés. Louis XIV, par un arrêt royal en date du 21 mars 1663, enjoint aux habitants de mettre leurs terres en culture en dedans de six mois, sinon la partie demeurée en friche retournera au domaine royal. Le Conseil souverain attend dix-huit mois avant d'enregistrer l'arrêt et, par la suite, personne ne l'applique. En 1672, à la suite des pressions exercées par Talon, une nouvelle ordonnance accorde un délai de quatre ans aux nouveaux propriétaires pour mettre leurs terres en état de produire.

Le roi souhaite que les habitants ne vivent plus dispersés sur le territoire. Il veut que l'on établisse des bourgs ou des villages où tous pourront se regrouper afin de pouvoir mieux se défendre contre les attaques iroquoises. Non loin de Québec, Talon fait l'expérience d'une nouvelle division des terres.

> Pour donner l'exemple des habitations rapprochées, écrit-il à Colbert le 12 novembre 1666, j'ai entrepris de former trois villages dans le voisinage de Québec qui sont déjà bien avancés ; j'en destine deux pour les familles que vous avez dessein d'envoyer cette année et pour lesquelles l'instruction que j'ai reçue m'ordonne de préparer 40 habitations. Le troisième se forme par dix-huit personnes des plus considérables des troupes : M. de Chaumont, l'agent général de la compagnie, six capitaines du régiment de Carignan et dix subalternes, de même que le secrétaire de M. de Tracy entreprennent chacun d'y former une habitation. Cela en excitera d'autres.

Les nouveaux villages, Bourg-Royal, Bourg-la-Reine et Bourg-Talon, ont une forme carrée et les terres concédées ressemblent à des pointes de fromage. « Les terres partent en pointe d'un petit carré intérieur qui forme le centre, et vont aboutir, en s'élargissant toujours, aux quatre coins du grand carré. Elles rayonnent comme les feuillets d'un éventail dont les extrémités seraient coupées à angle droit. » Malgré ce qu'en dit l'intendant, il semble que ce sont les jésuites, les premiers propriétaires expropriés par Talon, qui, dès février 1665, ont concédé les premières terres du village-étoile de Charlesbourg.

En 1672, quelques jours avant son départ définitif pour la France, Talon concède 46 seigneuries qui sont à l'origine de plusieurs villes et villages du Québec.

Des pieds à la tête

L'activité de Talon n'est pas restreinte seulement à l'agriculture et à l'occupation du territoire. Il développe l'industrie et le commerce et fait l'inventaire des richesses naturelles de la colonie. Jusqu'à son arrivée à Québec, la colonie était entièrement dépendante des importations de France pour l'habillement. Le roi trouve cette situation anormale et il inscrit dans ses instructions à Talon du 27 mars 1665 le paragraphe suivant : « Il observera que la construction des manufactures et l'établissement d'ouvriers pour fabriquer les choses nécessaires à la vie est l'un des plus grands besoins du Canada. Soit que les habitants fussent trop occupés d'assurer leur subsistance et celle de leur famille par la culture du sol, soit que les administrateurs du pays aient manqué de zèle et d'initiative, il a été nécessaire jusqu'ici d'exporter dans la Nouvelle-France les étoffes dont les habitants avaient besoin pour se vêtir et les souliers pour se chausser. »

Comme la colonie produit déjà plus de blé qu'elle n'en a besoin, Talon incite les habitants à cultiver le lin et le chanvre. Il n'hésite pas à utiliser des moyens radicaux. En 1666, il fait saisir « tout le fil qui se trouvait dans les boutiques et dans les magasins afin d'obliger les habitants à semer du chanvre ». Trois ans plus tard, la colonie produit du fil et de la toile. L'intendant force presque les habitants à apprendre à tisser et à filer. Selon l'historien Joseph-Noël Fauteux, Talon « recommandait même qu'on l'enseignât aux séminaristes tant français que sauvages, fournissant le chanvre et la laine dans ce but. Il fit encore distribuer des métiers dans les maisons particulièrement pour qu'on s'en servît dans la fabrication de différentes sortes de tissus et d'étoffe. » Le but visé par les autorités n'est pas seulement l'autosuffisance des habitants, mais d'arriver à produire des voiles et des cordages destinés à la marine de Sa Majesté.

La multiplication du cheptel favorise l'établissement de tanneries. Talon accorde un prêt substantiel à François Byssot de La Rivière afin qu'il construise une tannerie à la Pointe-de-Lévy. L'on y traitera les peaux de bœufs, de vaches, d'élans et de chevreuils. Byssot obtient des contrats de fabrication de chaussures pour les soldats. Un autre atelier fabrique des chapeaux. Talon peut écrire en novembre 1671 : « J'ai fait faire cette année de la laine qu'ont portée les brebis que Sa Majesté a fait passer ici, du droguet, du bouraguan, de l'étamine et de la serge de seigneur. On va travailler à du drap. On travaille les cuirs du pays près du tiers de la chaussure et présentement j'ai de quoi me vêtir des pieds à la tête ; rien en cela ne me paraît plus impossible et j'espère qu'en peu de temps, le pays ne désirera rien de l'ancienne France que très peu de chose du nécessaire à son usage, s'il est bien administré. »

Du bois en quantité

Colbert veut donner à la France une marine de premier plan. Il demande donc à Talon de faire enquête sur les possibilités de la colonie de fournir du bois de construction. Le 13 novembre 1666, l'intendant écrit : « Non seulement on peut faire ici quantité de merrin ; mais on y peut aussi trouver beaucoup de bois propres à bâtir des vaisseaux et peu de pièces entrent dans le corps d'un navire qui ne se trouvent ici, ou les rapports que les charpentiers du roi, que monsieur de Terron entretient dans ce pays, m'ont fait ne sont pas véritables. [...] J'assure déjà que j'ai vu de quoi faire du bordage et j'oblige les mêmes charpentiers à rendre compte à monsieur Colbert de Terron de ce qu'ils ont vu dans les forêts que je leur ai fait visiter.»

Talon établit donc sur la rivière Saint-Charles, près de Québec, un chantier de construction navale. Quelques particuliers l'imitent. Un des buts visés est la constitution d'une petite flotte qui pourrait transporter des produits canadiens aux Antilles, prendre là du sucre et du rhum, les acheminer vers la France et ramener dans la colonie des produits manufacturés. L'idée d'un commerce triangulaire sourit aux marchands canadiens.

Un de ces derniers s'allie à l'intendant pour une opération commerciale. «Ce même marchand et moi, écrit Talon, le 27 octobre 1667, nous servant du retour d'un vaisseau de la compagnie qui va, avant de repasser en France, en Amérique méridionale, envoyons aux Antilles du saumon et de l'anguille salés, de la morue verte et sèche, des pois blancs et verts, des planches, du merrin, de l'huile de loup-marin et quelques mâtreaux qu'on dit y être très recherchés, le tout pour faire des épreuves et ouvrir le chemin au commerce que les habitants du Canada n'ont pas encore trouvé.»

Un sous-sol des plus riches

Dans la poursuite de son inventaire des richesses et des possibilités de la colonie, Talon fait venir de France un «faiseur de goudron», un nommé Arnolf Alix, pour étudier un projet d'établissement de goudronnerie. Mais le coût de fabrication paraît si élevé que la métropole préfère continuer à s'approvisionner en Hollande.

Convaincu que les mines constituent un apport «essentiel aux affaires du Roi et à l'établissement du Canada», l'intendant expédie des prospecteurs partout où il croit que l'on peut trouver du minerai. En 1671, Simon-François Daumont de Saint-Lusson part à la recherche d'une mine de cuivre dans la région du lac Supérieur. Quelques années auparavant, François Doublet s'était rendu à Gaspé où l'on avait découvert une mine de plomb. «À la fin de l'été 1665, la quantité totale de minerai de plomb obtenu ne dépasse pas quatre ou cinq tonnes». Un accident met fin brusquement à l'exploitation du gisement. En effet, une explosion tue deux hommes et le mémoire de l'époque qui rapporte la mésaventure conclut dans un sourire déplacé : «La mine mina la bourse des mineurs.»

Talon fait aussi expertiser les sables ferrugineux de la région de Trois-Rivières. Il envoie en France une vingtaine de barriques de minerai de fer et de sable. Si le produit est de bonne qualité, «on pourra s'en servir à la fonte de canons».

Un départ affligeant

L'intendant Talon demande, en 1672, son rappel en France. Sa santé est chancelante. La reine Marie-Thérèse lui écrit, le 17 mai : «Les infirmités survenues depuis votre retour en Canada ne vous permettent pas de demeurer plus longtemps au pays. Je vous fais cette lettre pour vous dire que je trouve bon que vous repassiez dans mon royaume pour travailler au rétablissement de votre santé et que je serai bien aise de vous donner en toutes occasions des marques de la satisfaction que j'ai de votre application et des services que vous m'avez rendus dans l'emploi que je vous ai confié audit pays.»

Talon quitte Québec au mois de novembre 1672. Il était déjà retourné en France en 1668, à la suite de sa demande d'être relevé de sa charge d'intendant.

Claude de Boutroue d'Aubigny lui avait succédé et, en 1670, Talon avait repris sa charge. À son départ, il pouvait affirmer avec justesse : « Le Canada est sorti de l'inaction. »

On a marché l'Amérique

PARALLÈLEMENT AU PEUPLEMENT et au développement de la colonie, les découvertes se multiplient. À peine les villes sont-elles fondées qu'elles servent de point de départ à de nouvelles expéditions.

Le petit poste de Trois-Rivières, fondé officiellement depuis trois jours à peine, connaît en ce matin du 7 juillet 1634 une activité fébrile. Plus de 150 canots montés par des Hurons et des Algonquins s'apprêtent à quitter la place. Trois jésuites, Jean de Brébeuf, Antoine Daniel et Ambroise Davost, doivent les accompagner pour aller prêcher l'évangile en Huronie. D'autres Français, Simon Baron, Robert Le Coq, François Petitpré, Dominique Scot, Jean Nicollet de Belleborne et un autre dont on ignore le nom, s'affairent à leurs derniers préparatifs de départ pour les Pays d'en haut.

Jean Nicollet vient de signer avec la Compagnie des Cent-Associés un contrat d'engagement de commis et d'interprète. Le gouverneur de la colonie, Samuel de Champlain, lui a confié la mission de se rendre au pays de la tribu amérindienne des Gens de Mer qui vivent dans la région des Grands Lacs. Ce petit peuple menace la paix de la colonie, car il a déclaré la guerre aux Algonquins et il songe à s'allier aux Hollandais pour faire la traite des fourrures. Nicollet, qui connaît les langues iroquoise, huronne et algonquine, est l'homme tout désigné pour aller négocier paix et alliance commerciale.

Il connaît parfaitement la vie des bois et les coutumes des premiers occupants. L'explorateur reçoit une commande spéciale : « Vérifier les renseignements qu'il avait recueillis concernant la mer de Chine qui, selon les Indiens, était à proximité de la baie des Puants. » Car Champlain est, lui aussi, tenté par la recherche du chemin qui mène à la Chine.

En moins d'un mois, les frêles embarcations d'écorce parcourent la distance séparant Trois-Rivières de l'île aux Allumettes, sur l'Outaouais, sise aujourd'hui non loin de la ville de Pembroke. Depuis leur départ, les voyageurs ont dû franchir 33 portages et traîner leurs canots au moins une cinquantaine de fois. Chaque portage représente une dépense d'énergie considérable.

Les missionnaires et leurs engagés se dirigent immédiatement vers le pays des Hurons, alors que l'explorateur s'arrête sur l'île aux Allumettes pour se reposer et faire le point sur la seconde partie de son voyage. Frais et dispos, Nicollet poursuit la remontée de la rivière Outaouais, puis emprunte la rivière Mattawan pour rejoindre le lac Nipissing qu'il traverse. La descente de la rivière des Français le conduit à la baie Georgienne. Le voilà au pays des Hurons. Il fait part à ces derniers du but de son voyage, et sept d'entre eux consentent à l'accompagner.

Nicollet et ses compagnons prennent la direction du pays des Gens de Mer situé à environ 300 lieues de là. Après avoir traversé le lac Huron dans sa partie la plus nordique, Nicollet entre dans le lac Michigan. Il est probablement dans la baie des Puants, appelée aussi baie Verte ou Green Bay. « Cette baie, écrit le rédacteur de la *Relation* de 1671, communément appelée des Puants, est le même nom que les Sauvages donnent à ceux qui habitent proche de la mer, parce que l'odeur des marécages dont cette baie est environnée a quelque chose de celle de la mer; et d'ailleurs il est difficile qu'il se fasse sur l'océan des coups de vents plus impétueux que ceux qui se font ressentir en ce lieu, avec des tonnerres extrêmement violents et presque continus. »

Nicollet était tellement convaincu qu'au terme de son voyage il rencontrerait « quelques mandarins chinois », qu'il s'était fait confectionner une robe de damas. Même après son retour, l'explorateur affirme que la Chine est tout près. Le père Paul Le Jeune écrit en 1640 : « Le sieur Nicollet, qui a le plus avant pénétré dedans ces pays si éloignés, m'a assuré que, s'il eût vogué trois jours plus avant sur un grand fleuve qui sort au second lac des Hurons, il aurait trouvé la mer. Or, j'ai de fortes conjectures que c'est la mer qui répond au nord de la Nouvelle-Mexique, et que de cette mer on aurait entrée dans le Japon et la Chine. »

L'erreur de Nicollet viendrait peut-être d'une mauvaise interprétation des mots *metchi sippi* (Mississipi) qui signifie grandes eaux. L'explorateur croyait sans doute que cette expression désignait la mer ! Son excursion sur la rivière des Renards, non loin de la rivière Wisconsin, un des affluents du Mississipi, n'avait rien apporté de neuf. Déçu, Nicollet prend le chemin du retour et on le retrouve à Québec à l'automne de 1635.

Découverte du lac Saint-Jean

Les Français ne sont pas seuls à partir en voyages de découverte. Le jour de la Saint-Jean-Baptiste, en 1641, un Anglais arrive à Québec accompagné de son serviteur. Ils sont conduits par une vingtaine d'Abénaquis de l'Acadie. L'Anglais cherche « quelque passage par ces contrées vers la mer du Nord ». La réception n'est pas exactement cordiale, car le gouverneur Montmagny « le fit conduire à Tadoussac pour aller rechercher l'Angleterre par la France ».

Quelques années plus tard, le père jésuite Jean de Quen décide d'aller visiter la tribu des Porc-Épics, au nord de Tadoussac. En cinq jours, accompagné de deux Montagnais, il parcourt la distance séparant Tadoussac du lieu où sont cabanés quelques Amérindiens convertis au catholicisme et retenus dans cette région lointaine par la maladie.

Le père, selon le tracé relevé par l'historien Victor Tremblay, remonte la rivière Saguenay jusqu'à Chicoutimi, emprunte ensuite la rivière Chicoutimi, les lacs Kénogami et Kénogamishish, puis la rivière des Aulnaies et la Belle-Rivière, pour aboutir au lac Piekouagami. Le lac prendra plus tard le nom de Saint-Jean pour rappeler le souvenir de son découvreur, Jean de Quen.

> Ce lac, écrit ce dernier, est si grand qu'à peine en voit-on les rives. Il semble être d'une figure ronde. Il est profond et fort poissonneux [...]. Il est environné d'un pays plat terminé par de hautes montagnes éloignées de trois, quatre ou cinq lieues des rives. Il se nourrit des eaux d'une quinzaine de rivières ou environ qui servent de chemin aux petites nations qui sont dans les terres pour venir pêcher dans ce lac et pour entretenir le commerce et l'amitié qu'elles ont entre elles.

Après trois jours passés dans la région, le père de Quen revient à Tadoussac en autant de jours. C'est un record dont les avironneurs ont le mérite : «Mais ce furent des jours pleins, lit-on dans la *Relation* de 1647, car ils voguaient depuis trois heures du matin jusqu'à neuf ou dix heures du soir.»

Au pays des Sioux

Le métier de coureur des bois est la porte ouverte à l'exploration. Au mois d'août 1659, Pierre-Esprit

Radisson, alors âgé de 23 ans, et Médard Chouart Des Groseilliers, son beau-frère âgé de 41 ans, quittent Trois-Rivières en direction de la région des Grands Lacs. Le gouverneur de la colonie avait exigé qu'un de ses hommes les accompagne, mais les deux coureurs des bois réussissent à quitter le poste des Trois-Rivières à la dérobée. Des Groseilliers avait déclaré « que les découvreurs devaient passer avant les gouverneurs ». Le but des deux hommes n'est pas expressément de découvrir de nouveaux territoires, mais bien de faire la traite des fourrures avec de lointaines tribus.

En suivant « la route des trafiquants », ils atteignent le lac Huron, puis le lac Supérieur. Non loin de là, au fond de la baie de Chequamegon, ils construisent un petit fort et cachent leurs marchandises de traite. Pour impressionner les Amérindiens des alentours, les deux Français font parade de leur armement : cinq fusils, deux mousquets, trois fusils de chasse, trois paires de grands pistolets, deux paires de pistolets de poche, deux épées et deux poignards. « Nous étions des Césars et personne n'osait nous contredire », déclare tout fier le jeune Radisson. Ils établissent leurs quartiers d'hiver dans les forêts du Wisconsin, vraisemblablement non loin du lac de la Courte-Oreille.

Au cours de l'hiver, les deux Français assistent à la fête des Morts qui dure trois jours. La saison est pénible pour tous, à cause d'une trop grande abondance de neige. La chasse rapporte peu et la famine règne.

Peu de temps après la fête des Morts, les deux coureurs des bois se rendent chez les Cris, ou Kristinaux, pour tenter de ramener la paix entre eux et les Sioux. « Étant dans les environs de la grande mer [lac Supérieur], écrit Radisson, nous eûmes un entretien avec un peuple qui vit vers la mer salée, qui nous dit avoir vu quelquefois sur l'eau une grande machine blanche s'approchant du rivage et portant à son sommet des hommes qui faisaient du bruit comme si c'était une troupe de cygnes. » Ces Cris ont sans doute aperçu, sur les eaux de la baie d'Hudson, un navire anglais.

Poursuivant leur route, Radisson et Des Groseilliers rendent visite aux Sioux. Ces deux Français seraient les premiers Blancs à avoir pris contact avec cette tribu établie dans la région du lac Supérieur. Ils demeurent six semaines chez les Sioux, ce qui permet à Radisson de laisser, dans son journal, une description détaillée des mœurs de ces Amérindiens.

À l'été de 1660, les deux coureurs des bois-explorateurs prennent le chemin du retour et arrivent à Montréal au mois d'août avec l'une des plus importantes cargaisons de fourrures à parvenir dans la colonie.

Au Japon par la baie d'Hudson

Les propos tenus par des Amérindiens réussissent à convaincre quelques Français qu'il est impossible de se rendre au Japon par la Mer du Nord, c'est-à-dire la baie d'Hudson. Deux pères jésuites, Claude Dablon et Gabriel Druillettes, décident, au printemps de 1661, de vérifier le bien-fondé de cette croyance.

Les deux missionnaires quittent Québec, le 11 mai 1661, accompagnés de Michel Leneuf, sieur de La Vallière, Denis Guyon, Guillaume Couture, François Pelletier, Couillard Després et de quelques centaines d'Amérindiens montés à bord de 80 canots. La maladie retient le groupe quelque temps à Tadoussac. La route suivie par l'expédition est à peu près identique à celle empruntée par le père de Quen, en 1647.

Les missionnaires se reposent sept ou huit jours sur les bords du lac Saint-Jean. Les Amérindiens qui les accompagnent profitent de la halte pour tenter de les convaincre de l'inutilité et des dangers d'aller plus avant.

> Ils nous disent, écrit le père Dablon, que ce ne sont que précipices, où les Français se doivent bien attendre d'y faire naufrage ; puisqu'eux-mêmes, qui sont rompus dès leur jeunesse en ces sortes de navigations, ne laissent pas de s'y perdre quelquefois. Ce ne sont pas, disent-ils, des rapides ordinaires, mais des gouffres, barrés des deux côtés de hauts rochers, plantés à pic sur la rivière, au milieu desquels, si l'on vient à manquer seulement d'un coup d'aviron, on va se briser sur un écueil ou se précipiter dans un abîme ; que les plus hardis d'entre eux avouent que la tête leur tourne, quand ils passent ces torrents et qu'ils en demeurent tout le jour dans l'étourdissement.

Ces mises en garde des Montagnais sont en bonne partie dictées par leur crainte de rencontrer, dans les régions plus au nord, les Iroquois qui y rôdent pour s'emparer des fourrures.

Les Français décident d'aller plus loin, malgré les réticences de leurs guides. Le 19 juin, ils remontent la rivière Chamouchouane, connue alors sous le nom de Nekouba et qu'ils baptisent eux-mêmes du nom de rivière Saint-Sacrement. L'expédition, souvent pénible, s'arrête enfin au lac Nikabau où se tient, chaque année, une foire des fourrures. L'endroit est quasi à mi-chemin entre Tadoussac et la Mer du Nord. Les feux de forêt y sont nombreux. Le père Dablon note dans son récit de voyage : « L'air est ici presque toujours embruni des fumées que causent les embrasements des forêts circonvoisines qui s'allumant à quinze ou vingt lieues à la ronde tout ensemble, nous ont jeté leurs cendres de plus de dix lieues loin. C'est ce qui a fait que nous n'avons que rarement joui de la beauté du soleil à découvert. Il nous a toujours paru voilé de ces nuages de fumée et quelquefois avec un tel excès que les plus grandes éclipses de soleil ne rendent point l'air, la terre et les herbes plus tristes ni plus sombres.» La vie dans la région de Nikouba est plutôt morne. La végétation se résume à quelques petits pins, des épinettes et des pruches.

Au début de juillet 1661, le voyage vers la Mer du Nord s'interrompt brusquement. Les guides amérindiens ne veulent pas aller plus avant. Ils décident de rebrousser chemin, car la rumeur s'est répandue que des Iroquois rôdent dans la région après avoir attaqué plusieurs Français et Amérindiens en route pour Nikouba. Le 27 juillet, les pères Dablon et Druillettes, de retour à Québec, n'ont donc pu vérifier si la Mer du Nord mène au Japon.

Un problème de langues

Vers les années 1670, le sud-ouest du continent nord-américain exerce sur tous un attrait profond. Une nouvelle équipe se forme alors pour chercher encore une fois le chemin vers la Chine. À l'automne de 1668, le sulpicien François Dollier de Casson, au pays depuis deux ans à peine, hiverne chez les Népissingues, établis sur les bords du lac Nipissing, situé au nord-est du lac Huron. Il veut y apprendre la langue algonquine. Le chef qui l'héberge possède «un petit esclave venu des régions du Sud» qui vante les qualités de son pays d'origine. «Cet esclave fut envoyé par son maître à Montréal pour y chercher quelque chose, écrit l'abbé Galinée. Il y vint voir monsieur l'abbé de Queylus devant qui il fit une description si naïve du chemin de son pays qu'il fit croire à tout le monde qu'il l'avait fort présent et qu'il y pourrait facilement conduire tous ceux qui y voudraient aller avec lui.» Gabriel Thubières de Levy de

Queylus et Dollier de Casson forment alors le dessein d'évangéliser les lointaines tribus du pays de l'esclave.

Pendant ce temps, René-Robert Cavelier de La Salle accueille chez lui deux Amérindiens de la nation des Tsonnontouans, une des Cinq-Nations iroquoises, qui lui parlent d'un grand cours d'eau qui se nomme Ohio. Aux dires des Amérindiens, la rivière « allait déboucher dans une mer lointaine ».

La Salle se convainc alors que cette mer est celle de Chine. La Salle décide donc d'organiser un voyage. Le gouverneur Courcelle « prie les deux hommes de faire équipe ». Le sulpicien se méfie de La Salle et l'abbé de Queylus demande à l'abbé René de Bréhant de Galinée, qui a étudié l'astronomie et les mathématiques et qui est capable de dresser une carte, de se joindre au trio.

L'expédition s'organise avec précipitation. La Salle engage 14 personnes dont deux chirurgiens, René Sauvageau de Maisonneuve et Jean Rouxel, sieur de la Rousselière. Peu avant le départ, on s'aperçoit que La Salle qui se vantait de parler la langue iroquoise « ne la savait point du tout et s'engageait à ce voyage presque à l'étourdie, sans savoir quasi où il allait ». Galinée, qui porte ce jugement sur son compagnon de voyage, engage les services d'un Hollandais comme interprète. Le seul problème, c'est que le nouvel engagé « ne sait que bien peu le français ».

Le 6 juillet 1669, l'expédition quitte Montréal. « Elle se compose, écrit l'historien Lionel Groulx, de neuf canots : quatre portent La Salle et ses quatorze engagés ; trois, les sulpiciens et leurs sept hommes ; des Tsonnontouans, ceux-là même qui viennent de passer l'hiver chez le seigneur de la Côte Saint-Sulpice, montent les deux autres canots. »

La première étape importante est le lac Ontario. L'expédition y arrive le 2 août. Six jours plus tard, les

Français sont accueillis sur une île par un Tsonnontouan qui s'y est bâti « une espèce de maison de campagne où il se retire l'été pour manger avec sa famille un peu de blé d'Inde et de citrouille qu'il y fait tous les ans. [...] Ce bon homme nous reçut fort bien et nous fit grande chère de citrouilles bouillies à l'eau. » Peu après, Dollier de Casson est atteint « d'une fièvre continue qui faillit à l'emporter en peu de temps ».

Après 35 jours de navigation, La Salle et ses compagnons arrivent à une rivière nommée Karontagouat, « qui est l'endroit le plus proche de Tsonnontouan ». « Nous ne fûmes pas plus tôt arrivés en ce lieu que nous fûmes visités de quantité de Sauvages qui nous vinrent faire de petits présents de blé d'Inde, de citrouilles, de mûres de haie et de bleuets, qui sont des fruits dont ils ont en abondance. Nous leur rendions la pareille en leur faisant aussi présent de couteaux, d'aleines, d'aiguilles, de rassades et autres choses qu'ils estiment et dont nous étions bien munis. »

Le lendemain de leur arrivée, les Amérindiens invitent les Français à les suivre dans leur village. La Salle, Galinée et huit autres Français les accompagnent, alors que le reste de l'expédition demeure avec Dollier de Casson. Lors d'une rencontre officielle, on procède à l'échange de présents. « Le troisième présent fut de deux capots, quatre chaudières, six haches et quelque rassade ; et la parole fut que nous venions de la part d'Onontio [le gouverneur], pour voir les peuples nommés par eux les Toagenha, situés sur la rivière Ohio et que nous leur demandions un esclave de ce pays-là pour nous y conduire. »

La réponse est que les Tsonnontouans leur fourniront un esclave, mais ils demandent aux Français d'attendre le retour de leurs frères partis faire la traite des fourrures avec les Hollandais.

Après un mois d'attente, La Salle et Galinée quittent le village des Tsonnontouans en compagnie d'un Amérindien qui venait de chez les Hollandais et qui s'était offert à les conduire à son village de Ganastogué, sur la rive nord du lac Ontario. À cinq ou six lieues de ce village, on décide d'attendre « que les considérables du village vinssent nous trouver avec du monde pour emporter nos bagages ». La Salle en profite pour aller à la chasse. Il en rapporte « une grosse fièvre qui le mit en peu de jours fort bas ». Galinée, qui ne semble pas aimer particulièrement son confrère, note dans son journal : « Quelques-uns disent que ce fut à la vue de trois gros serpents à sonnette qu'il trouva dans son chemin que la fièvre le prit. »

Le 22 septembre 1669, tout l'équipage quitte le village accompagné d'un guide qui, selon Galinée, « nous assura que, dans un mois et demi, de bonne marche, nous pourrions arriver aux premières nations qui sont sur la rivière Ohio, dans le bois, parce qu'il n'y avait pas moyen d'atteindre aucune nation avant les neiges ». Deux jours plus tard, on rencontre Adrien Jolliet « qui avait eu ordre de monsieur le gouverneur de monter jusqu'au lac Supérieur pour découvrir où était une mine de cuivre ». Les missionnaires apprennent par lui l'existence des Potéouatamis établis dans la région de la baie des Puants, au Wisconsin.

À la fin du mois de septembre, le groupe expéditionnaire se divise. La Salle prétexte la maladie et « le désir de voir Montréal commençait à le presser ». D'autre part, les missionnaires veulent aller évangéliser les Potéouatamis. Le 1er octobre, la séparation a lieu. On ignore avec certitude ce que fait La Salle au cours de l'hiver 1669-1670. Quant à Dollier de Casson et Galinée, ils hivernent dans la région du lac Érié, vraisemblablement près de l'actuelle ville de

Port-Dover, en Ontario. Au mois d'octobre 1669, ils prennent possession du territoire du lac Érié.

Le 18 juin, Dollier de Casson et Galinée sont de retour à Montréal après une absence de 347 jours. La route vers la Chine et le Japon demeure encore à découvrir. Mais on connaît mieux la région des Grands Lacs.

Une ligue des nations

Même si le bilan des expéditions précédentes se solde par un constat d'échec, les renseignements recueillis par les différents explorateurs font voir à l'intendant Talon l'importance stratégique et commerciale de la région des Grands Lacs. Dès son retour de France, à la fin de l'été 1670, Talon met sur pied une nouvelle expédition. Il demande à l'interprète Nicolas Perrot d'accompagner Simon-François Daumont de Saint-Lusson qu'il nomme commissaire subdélégué. La mission est précise : se rendre « au pays des Sauvages Outaouais, Nez-Percés, Illinois et autres nations découvertes ou à découvrir en l'Amérique septentrionale du côté du lac Supérieur ou Mer Douce, pour y faire la recherche et découverte des mines de toutes façons, surtout celle de cuivre [...] ; au surplus de prendre possession au nom du roi de tout le pays habité et non habité ».

Dans un mémoire au roi du 10 novembre 1670, l'intendant ajoute un nouveau but à l'expédition : « Pousser vers l'Ouest tant qu'il [Saint-Lusson] trouvera de quoi subsister, avec ordre de rechercher soigneusement s'il y a, par lacs ou par rivières, quelque communication avec la mer du Sud qui sépare ce continent de la Chine. »

Les voyageurs quittent Montréal en octobre 1670. Ils empruntent la rivière Outaouais, le lac Nipissing, la rivière des Français et débouchent sur le lac Huron.

Ils hivernent chez les Nez-Percés, sur une des îles Manitoulines, situées près de la rive nord du lac Huron. Au commencement du mois de mai 1671, Saint-Lusson se rend au Sault-Sainte-Marie, alors que Perrot rend visite aux nations amérindiennes de la région de la baie des Puants pour les inviter à « entendre la parole du roi que le sieur Saint-Lusson leur portait et à toutes les nations ».

La cérémonie de prise de possession du territoire se déroule, le 14 juin 1671, en présence de représentants de 14 nations amérindiennes. Le père jésuite Claude Dablon, « supérieur des missions de ces pays-là », bénit la croix que l'on doit ériger, puis l'on entonne le *Vexilla Regis*. On installe, non loin de la croix, l'écusson des armes du roi de France. « Après cela, raconte la *Relation* de 1670-1671, monsieur de Saint-Lusson, gardant toutes les formes ordinaires en pareille rencontre, prit possession de ces pays, l'air retentissant de cris redoublés de *Vive le Roi*, et de la décharge des fusils, avec la joie et l'étonnement de tous ces peuples qui n'avaient jamais rien vu de semblable. »

Une fois ces réjouissances passées, le père Claude Allouez, qui parle plusieurs langues amérindiennes, prononce le discours de circonstance. Saint-Lusson succède au père Allouez et, d'une façon « guerrière et éloquente », il démontre aux Amérindiens que leurs terres sont devenues celles du roi de France. À la fin de la cérémonie, tous crient *Vive le Roi*. Le soir de ce jour mémorable, on allume un grand feu de joie et l'on chante le *Te Deum* « pour remercier Dieu, au nom de ces pauvres peuples, de ce qu'ils étaient à présent les sujets d'un si grand et si puissant monarque ».

Le territoire dont la France vient de prendre possession comprend « le dit lieu Sainte-Marie du Sault, comme aussi des lacs Huron et Supérieur, île de

Caientoton et de tous les autres pays, fleuves, lacs et rivières contiguës et adjacentes, iceux tant découverts qu'à découvrir, qui se bornent d'un côté aux mers du Nord et de l'Ouest, et de l'autre côté à la mer du Sud comme de toute leur longitude et profondeur».

Les 14 nations deviennent sujets de Sa Majesté et sont «sujets à subir ses lois et suivre ses coutumes». La copie du procès-verbal est affichée sur le poteau où se trouvent les armes royales. Selon Bacqueville de La Potherie, «dès que l'assemblée fut dissoute, les Sauvages enlevèrent ce papier et le jetèrent au feu, dans la crainte qu'il ne renfermât un sort destiné à les faire mourir».

En route vers le Nord

Les différentes prises de possession n'empêchent pas les Anglais d'occuper les territoires revendiqués par les Français. On sait déjà que des navires anglais vont jeter l'ancre dans la baie d'Hudson. En effet, en 1669, Radisson et Des Groseilliers se rendent à la baie à bord des navires anglais. Ces deux coureurs des bois, après s'être illustrés neuf ans auparavant, se sont rangés du côté anglais à la suite de la mauvaise réception qu'ils ont reçu de la part des autorités civiles de la colonie.

Le 3 juin de l'année suivante, le père Charles Albanel rencontre à Tadoussac «un Sauvage de la grande et célèbre baie du Nord, qui m'a dit qu'on avait vu un vaisseau français dans son pays et qu'il les avait pillés et fort maltraités, que le chef qui commandait le navire les avait assurés que l'année prochaine il viendrait se poster dans cette baie et qu'on donnait avis à tous leurs gens de s'y rendre, et de lui apporter leurs pelleteries; qu'il était le maître de la paix et de la guerre et qu'il amènerait avec lui quantité d'Iroquois pour les détruire, s'ils ne lui obéissaient».

L'intendant Talon met sur pied une nouvelle expédition dont le but est « de découvrir si la mer du Nord est bien la baie d'Hudson et de vérifier la présence d'Européens qu'on disait français ».

Le père Charles Albanel et Paul Denys de Saint-Simon acceptent d'effectuer le voyage. Ils se font accompagner de Sébastien Provencher et de quelques Montagnais. Le groupe quitte Tadoussac au mois d'août 1671. Le 2 septembre, il arrive au lac Saint-Jean. La traversée du lac dure cinq jours. Le 17, des Amérindiens Attikamègues et des Mistassirinins viennent les rejoindre. Ils racontent « que deux navires avaient mouillé dans la baie d'Hudson et qu'ils avaient fait grande traite avec les Sauvages, s'y étant établis pour le commerce ».

Le père Albanel juge préférable d'expédier Saint-Simon à Québec pour y aller chercher des passeports. Décision est alors prise d'hiverner dans la région, car dès le 31 octobre la neige fait son apparition. L'hiver est l'un des plus pénibles que le père ait eu à affronter.

Le 1er juin 1672, les trois Français quittent Nataschegamiou pour la baie d'Hudson. Neuf jours plus tard, ils arrivent à la ligne de partage des eaux. Le 28 juin, sur l'heure du midi, le groupe arrive au lac Némiscau. Non loin de là, « nous rencontrâmes à main gauche dans un petit ruisseau un heu [petit navire] avec ses agrès de dix ou douze tonneaux, qui portait le pavillon anglais et la voile latine ; de là à la portée du fusil, nous entrâmes dans deux maisons désertes ; un peu plus avant on découvrit que les Sauvages avaient hiverné là proche et que, depuis peu, ils en étaient partis ».

Albanel cherche à lier amitié avec les Amérindiens de la baie, tant pour les convertir au catholicisme que pour les amener à traiter leurs fourrures avec les Français.

Le voyage de retour commence le 6 juillet 1672. Trois jours plus tard, Saint-Simon prend possession du territoire au nom du roi de France en plaçant ses armes sur la pointe d'une île du lac Némiscau. Une nouvelle cérémonie a lieu le 19, sur les bords de la rivière Minahigouskat. Au début du mois d'août, les membres de l'expédition sont de retour dans la colonie. Dans le récit de son voyage, Albanel fait le bilan suivant : «Il est vrai que ce voyage est extrêmement difficile et que tout ce que j'en écris n'est pas la moindre partie de ce qu'il y faut souffrir. Il y a 200 saults ou chutes d'eau et partant 200 portages, où il faut porter canot et équipage tout ensemble sur son dos; il y a 400 rapides où il faut avoir toujours une longue perche aux mains pour les monter et les franchir; je ne veux rien dire de la difficulté des chemins, il faut l'expérimenter pour le comprendre.»

Le Père des Eaux

Avant de quitter définitivement la Nouvelle-France, Talon rencontre le nouveau gouverneur, Frontenac, et le met au courant de la situation de la colonie. Le 2 novembre 1672, Frontenac écrit à Colbert : «M. Talon a aussi jugé expédient pour le service d'envoyer le sieur Jolliet à la découverte de la mer du Sud par le pays des Mascoutens et la grande rivière qu'ils appellent Mississipi, qu'on croit se décharger dans la mer de Californie.» La hantise de la route menant à la mer de Chine ou à celle du Japon est toujours présente.

Louis Jolliet, tout comme Saint-Lusson, doit financer lui-même son expédition. Il organise donc, le 1er octobre 1672, une compagnie de traite des fourrures avec François de Chavigny Lachevrotière, Zacharie Jolliet, Jean Plattier, Pierre Moreau, Jacques Largilier et Jean Thiberge. Quelques jours après la signature de l'entente, Jolliet quitte Québec pour Michillimakinac où il arrive le 8 décembre. Il hiverne probablement au Sault-Sainte-Marie et, le printemps venu, il retrouve le père jésuite Jacques Marquette qui, à la demande de son supérieur, doit l'accompagner dans son voyage de découverte. Au cours de l'hiver, les deux explorateurs interrogent les Amérindiens qui viennent faire la traite sur le pays qu'ils doivent visiter.

Le départ a lieu, le 17 mai 1673. « Nous ne fûmes pas longtemps à préparer notre équipage, écrit Marquette, quoique nous nous engagerons dans un voyage dont nous ne pouvions pas prévoir la durée; du blé d'Inde avec quelque viande boucanée furent toutes nos provisions avec lesquelles nous nous embarquâmes sur deux canots d'écorce, monsieur Jolliet et moi, avec cinq hommes, bien résolus à tout faire et à tout souffrir pour une si glorieuse entreprise. »

Jolliet et Marquette ont vraisemblablement suivi « la rive septentrionale du lac Michigan, écrit l'historien Jean Delanglez, puis la rive occidentale de la baie des Puants [pour] arriver à la mission Saint-François-Xavier, près de De Père, Wisconsin, huit ou dix jours plus tard. De cette mission, ils remontèrent la rivière aux Renards jusqu'au village des Mascoutens, près de Berlin, Wisconsin. »

Le 10 juin, nouveau départ. Deux guides miamis se joignent au groupe des Français. La rivière Wisconsin conduit les voyageurs jusqu'au fleuve Mississipi qu'ils commencent à descendre.

Les voyageurs s'avancent sur le Mississipi sans rencontrer âme qui vive. Mais ils craignent quand même les rencontres imprévues. « Nous nous tenons bien sur nos gardes. C'est pourquoi nous ne faisons qu'un petit feu à terre sur le soir pour préparer nos repas. Et, après avoir soupé, nous nous en éloignons le plus que nous pouvons et nous allons passer la nuit dans nos canots que nous tenons à l'ancre sur la rivière assez loin du bord. Ce qui n'empêche pas que quelqu'un de nous ne soit toujours en sentinelle de peur de surprise. »

Enfin des hommes

Le dimanche 25 juin 1673, Jolliet et Marquette aperçoivent sur le bord de l'eau des pistes d'hommes et un petit sentier qui traverse une prairie.

> Nous nous arrêtâmes pour l'examiner et, jugeant que c'était un chemin qui conduisait à quelque village de Sauvages, nous prîmes résolution de l'aller reconnaître. [...] Et après avoir fait environ deux lieues, nous découvrîmes un village sur le bord d'une rivière. [...] Nous crûmes donc qu'il était temps de nous découvrir, ce que nous fîmes par un cri que nous poussâmes de toutes nos forces, en nous arrêtant sans plus avancer. À ce cri, les Sauvages sortent promptement de leurs cabanes et nous ayant probablement reconnu pour Français, surtout voyant une robe noire, ou du moins n'ayant aucun sujet de défiance, puisque nous étions deux hommes et que nous les avions avertis de notre arrivée, ils députèrent quatre vieillards pour venir nous parler. [...] Je leur parlai donc le premier et je leur demandai qui ils étaient. Ils me répondirent qu'ils étaient Illinois. Et pour marquer la paix, ils nous présentèrent leurs pipes pour pétuner. Ensuite ils nous invitèrent d'entrer dans leur village où tout le peuple nous attendait avec impatience.

Les deux visiteurs sont accueillis par le chef de la tribu qui « était debout et tout nu ». « Que le soleil est beau, Français, quand tu nous viens visiter. Tout notre bourg t'attend et tu entreras en paix dans toutes nos cabanes. » Ces propos du chef sont de nature à rassurer Jolliet et Marquette. Après avoir fumé ou fait semblant de fumer le calumet de paix, ils sont invités à rencontrer « le Grand Capitaine de tous les Illinois », dont la cabane se trouve dans la bourgade voisine. « Nous y allâmes en bonne compagnie, car tous ces peuples, qui n'avaient jamais vu de Français chez eux, ne se laissaient point de nous regarder : ils se couchaient sur l'herbe le long des chemins; ils nous devançaient puis ils retournaient sur leurs pas, pour nous venir voir encore. Tout cela se faisait sans bruit et avec les marques d'un grand respect qu'ils avaient pour nous.»

L'accueil réservé aux deux visiteurs par le Grand Capitaine est encore plus solennel que le précédent. Jolliet reçoit en cadeau un jeune esclave qui l'accompagnera le reste du voyage et le chef remet entre les mains des Français «un calumet tout mystérieux, dont ils font plus de cas que d'un esclave». En terminant, le Capitaine recommande aux explorateurs de ne pas aller plus avant à cause des dangers qu'ils pourraient courir. Marquette réplique qu'il ne craint point la mort. Un grand festin suit la cérémonie d'accueil. Ensuite, les voyageurs visitent le village qui compte au moins 300 cabanes réparties le long de rues. Les habitants leur font toutes sortes de cadeaux. Le lendemain, plus de 600 personnes reconduisent Jolliet et Marquette jusqu'à leur embarcation.

Une route dangereuse

Plus les Français descendent le Mississipi, plus la nature change et plus, aussi, les Amérindiens se montrent hostiles.

> Nous aperçûmes à terre des Sauvages armés de fusils avec lesquels ils nous attendaient, relate Marquette. Je leur présentai d'abord mon calumet empanaché pendant que nos Français se mettaient en défense, et attendaient à tirer que les Sauvages eussent fait la première décharge. Je leur parlai en huron, mais ils me répondirent par un mot qui me semblait nous déclarer la guerre. Ils avaient

> néanmoins autant peur que nous et ce que nous prenions pour un signal de guerre était une invitation qu'ils nous faisaient de nous approcher pour nous donner à manger. Nous débarquons donc et nous entrons dans leurs cabanes où ils nous présentent du bœuf sauvage et de l'huile d'ours, avec des prunes blanches qui sont excellentes. Ils ont des fusils, des haches, des houes, des couteaux, de la rassade, des bouteilles de verre double où ils mettent leur poudre.

Un peu plus bas sur le Mississipi, les voyageurs rencontrent un autre village où les habitants manifestent un esprit par trop guerrier.

> Ils étaient armés d'arcs, de flèches, de haches, de massues et de boucliers, écrit le père Marquette. Ils se mirent en état de nous attaquer par terre et par eau. [...] Ceux qui étaient à terre allaient et venaient comme pour commencer l'attaque. De fait, des jeunes gens se jetèrent à l'eau pour se venir saisir de mon canot, mais le courant les ayant contraints de reprendre terre, un d'eux nous jeta sa massue qui passa par-dessus nous sans nous frapper. J'avais beau montrer le calumet et leur faire signe par gestes que nous ne venions pas en guerre, l'alarme continuait toujours et l'on se préparait déjà à nous percer de flèches de toutes parts quand Dieu toucha soudainement le cœur des vieillards qui étaient sur le bord de l'eau, sans doute par la vue de notre calumet qu'ils n'avaient pas bien reconnu de loin.

Une fois débarqué, le père Marquette, qui parle pourtant six langues amérindiennes, ne peut se faire comprendre. Heureusement, « il se trouva enfin un vieillard qui parlait un peu l'illinois ». On finit par comprendre que, dans un village nommé Akamsea et qui est à huit ou dix lieues plus bas, on pourra apprendre des choses sur la proximité de la mer. Après une nuit passée dans ce village « avec assez d'inquiétude », les

Français repartent, accompagnés de l'interprète. Arrivés au nouveau village, ils trouvent un jeune interprète qui connaît bien une des langues parlées par Marquette. Les voyageurs apprennent alors qu'ils ne sont plus qu'à dix jours de la mer, mais que les tribus qui vivent entre eux et les Européens les empêchent d'avoir un contact avec les Blancs.

Les deux explorateurs tracent le bilan de leur voyage : ils sont convaincus que le Mississipi se jette dans le golfe du Mexique ou dans la Floride et non pas « du côté de l'ouest à la Californie ».

> Nous considérâmes de plus que nous nous exposions à perdre le fruit de ce voyage duquel nous ne pourrions donner aucune connaissance si nous allions nous jeter entre les mains des Espagnols qui, sans doute, nous auraient du moins retenus captifs. En outre, nous voyions bien que nous n'étions pas en état de résister à des Sauvages alliés des Européens, nombreux et experts à tirer du fusil qui infestaient continuellement le bas de cette rivière. Enfin, nous avions pris toutes les connaissances qu'on peut souhaiter dans cette découverte. Toutes ces raisons firent conclure pour le retour que nous déclarâmes aux Sauvages et pour lequel nous nous préparâmes après un jour de repos.

Le voyage de retour débute le 17 juillet 1673. Le point extrême atteint par les Français se situerait « un peu en deçà de la frontière actuelle de l'Arkansas et de la Louisiane ».

À cause de la saison avancée, Jolliet hiverne au Sault-Sainte-Marie, « occupé à faire des copies de son journal de voyage et de la carte qu'il avait dressée au cours de son expédition ». À la fin du mois de mai 1674, il se met en route pour Montréal.

Un colosse fragile

Les Français, au cours de la seconde moitié du XVIIe siècle, ont agrandi leurs territoires par différentes explorations et diverses prises de possession. La population de la colonie n'est pas assez importante pour habiter tout le continent. Colbert est conscient du problème et de ses dangers. Jolliet, vers 1676, demande la permission d'établir un poste de traite dans le pays des Illinois. Colbert, dans une lettre à l'intendant Jacques Duchesneau de La Doussinière en date du 28 avril 1677, s'y oppose. «Sa Majesté, dit-il, ne veut point accorder au sieur Jolliet la permission qu'il demande de s'aller établir avec vingt hommes dans le pays des Illinois. Il faut multiplier les habitants avant de penser à d'autres terres, et c'est ce que vous devez avoir pour maxime à l'égard des nouvelles découvertes qui sont faites.»

Cavelier de La Salle se rend en France dans l'espoir d'obtenir du roi l'autorisation d'aller au-delà des terres explorées par Jolliet et Marquette. Le 12 mai 1678, à Saint-Germain-en-Laye, Louis XIV signe des lettres patentes accordant à La Salle la permission «de travailler à découvrir la partie occidentale de la Nouvelle-France». «Nous avons d'autant plus volontiers donné les mains à cette proposition, ajoute le roi, qu'il n'y a rien que nous ayons plus à cœur que la découverte de ce pays dans lequel il y a apparence que l'on pourra trouver un chemin pour pénétrer jusqu'au Mexique.»

L'autorisation royale est valable pour une durée de cinq ans et la réalisation du projet se fera, bien sûr, aux frais de l'explorateur et de sa compagnie.

La Salle part une première fois, en 1679. Il utilise pour se déplacer sur les Grands Lacs un navire qu'il a fait construire, le *Griffon*. Même si le roi lui avait formellement défendu de faire la traite des fourrures avec les Outaouais « ou autres qui apportent leurs castors et autres pelleteries à Montréal », La Salle n'arrête pas. Au mois de janvier 1680, après de nombreux déboires, il commence, dans le pays des Illinois près de l'actuelle Peoria, la construction d'un fort qui servira de poste de traite et il le nomme Crèvecœur « par allusion aux multiples déboires de l'explorateur ». Inquiet du sort du *Griffon*, il revient à Niagara, puis à Montréal.

Ayant réglé quelques problèmes financiers, La Salle retourne au pays des Illinois. « La flottille, écrit l'historienne Céline Dupré, franchit le lac Ontario pour, en empruntant l'Humber, le lac Simcœ, la rivière Severn et la baie Georgienne, parvenir au Sault-Sainte-Marie le 16 septembre [1680]. »

De là, il se rend à Michillimakinac, puis chez les Illinois. Le 1er décembre, il arrive dans un village où il avait séjourné neuf mois auparavant. L'endroit n'est plus que cendres. La situation est quasi identique au fort Crèvecœur qu'il trouve abandonné et à moitié démoli. L'explorateur cherche toujours son lieutenant, Henry de Tonty, surnommé Bras-de-Fer par les Amérindiens. Il se rend au Mississipi par la rivière des Illinois, revient sur ses pas, rencontre des chefs amérindiens et cherche à rétablir la paix entre les diverses tribus. L'explorateur retrouve Tonty qui a hiverné chez les Potéouatamis.

Enfin, la mer !

La Salle parcourt encore de vastes territoires, toujours en proie à de nouveaux problèmes. À l'été de 1681, il est à Montréal, d'où il repart pour le Mississipi. Enfin, le 12 mars 1682, il atteint le pays des Arkansas dont il prend possession au nom du roi de France. Enfin, le 6 avril, les membres de l'expédition arrivent à la mer.

Ils ont descendu le Missisipi jusqu'à son embouchure. Le 9, « on équarrit un arbre, écrit Nicolas de La Salle, dont on fit un poteau qu'on planta et on y attacha les armes du roi faites du cuivre d'une chaudière. On planta aussi une croix et on enterra dessous une plaque de plomb où il y avait écrit ces mots : Au nom de Louis XIV, roi de France et de Navarre, le 9 avril 1682. On chanta le *Vexilla Regis* au plantement de la croix, puis le *Te Deum* et l'on fit trois décharges des fusils. Les vivres manquaient et on n'en avait par jour qu'une poignée de maïs. » Pour la circonstance, La Salle avait revêtu un habit « écarlate galonné d'or ».

Lors du voyage de retour, La Salle tombe malade et il s'arrête à Michillimakinac d'où il expédie le père Zénobe Membré auprès du gouverneur de la Nouvelle-France pour lui faire part de sa découverte.

Louis XIV, à l'annonce de la nouvelle, la commentera ainsi dans une lettre au nouveau gouverneur Le Febvre de La Barre : « La découverte du sieur de La Salle est fort inutile. »

Au royaume de la zizanie

Au château de Versailles, le 7 avril 1672, le roi Louis XIV signe un document concernant la Nouvelle-France.

> Ayant résolu de retirer le sieur de Courcelle de l'emploi de gouverneur et notre lieutenant général de Canada, et d'établir à sa place une personne sur la suffisance et fidélité de laquelle nous nous puissions reposer de la conduite de nos peuples dudit pays et du soin d'y accroître le christianisme, d'y améliorer le commerce et d'y augmenter les colonies, nous avons, pour remplir cette charge, fait choix de notre cher bien-aimé le sieur comte de Frontenac, qui nous a donné plusieurs preuves de son expérience et de sa valeur, et que nous savons avoir toutes les qualités nécessaires pour s'acquitter dignement des devoirs de ladite charge.

Le nouveau gouverneur est issu d'une famille de la noblesse d'épée. Au cours de sa carrière militaire, il a été gravement blessé au bras droit. Pour lui, la nomination au poste de gouverneur de la Nouvelle-France signifie surtout la fin probable de ses déboires financiers. En plus de se retrouver en bonne position pour s'enrichir, Frontenac a reçu un sursis royal pour le paiement de ses énormes dettes.

Investi de sa nouvelle mission, Louis de Buade de Frontenac et de Palluau quitte le port de La Rochelle, le 28 juin, à destination de Québec. Son épouse, Anne de La Grange, décide de demeurer à la cour du roi de France. Le nouveau gouverneur effectue sa première traversée de l'Atlantique. Frontenac débarque à Québec le 7 septembre, après un séjour de 71 jours à bord.

Ses premières impressions du pays sont favorables:

> Je l'ai trouvé moins sauvage que je ne pensais, écrit-il au ministre Colbert, et je suis assuré que si vous lui continuez vos assistances, on y découvrira tous les jours de nouvelles choses à faire, car il renferme des trésors cachés, et l'on y peut établir des commerces qui n'éblouiront pas peut-être d'abord par des gains présents et considérables, mais qui s'augmenteront toujours avec le temps et seront une éternelle durée. Rien ne m'a paru si beau et si magnifique que la situation de la ville de Québec qui ne pourrait pas être mieux postée quand elle devrait devenir un jour la capitale d'un grand empire; mais je trouve qu'on a fait jusqu'ici, ce me semble, une très grande faute en laissant bâtir des maisons à la fantaisie des particuliers et sans aucun ordre, parce que dans des établissements comme ceux-ci qui peuvent, un jour, devenir très considérables, on doit, je crois, songer non seulement à l'état présent dans lequel l'on se trouve, mais à celui où les choses peuvent parvenir.

On prête des serments

Dès le 12 septembre 1672, le Conseil souverain se réunit pour enregistrer les lettres patentes du nouveau gouverneur. Courcelle et Talon assistent à la cérémonie. Cinq jours plus tard, lors d'une autre réunion du Conseil, le haut et puissant gouverneur Frontenac prononce un discours où il annonce que la France et la Hollande sont en guerre. En conséquence, défense est faite d'avoir «aucune communication, commerce ni intelligence à peine de vie» avec les habitants des Pays-Bas ou ceux de leurs colonies. L'arrêt royal est publié et affiché « aux lieux ordinaires de la haute et de la basse-ville de Québec ».

Le nouveau gouverneur s'installe à Québec avec des idées très précises sur son autorité. Militaire de carrière, il prise peu les idées démocratiques. D'ailleurs, en France, à la même époque, l'autorité royale devient de plus en plus absolue. Il est normal alors que Frontenac réunisse, le 23 octobre, des représentants des diverses classes de la société locale pour leur faire prêter un nouveau serment de fidélité. La cérémonie se déroule dans la nouvelle église des jésuites. « Je tâchai donc à donner une forme à ce qui n'en avait point encore eu et de composer une espèce de corps du clergé, de noblesse, de justice et de Tiers-État, écrit Frontenac à Colbert le 2 novembre 1672. »

Le gouverneur rappelle aux membres du clergé qu'ils doivent travailler à faire fleurir le christianisme ; à la noblesse, qu'elle doit être prête à prendre les armes pour défendre Sa Majesté ; aux magistrats, qu'ils doivent « rendre la justice avec intégrité et sans corruption en abrégeant la longueur des procès et en ne consommant point les parties en des frais excessifs » ; aux marchands, qu'ils doivent développer le commerce par tous les moyens. Dans son discours, Frontenac souligne que la principale qualité du peuple doit être l'obéissance au roi et à son représentant.

Au dire de Frontenac, plus de mille personnes assistent à la cérémonie de prestation des serments. Talon, qui se prépare à quitter la colonie, prétexte une légère indisposition pour justifier son absence. Le lendemain, des Hurons et des Abénaquis, qui étaient présents au grand déploiement, demandent à prêter le même serment. Le gouverneur, qui aime l'apparat, se prête de bonne grâce aux souhaits des Amérindiens.

Colbert réagit à l'initiative de Frontenac. Il le réprimande et lui enjoint de faire disparaître dans la colonie les possibilités de revendications collectives issues des nouvelles classes sociales créées par Frontenac.

> L'assemblée et la division que vous avez faites de tous les habitants du pays en trois ordres ou États pour leur faire prêter le serment de fidélité, lui écrit-il le 13 juin 1673, pouvait produire un bon effet dans ce moment-là, mais il est bon que vous observiez que, comme vous devez toujours suivre dans le gouvernement et la conduite de ce pays-là les formes qui se pratiquent ici et que nos rois ont estimé du bien de leur service depuis longtemps de ne point assembler les États Généraux de leur royaume, pour peut-être anéantir insensiblement cette forme ancienne, vous ne devez aussi donner que très rarement et pour mieux dire jamais cette forme au corps des habitants dudit pays. Et il faudra même avec un peu de temps, et lorsque la colonie sera encore plus forte qu'elle n'est, supprimer insensiblement le syndic qui présente des requêtes au nom de tous les habitants, étant bon que chacun parle pour soi et que personne ne parle pour tous.

Un bon moyen de s'enrichir

Le développement rapide de la course des bois s'explique par les bénéfices élevés que génère souvent un tel commerce. Quelques marchands de la colonie se sont rapidement enrichis avec la traite des fourrures, tels Charles Aubert de La Chesnaye ou François-Marie Perrot, gouverneur de Montréal. Ce dernier obtient, le 29 octobre 1672, la concession de l'île à laquelle il donne son nom. C'est son oncle, l'intendant Jean Talon, qui avait signé l'acte de concession. Comme l'île Perrot est située sur le chemin normalement suivi tant par les Amérindiens que par les coureurs des bois, Perrot y installe un poste de traite, détournant à son profit une partie des fourrures acheminées vers Montréal.

Au printemps de 1673, le gouverneur organise une vaste expédition. Il demande aux officiers établis dans la colonie de l'accompagner après avoir levé dans les différents villages quelques centaines d'hommes. Ces derniers sont obligés de fournir leurs propres canots. « Pour légitimer ces corvées extraordinaires, qui auraient pu exciter de justes murmures, écrit l'historien et sulpicien Étienne-Michel Faillon, [Frontenac] fit entendre qu'il voulait aller avec cette suite nombreuse, afin de paraître aux yeux des Sauvages quelques marques de la puissance du gouverneur et de les contenir plus aisément par la crainte. »

Frontenac mande au sieur Cavelier de La Salle de se rendre chez les Onontagués dès que la navigation sera possible pour convier les chefs des Cinq-Nations à une grande réunion qui aura lieu à la fin du mois de juin 1673 à Kenté. Il fait construire ensuite deux grandes barques peintes « d'une manière qu'il ne s'en était point vu encore de semblable dans tout le pays ». Les embarcations sont armées « de quelques petites pièces de canon afin de faire quelque chose de nouveau qui pût inspirer plus de respect et de crainte aux Sauvages ».

Le mauvais temps retarde le départ d'un mois, de sorte que la rencontre avec les Iroquois est reportée entre le 15 et le 20 juillet. Jean-Vincent Philippe de Hautmesnyl se rend donc en Iroquoisie faire part de la nouvelle.

Le 15 juin, Montréal accueille Frontenac et les hommes qui l'accompagnent, « au bruit de tout le canon et de la mousqueterie des habitants de l'île qui étaient sous les armes ». Au cours des jours suivants, à coups de corvées, les hommes construisent un chemin « propre pour les charettes depuis Montréal jusqu'au lieu nommé

La Chine », et ce, afin d'éviter les rapides qui agitent les eaux du fleuve à cet endroit. Le départ a lieu à La Chine, le 29 juin. Le cortège se compose d'environ 400 hommes montés à bord de 120 canots et de deux barques.

Le jour même de son arrivée à l'embouchure de la rivière Cataracoui, le 12 juillet, Frontenac visite les environs pendant deux à trois heures. L'endroit est idéal pour l'établissement d'un fort. Pendant ce temps, les hommes dressent les tentes et les Iroquois se présentent pour offrir leurs hommages au gouverneur Onontio.

Le représentant du roi a le sens du spectacle. Le 13 juillet au petit matin, le tambour retentit et, à sept heures, « tout le monde fut sous les armes ». « On rangea toutes les troupes en deux files qui entouraient la tente de M. le comte de Frontenac et tenaient jusqu'aux cabanes des Sauvages. On mit devant sa tente de grandes voiles pour les asseoir et on les fit passer au travers des deux files. Ils furent surpris de voir un tel appareil qui leur semblait nouveau, ainsi que tous les gardes avec leurs casaques qui était une chose qu'ils n'avaient point encore vue. Ils étaient plus de soixante des plus anciens et des plus considérables. »

Les représentants des Cinq-Nations ont mandaté le chef des Onontagués, Garakontié, pour prendre la parole en leurs noms. À la fin du compliment, chaque capitaine va présenter au gouverneur un collier de porcelaine.

Avant son discours, le gouverneur fait distribuer dix brasses de tabac. Le thème de la seconde partie de sa harangue est la paix : « Soyez persuadés que je n'ai eu autre dessein en ce voyage que de venir vous voir, puisqu'il était juste qu'un père connût ses enfants et que les enfants connussent leur père. » Avant que Le Moyne traduise en iroquois les propos du gouverneur, ce dernier fait distribuer « aux Sauvages un fusil par chaque nation, quantité de rassades, de pruneaux et de raisins pour les femmes, avec du vin et de l'eau-de-vie et du biscuit».

Sitôt le repas du midi terminé, les hommes se mettent à l'ouvrage et commencent à creuser la rigole qui doit ceinturer le fort. Dès le soir du 13 juillet, «on commença à faire des abbatis avec une telle force que les officiers avaient de la peine à faire retirer le monde pour se reposer et dormir afin de pouvoir travailler le lendemain matin». Il est vrai que les hommes qui avaient été conscrits pour l'expédition avaient hâte de retourner sur leurs terres, car le temps de la récolte approchait.

Les 17 et 18 juillet sont consacrés à des discours. Le gouverneur demande aux Amérindiens d'adopter la foi chrétienne et d'obéir aux Robes-Noires, c'est-à-dire les missionnaires. Il revient ensuite sur la nécessité de maintenir la paix. Puis, après avoir offert quinze fusils, quantité de poudre, de plomb et de pierres à fusil, Frontenac aborde le vrai motif de sa présence à Cataracoui :

> Mes enfants, je ne prétends pas vous persuader par de simples paroles de la bonne intention où je suis de maintenir une véritable et solide paix avec vous. Je le veux faire par des marques plus effectives et je ne crois pas pouvoir vous en donner un témoignage plus grand que par l'établissement que je vais faire à Cataracoui où j'ai déjà mis la natte sur laquelle je me suis assis et où j'ai allumé le feu auquel je vous ai convié de venir pétuner. Je prétends le rendre considérable en peu de temps et y faire porter des marchandises par mes neveux, afin que vous n'ayez pas la peine de porter vos pelleteries si loin que vous faites.

N'oubliant pas la préoccupation des autorités royales qui préconisent l'assimilation des Amérindiens, Frontenac insiste sur ce point : «Je vous conjure avec toutes sortes d'instances de faire apprendre à vos enfants la langue française que les Robes-Noires peuvent leur enseigner, cela nous unirait davantage et nous aurions la satisfaction de nous entendre les uns les autres sans interprète. »

Dans leurs réponses, les chefs iroquois jouent le jeu et ils demandent l'aide des Français pour écraser les Andastes, une tribu habitant la vallée de la Susquehannah et les environs de la baie de Cheasapeake. « Il lui serait honteux, déclare un chef, de laisser opprimer ses enfants comme ils se voyaient à la veille de l'être. »

Les Cinq-Nations veulent, de plus, connaître le prix offert pour leurs fourrures. Quant aux petites filles et aux petits garçons que Frontenac demandait pour les faire instruire à la française, les chefs répondent qu'ils attendent de retourner dans leurs villages avant de prendre une décision.

Le 19 juillet, les hommes terminent d'enclore le fort. Deux jours plus tard, divers groupes prennent le chemin du retour, pendant que l'on termine l'aménagement intérieur de l'établissement. Le 26, Frontenac « fit transporter dans le magasin que l'on y avait fait les vivres et les munitions qu'on y devait laisser [et il] ordonna les travaux que l'on ferait pendant l'hiver ». Le 1er août, le gouverneur est de retour à Montréal. Le fort est laissé aux bons soins de Cavelier de La Salle.

Une autre rebuffade

Dans une lettre à Colbert, le 13 novembre 1673, Frontenac fait un récit détaillé de son voyage à Cataracoui et insiste sur les avantages d'un établissement permanent à cet endroit. Le ministre, dès réception de la lettre, s'empresse de répondre :

> L'intention de Sa Majesté n'est pas que vous fassiez de grands voyages en remontant le fleuve Saint-Laurent,

ni même qu'à l'avenir les habitants s'étendent autant qu'ils ont fait par le passé. Au contraire, elle veut que vous travailliez incessamment et pendant tout le temps que vous demeurez dans ce pays-là à les resserrer et à les assembler, et à en composer des villes et des villages, pour les mettre avec d'autant plus de facilité en état de se défendre, en sorte que, quand même l'état des affaires de l'Europe serait changé par une bonne et avantageuse paix à la gloire et à la satisfaction de Sa Majesté, elle estime bien plus convenable au bien de son service de vous appliquer à bien faire défricher et bien habiter les endroits les plus fertiles, les plus proches des côtes de la mer et de la communication avec la France, que non pas de penser au loin des découvertes au dedans des terres de pays si éloignés qu'ils ne peuvent jamais être habités ni possédés par des Français.

Selon Colbert, la seule raison qui puisse justifier un établissement dans la région des Grands Lacs est d'ordre commercial : ce qui peut menacer le commerce des fourrures. « Sa Majesté, ajoute-t-il dans sa lettre du 17 mai 1674, estime toujours que vous pouvez et devez laisser les Sauvages dans leur liberté de vous apporter leurs pelleteries, sans vous mettre en peine de les aller chercher si loin. »

La recommandation impérative du roi et de son ministre n'est pas suffisante pour arrêter un homme décidé comme l'est Frontenac. Il se lie avec Cavelier de La Salle qui parvient à convaincre les autorités françaises de l'importance stratégique d'un fort comme celui de Cataracoui. Le 13 mai 1675, le roi signe les lettres patentes cédant à La Salle le fort et les terres adjacentes. Le nouveau concessionnaire donne à l'établissement le nom de fort Frontenac en l'honneur de son bienfaiteur.

Le gouverneur Frontenac supporte mal la contradiction et l'opposition, surtout lorsqu'elles viennent de compétiteurs dans le commerce des fourrures.

L'établissement d'un poste de traite à Cataracoui a soulevé l'ire de François-Marie Perrot et de ses amis. À l'automne de 1673, Perrot rend visite à Frontenac qui profite de la circonstance pour lui reprocher de faire la contrebande des fourrures et pour lui rappeler les ordonnances royales à ce sujet. Quelques jours plus tard, à Montréal, Philippe de Carion, un des hommes de Perrot, donne refuge à deux coureurs des bois qui faisaient la traite sans la permission de Frontenac. François Bailly dit Lafleur, qui occupe le poste de sergent royal, se rend chez Carion pour arrêter les deux hommes qui réussissent à s'enfuir avec la complicité de Bailly. Le gouverneur de Montréal, au lieu de réprimander ce dernier, reproche au juge Charles-Joseph d'Ailleboust des Muceaux d'avoir ordonné la descente chez Carion sans l'avoir consulté. Il n'en faut pas davantage pour que, sur l'ordre de Frontenac, Carion soit arrêté. Perrot, averti par madame Carion, se rend chez le marchand Jacques Le Ber où se trouve le lieutenant de garde de Frontenac, Jacques Bizard, qui avait procédé à l'arrestation. « Qui vous a donc rendu si hardi, que de venir arrêter ainsi, sans ma permission, un officier dans mon gouvernement ? » Bizard présente à Perrot la lettre que lui adressait à ce sujet Frontenac. Selon l'historien Faillon, le gouverneur de Montréal « prend la lettre et, la lui jetant au visage, il lui dit : « Rapportez-la à votre maître et avertissez-le de vous mieux apprendre une autre fois votre métier. En attendant, je vous fais prisonnier et vous laisse une sentinelle pour vous empêcher de sortir. »

Frontenac n'est pas lent à réagir. Il demande à Perrot de se rendre à Québec pour fournir des explications sur sa conduite. Ce dernier demande à l'abbé de Fénelon de l'accompagner. Les deux hommes parcourent les 290 kilomètres qui séparent Montréal de Québec en raquettes et ils arrivent dans la capitale le 28 janvier 1674 à la tombée du jour.

« Le lendemain, dans l'après-midi, rapporte Faillon, M. Perrot se présenta chez le gouverneur pour le saluer, sans savoir encore qu'il venait de lui-même se constituer prisonnier. À peine eût-il mis le pied dans la chambre de M. de Frontenac, que le lieutenant des gardes, le même qu'il avait emprisonné à Ville-Marie, l'arrêta à son tour et, après lui avoir fait déposer son épée, le conduisit dans sa chambre et de là au château Saint-Louis où il le fit enfermer avec défense de le laisser parler à personne. »

Une œuvre de chaire

Frontenac trouve enfin l'occasion de placer un de ses hommes au gouvernement de Montréal. Le 10 février 1674, Thomas de Lanouguère devient gouverneur de Montréal. Cette nomination s'est faite sans consultation avec les sulpiciens qui sont seigneurs de l'île. Bien plus, le gouverneur de la Nouvelle-France installe Gilles de Boyvinet au poste de juge pour l'île de Montréal, et ce, une nouvelle fois, sans l'accord des sulpiciens. Pendant ce temps, Perrot récuse Frontenac et le Conseil souverain, pour intérêt dans le procès que l'on veut instituer. L'affaire prend une nouvelle tournure le jour de Pâques, le 25 mars 1674. L'abbé de Fénelon prononce le sermon de circonstance dans la chapelle de l'Hôtel-Dieu de Montréal, alors l'église paroissiale. Près de 600 paroissiens assistent à la cérémonie. Parmi eux, Cavelier de La Salle et Jean-Baptiste Montgaudon de Bellefontaine, brigadier des gardes du gouverneur de Frontenac. Le prédicateur aborde, dans son sermon, les relations entre sujets et gouvernants.

> Le magistrat animé de l'esprit de Jésus-Christ ressuscité, apporte autant de facilité à pardonner les fautes contre

> sa personne que d'exactitude à punir les fautes contre le service du prince; plein de respect pour les ministres de l'autel, il évite de les maltraiter lorsque, par conscience de leur devoir, ceux-ci s'efforcent de réconcilier des ennemis; il ne se fait pas des créatures pour le louer et n'opprime point, sous des prétextes spécieux, les personnes revêtues comme lui de l'autorité et qui, servant le même prince, s'opposent à ses entreprises; regardant les sujets comme ses enfants et les traitant en père, il se contente des gratifications du prince, sans troubler le commerce du pays et sans vexer ceux qui ne l'admettent pas à partager leurs bénéfices; enfin, il n'accable point les peuples de corvées extraordinaires et injustes, pour ses propres intérêts, tout en se servant du nom du monarque.

Pour plusieurs des paroissiens, ce sont là des accusations contre la conduite de Frontenac et une allusion non voilée à l'affaire Perrot et aux corvées exigées lors de la construction du fort Cataracoui.

À l'audition des propos de Fénelon, Cavelier de La Salle, qui assistait à la messe près de la porte arrière, se lève pour mieux entendre. Puis, par des gestes et des regards, il fait signe à ses voisins « de prendre bien garde à ce que le prédicateur disait, le condamnant lui-même par son maintien et animant les autres à en faire autant. [...] Après avoir ainsi regardé de côté et d'autre, il se tourna enfin vers l'officiant, assis dans le sanctuaire, en faisant devant lui les mêmes gestes d'improbation. »

Après la messe, les autres abbés sulpiciens se désolidarisent des propos tenus par l'abbé de Fénelon. Frontenac, mis au courant de l'affaire par La Salle, demande au supérieur des sulpiciens d'expulser le prédicateur. Ce dernier se réfugie à La Chine où, par suite de différentes pressions, presque aucun paroissien n'ose l'héberger. Le Conseil souverain est saisi de l'affaire, le 2 mai 1674. Il assigne divers témoins dont plusieurs récusent son autorité, faisant valoir leur statut d'ecclésiastiques. Fénelon est assigné à comparaître. Il se rend à Québec et se présente devant les conseillers, le mardi 21 août. Une fois entré dans la salle d'audience, il veut prendre un siège. Frontenac, qui préside les délibérations, lui fait remarquer « qu'il devait être debout et entendre en cette posture ce que le Conseil avait à lui demander ». L'abbé s'assoit alors au bout de la table en disant « qu'il ne voulait point déroger aux privilèges que le roi donnait à messieurs les ecclésiastiques qui avaient droit de parler assis et couverts ». Frontenac rétorque qu'il est là à titre d'accusé et non de témoin. L'abbé s'enfonce le chapeau sur la tête et, se promenant le long de la chambre, il répond à Frontenac « que son prétendu crime n'était que dans la tête du gouverneur ». Après un échange de propos aigres-doux, Frontenac finit par déclarer à l'abbé « qu'il n'avait qu'à sortir s'il ne voulait être dans la posture où il devait être ».

L'affaire ressemble à un règlement de compte entre le gouverneur et l'abbé. Ce dernier est presque séquestré entre les murs de la brasserie où il demeure. Les séances du Conseil souverain prennent des allures de grand guignol. Devant l'obstination de Fénelon qui demande à être jugé par un tribunal ecclésiastique, on décide de soumettre le problème au roi. Perrot, qui est emprisonné depuis déjà dix mois, demande lui aussi un recours à la justice royale. Les deux accusés quittent la Nouvelle-France au mois de novembre 1674.

Louis XIV et Colbert tranchent la question en condamnant Perrot à trois semaines d'emprisonnement à la Bastille et en interdisant à Fénelon de retourner en Nouvelle-France. Quant à Frontenac, il est vertement réprimandé pour sa conduite.

Le roi reproche à Frontenac ses abus d'autorité et lui demande de vivre en harmonie avec le Conseil souverain et les religieux. Pour l'aider en ce sens, il réforme le Conseil et nomme un nouvel intendant, Jacques Duchesneau de La Doussinière et d'Ambault. En effet, depuis le départ de Talon, le gouverneur cumulait les deux charges, ce qui avait fait naître certains problèmes.

Vive la traite!

Dès l'arrivée de Duchesneau, la bourgeoisie de la colonie se scinde : on est partisan de l'intendant ou partisan du gouverneur. De part et d'autre, on se lance l'accusation de faire le commerce illicite des fourrures. La situation se complique du fait que les Iroquois portent la guerre chez plusieurs tribus. De plus, ce sont les Anglais qui, au détriment des Français, attirent les Amérindiens porteurs de fourrures. En France, le roi et Colbert incitent Frontenac à rétablir l'ordre chez les coureurs des bois. Le commerce des pelleteries semble être le seul secteur de l'économie de la colonie qui fonctionne. Le 15 avril 1676, à Saint-Germain-en-Laye, Louis XIV signe une ordonnance qui défend à tous les habitants de quelque condition et qualité qu'ils soient d'aller à la traite des fourrures « dans les habitations des Sauvages et profondeur des bois ». Défense est aussi faite aux gouverneurs, aux lieutenants généraux et aux particuliers d'accorder des permissions de traite. À la première offense, on établit la saisie des marchandises et une amende de deux mille livres; à la seconde, « telle peine afflictive qu'il sera jugé par le sieur Duchesneau ».

L'ordonnance royale, surtout parce que le gouverneur Frontenac fait lui-même la traite, n'est pas suivie. Même les ecclésiastiques et les missionnaires s'adonneraient à la traite des fourrures. En novembre 1672, le gouverneur avait dénoncé la conduite des jésuites au ministre Colbert, déclarant que les missionnaires « songent autant à la conversion du castor qu'à celle des âmes». Frontenac, pour couvrir son propre commerce, revient souvent sur cette accusation. Le roi lui écrit, le 28 avril 1677 : «Je suis surpris que vous ayez reconnu que, nonobstant les défenses que j'ai ci-devant faites, les ecclésiastiques continuent de faire quelque commerce de pelleteries avec les Sauvages. Mon intention est que vous travailliez à l'empêcher en leur faisant connaître qu'ils contreviennent en cela à Mes ordres et que, s'ils continuaient, vous seriez obligé de m'en donner avis pour y apporter par mon autorité le remède nécessaire. Je veux espérer que vous parviendrez facilement à ôter cette coutume et que je n'entendrai désormais aucune plainte sur ce sujet.»

Le désir du roi est que les Amérindiens profitent des diverses foires des fourrures pour apporter dans la colonie même le fruit de leurs chasses. Le 12 mai 1678, Louis XIV signe une nouvelle ordonnance défendant à tous les habitants d'aller à la chasse «hors l'étendue des terres défrichées et une lieue à la ronde». Le même jour, il adresse au gouverneur une remarque pertinente : «Quoique je sois persuadé qu'un gentilhomme dans le poste où je vous ai mis ne doit entrer en aucun commerce, directement ou indirectement, je ne laisse pas de vous le défendre absolument et faites en sorte que, non seulement cela soit en effet, mais même qu'aucun habitant n'en prenne aucun soupçon, ce qui ne sera pas difficile parce que la vérité se fait toujours facilement connaître.»

Au problème de la course des bois se greffe celui de la vente de l'eau-de-vie aux Amérindiens. À la suite de diverses consultations, le 24 mai 1679, le roi défend «de porter de l'eau-de-vie aux bourgades des Sauvages éloignées des habitations françaises», et ce, sous peine d'amende et, en cas de récidive, de punition corporelle.

Par contre, il permet l'émission de congés de chasse « depuis le quinze janvier jusqu'au quinze avril de chaque année ».

Malgré toutes ces défenses, la jeunesse de la colonie n'en continue pas moins de quitter villes et villages pour prendre la clé des bois. En mai 1681, le roi leur accorde l'amnistie et, par la même circonstance, émet une nouvelle défense de faire la traite sans permission. Cette fois, les contrevenants encourent des peines plus sévères : le fouet et l'impression sur la peau d'une fleur de lys au moyen d'un fer chaud. En cas de récidive, ils vogueront sur les galères à perpétuité. Mais rien n'y fait. La traite illicite continue.

Un changement de gouvernement

La situation de la Nouvelle-France se détériore à un point tel que Frontenac et Duchesneau sont rappelés en France. À la fin de septembre 1682, arrive le nouveau tandem : le gouverneur Joseph-Antoine Le Febvre de La Barre, âgé de 60 ans, et l'intendant Jacques de Meulles, le cousin de la femme du ministre Colbert. Un mois avant leur arrivée, le père Jean de Lamberville avait prévenu les autorités de la colonie : « Les Iroquois [...] sont prêts à se jeter sur le Canada, au premier sujet qu'on leur en donnera. »

La Barre convoque à Québec, le 10 octobre 1682, une assemblée à laquelle assistent monseigneur de Laval, quelques pères jésuites et les principaux personnages de la colonie. Un seul sujet à l'ordre du jour : la question iroquoise. Tous sont d'accord. « Depuis quatre ans les Anglais n'ont rien omis pour engager les Iroquois à nous déclarer la guerre, soit par le grand nombre de présents qu'ils leur ont faits, soit par le bon marché auquel ils leur ont donné des denrées et surtout les fusils, la poudre et le plomb que les Iroquois ont été deux ou trois fois prêts de l'entreprendre. »

À l'issue de la réunion, on préconise la fortification du fort Frontenac, l'armement des habitants et l'obtention de renforts militaires français. Entre-temps, les Iroquois s'arrangeront pour attaquer les nations amérindiennes alliées des Français.

La situation financière et économique de la Nouvelle-France ne lui permet pas de perdre le commerce des fourrures. Les Anglais de la région de New York sont de plus en plus présents dans ce commerce et, d'autre part, la Hudson's Bay Company, fondée en 1670, essaie de monopoliser la traite à la baie d'Hudson. Le marchand Charles Aubert de La Chesnaye, avec l'appui du gouverneur, jette les bases d'une compagnie rivale, la Compagnie française de la Baie d'Hudson. Elle sera également connue sous le nom de Compagnie du Nord. Radisson accepte, moyennant le quart des bénéfices, de diriger « la première expédition commerciale dans la baie d'Hudson ».

Radisson, Des Groseilliers, Jean-Baptiste Godefroy et quelques autres coureurs des bois se rendent à la baie d'Hudson à l'automne de 1682. Ils y rencontreront un navire appartenant à la Hudson's Bay Company ainsi qu'un autre navire venant de la Nouvelle Angleterre. Le groupe de Radisson réussit à se rendre maître de la situation et tous sont de retour à Québec, le 20 octobre 1683, à bord du *Batchelor's Delight*, un navire qu'ils avaient capturé dans la baie. Cinq jours plus tard, se basant sur le fait que la France et l'Angleterre sont en paix, le gouverneur La Barre ordonne la remise du navire à son capitaine Benjamin Gillam. Quant au prisonnier John Bridgar, capturé à la baie d'Hudson, il est lui aussi remis en liberté et retourne en Angleterre en passant par la Nouvelle-Angleterre. Comme Radisson avait cherché à ne pas payer la taxe de 25 pour cent qui frappait les fourrures, sa cargaison est saisie. L'affaire est transmise au roi et le coureur des bois se rend en France où il n'encourt que des blâmes. Il décide alors de retourner au service de la Hudson's Bay Company.

Drôle de renfort

Dans la région des Grands Lacs, la situation se détériore. Au printemps de 1683, les Iroquois « refusèrent de se rendre à Montréal pour discuter avec le gouverneur, déclarant que celui-ci devait venir lui-même s'il désirait une réunion ». Les autorités de la colonie forment alors le projet d'attaquer les Iroquois et, à cet effet, ils demandent 600 soldats et des armes.

> Au lieu des 600 soldats réguliers réclamés, écrit l'historien W. J. Eccles, on n'avait envoyé que 150 recrues de la marine dont 120 seulement avaient été rompues aux rigueurs de la campagne. De plus l'intendant de Rochefort avait omis d'envoyer les approvisionnements de vêtements et de nourriture en même temps que les hommes; il avait également négligé de joindre les fonds nécessaires à leur solde et à leur entretien. Sur les mille mousquets promis, 740 s'avérèrent inutilisables; au lieu de quatre canons légers en cuivre, on en avait envoyé en fer qui étaient intransportables par canot; enfin, à l'arrivée, on constata que 600 épées sur les 1000 envoyées étaient brisées.

Le gouverneur La Barre, qui pratique la traite des fourrures sur une grande échelle, cherche à faire disparaître ses concurrents. Il ordonne à des soldats de s'emparer du fort Frontenac, propriété personnelle de Cavelier de La Salle. Il permet de plus aux Iroquois d'attaquer et de piller les coureurs des bois qui ne possèdent pas de permis de traite. Le dimanche 8 mai 1684, 200 Iroquois attaquent sept canots chargés de fourrures. Le malheur veut que les trafiquants soient en possession d'un permis officiel signé par le gouverneur lui-même.

> Ils se saisirent de nos armes, raconte la relation de voyage, et nous conduisirent, sept canots que nous étions, à terre où ils pillèrent généralement toutes nos marchandises et canots, sans vouloir par après entendre aucune raison, quoique nous leur montrassions les congés de monseigneur le général [La Barre] et les lettres de mondit seigneur pour M. de La Durantaye et M. le chevalier de Baugy, qu'ils déchirèrent avec beaucoup de mépris. Leur ayant demandé pourquoi ils nous traitaient de la sorte, qu'ils pillaient ainsi nos marchandises : Que viens-tu chercher ici ? C'est ici notre pays. Ne sais-tu pas que M. Lemoyne nous a dit de faire la guerre aux nations de ce pays et que, si nous rencontrions des Français, de les piller et, s'ils se mettaient en défense, de les tuer ?

Les Iroquois amènent avec eux leurs prisonniers. Après neuf jours de marche, alors que le groupe approche du fort Saint-Louis des Illinois, les coureurs des bois sont relâchés « sans vivres ni canots, ni armes que deux méchants fusils et quelque peu de poudre et de plomb ». Le 28 mai suivant, les rescapés portent plainte à Québec.

Entre-temps, le groupe d'Iroquois avait attaqué le fort Saint-Louis, le 21 mars. Lorsque la nouvelle est connue dans la capitale, La Barre en prend prétexte pour ordonner une marche contre les Cinq-Nations. L'intendant Jacques de Meulles croit plutôt que le gouverneur songe à signer la paix avec les Iroquois afin de « faire son commerce avec eux ».

Des hommes à abattre

À la mi-juin 1684, le gouverneur de la Nouvelle-France écrit à Thomas Dongan, gouverneur de la colonie anglaise de New York, pour lui demander de ne pas armer les Iroquois et de laisser les Français les attaquer. « Vous ne pouvez ignorer, répond Dongan, que ces Indiens appartiennent à notre gouvernement et je vous assure qu'ils lui ont volontairement donné de nouveau et leurs personnes et leurs terres. » Il ajoute que les Tsonnontouans sont toujours prêts à payer une indemnité pour les dommages causés aux canots des coureurs des bois.

Pendant que s'effectue l'échange de correspondance entre La Barre et Dongan, en Europe, les diplomates tentent d'amadouer les autorités anglaises. Le 31 juillet 1684, Louis XIV écrit à son gouverneur de Québec : « J'écris à M. Barillon, mon ambassadeur en Angleterre, de retirer des ordres du Duc d'York pour empêcher que celui qui commande à Boston n'assiste les Sauvages de troupes, armes ou munitions et j'ai lieu de croire que ces ordres s'expédieront aussitôt que l'on en aura fait instance de ma part. Comme il importe au bien de mon service de diminuer autant qu'il se pourra le nombre des Iroquois et que, d'ailleurs, ces Sauvages, qui sont forts et robustes, serviront utilement sur mes galères, je veux que vous fassiez tout ce qui sera possible pour en faire un grand nombre prisonniers de guerre et que vous les fassiez passer en France. »

Voilà qui est clair : le roi de France souhaite la destruction de tous les Iroquois. Du moins, c'est ce qu'en déduit La Barre qui répond au roi, le 1er septembre : « Je fais tous ces préparatifs pour exterminer cette nation. »

Après avoir envoyé des ambassadeurs chez les Agniers, les Onneiouts et les Onontagués pour les avertir que les Français ne vont faire la guerre qu'aux Tsonnontouans, La Barre quitte Montréal le 30 juillet 1684. Son armée se compose de 130 soldats des troupes régulières, de 700 miliciens canadiens et de 378 Amérindiens. Selon l'historien Léo-Paul Desrosiers, à ce moment-là, le capitaine Dutast « est déjà parti pour Cataracoui avec 80 soldats qui protégeront l'armée en marche, couvriront le fort, couperont arbres et broussailles dans les portages, recevront les convois de vivres et de munitions ». Une autre petite troupe, formée de 200 Français et de 500 Amérindiens, quitte le poste de Michillimakinac pour se rendre à Niagara attendre les ordres de jonction.

Les chefs onneiouts ne comprennent pas pourquoi les Français veulent faire la guerre, puisque les Tsonnontouans sont prêts à payer les indemnités et à faire des excuses.

Le 9 août, l'armée de La Barre atteint le fort Cataracoui. Dès le lendemain, le gouverneur fait part de sa décision de ne pas faire la guerre, mais d'entrer en négociation avec les Iroquois. Ce changement de politique fait sans doute suite aux pressions du père Jean de Lamberville convaincu que la méthode forte n'était pas à utiliser dans les circonstances. Une autre raison explique le changement d'attitude du gouverneur : son armée commence à manquer de vivres.

Vers la mi-août, une partie des hommes s'installe à l'anse de La Famine dont le nom n'augure rien de bon… Le manque de nourriture et la fièvre affaiblissent les militaires. Les ambassadeurs iroquois observent le piètre état de l'armée de La Barre. Ils profitent donc des circonstances pour amener le gouverneur de la Nouvelle-France à signer « une paix honteuse ». Le chef onontagué Otreouti, connu aussi sous le nom de Grande Gueule ou de Grangula, brosse avec ironie le tableau que présente l'armée française et ne se montre pas dupe des intentions réelles de La Barre.

> Écoute, Onnontio, dit-il, je ne dors point, j'ai les yeux ouverts et le soleil qui m'éclaire me fait découvrir un grand capitaine à la tête d'une troupe de guerriers qui

parle en sommeillant. Il dit qu'il ne s'est approché de ce lac que pour fumer dans le grand calumet avec les Onontagués, mais la Grangula voit au contraire que c'était pour leur casser la tête, si tant de bras français ne s'étaient affaiblis. [...] Nous avons introduit les Anglais dans nos lacs pour y trafiquer avec les Outaouais et les Hurons. De même que les Algonquins ont conduit les Français à nos cinq villages pour y faire un commerce que les Anglais disent leur appartenir. Nous sommes nés libres. Nous ne dépendons ni d'Onnontio ni non plus de Corlaer [près d'Albany]. Il nous est permis d'aller où nous voulons. [...] Je t'assure, au nom des Cinq-Nations, que nos guerriers danseront sous les feuillages [de l'arbre de paix] la danse du calumet et qu'ils demeureront tranquilles sur leurs nattes et qu'ils ne déterreront la hache pour couper l'arbre de la paix que quand leurs frères Onnontio et Corlaer conjointement ou séparément voudront attaquer les pays dont le Grand Esprit a disposé en faveur de nos ancêtres.

La Barre est obligé d'accepter toutes les conditions posées par les ambassadeurs iroquois, entre autres celle de négocier à l'avenir à La Famine et non plus à Montréal ou au fort Cataracoui, parce que, à ce dernier endroit, « il y avait tant de sauterelles qu'on ne pouvait dormir la nuit ».

Dès que le roi de France apprend la teneur du traité avec les Iroquois, il écrit à l'intendant : « Je n'ai pas lieu d'être satisfait du traité fait entre le sieur de La Barre et les Iroquois, l'abandon qu'il a fait des Illinois m'a fort déplu et c'est ce qui m'a déterminé à le rappeler. » Le reproche majeur de Louis XIV à son représentant était d'avoir permis aux Iroquois d'attaquer les Illinois, amis des Français et grands pourvoyeurs de fourrures.

À nouveau, en selle

En France, La Salle tente de faire valoir ses droits sur le fort Frontenac que le gouverneur La Barre lui avait confisqué. L'explorateur se rend à la cour de Louis XIV où, fort de puissants appuis, il obtient la rétrocession de ses biens. Le roi écrit à La Barre, le 10 avril 1684 : « Mon intention est que vous vous appliquiez à réparer le tort que vous auriez fait audit de La Salle et, pour cet effet, que vous fassiez remettre tous les effets qui lui appartiennent au sieur de La Forest qui repasse, par mes ordres, audit pays, ensemble les hommes engagés audit de La Salle, voulant qu'au surplus vous lui donniez et au sieur de La Forest tous les secours et la protection dont ils auront besoin, étant certain qu'il n'a point abandonné ce fort-là, ainsi que vous me l'avez marqué par vos lettres. »

Non seulement La Salle rentre en possession du fort Frontenac, mais le roi, le 14 avril, lui octroie « une commission pour commander dans tout le territoire compris entre le fort Saint-Louis-des-Illinois et la Nouvelle-Biscaye ». L'explorateur a réussi à convaincre les autorités royales des possibilités d'établir une colonie française à l'embouchure du Mississipi dont il modifie l'emplacement sur une carte qu'il fabrique. Pierre Le Moyne d'Iberville écrira à ce sujet : « Je crois que cela vient de la grande envie qu'il avait de se voir près des mines du Nouveau-Mexique et engager par là la cour à faire des établissements en ce pays, qui ne pourront par les suites qu'être très avantageux. »

Au pays de l'or

Louis XIV, qui est intéressé par l'or des Espagnols, fournit à La Salle deux navires et 100 soldats. Deux autres bâtiments sont armés par des particuliers. Le

18 juillet 1684, La Salle écrit à sa mère qui demeure à Rouen. «Enfin, lui dit-il, après avoir bien attendu le vent favorable et eu beaucoup de traverses à surmonter, nous partons avec quatre vaisseaux, où il y a près de quatre cents hommes. Tout le monde se porte fort bien et, entre autres, le petit Colin et mon neveu. Nous avons tous bonne espérance d'un heureux succès.»

Le *Joly*, un des navires fournis par le roi, est commandé par Taneguy Le Gallois de Beaujeu. Ce dernier devient rapidement un opposant à La Salle qu'il traite de «frappé» et de «visionnaire». Le 6 septembre, après cinq semaines de navigation, les navires franchissent le tropique du Cancer.

Les hommes de La Salle étaient formés d'une quarantaine d'engagés et de valets et de six missionnaires. La traversée est pénible. Le *Joly*, qui peut contenir 125 personnes, en transporte 240. L'eau potable manque. La fièvre apparaît. On jette l'ancre au Petit-Goave, à Haïti. La flûte *L'Aimable* et la barque *La Belle* rejoignent le premier navire, le 2 octobre. Le 20, on apprend la perte du *Saint-François* tombé aux mains des Espagnols. «Cette perte nous fut bien rude, écrit Henri Joutel. Il y avait dessus la plus grande partie de nos vivres, ce qui est toujours le plus nécessaire à des entreprises pareilles, mais aussi presque toutes nos chaudières, meubles très précieux et très considérables pour un établissement en ces pays.»

Plusieurs engagés profitent de l'arrêt à Haïti pour prendre la clé des champs, soudoyés par des flibustiers qui les convainquent de la chimère du projet de La Salle. Le 25 novembre, les trois navires quittent l'île et partent à la recherche de l'embouchure du Mississipi. La Salle voyage alors à bord de *L'Aimable*. Le 4 février 1685, on recherche encore l'endroit où la colonie doit s'établir. Beaujeu s'oppose de plus en plus à La Salle qui décide de faire descendre environ 120 hommes à terre. Il les oblige à marcher le long de la côte «jusqu'à ce qu'ils eussent trouvé une autre rivière». Peu après, observant la vigueur du courant, l'explorateur acquiert la certitude d'avoir repéré l'un des bras du Mississipi. Ses navires s'y engagent et, conséquence d'une mauvaise manœuvre, *L'Aimable* s'échoue. Des hommes s'évadent pendant que d'autres succombent au scorbut ou à la malnutrition. Le Gros, capitaine des vivres, meurt après avoir été mordu par un serpent à sonnettes. Ces incidents n'empêchent pas La Salle d'entreprendre, au mois de mai 1685, l'érection du fort Saint-Louis, sur la rive droite de la rivière Lavaca, près de la baie de Matargorda. Les hommes sont mécontents. La Salle exige beaucoup d'eux, et, en revanche, il les traite sans considération. Un premier complot contre la vie de Joutel est mis au jour. Beaujeu est reparti vers la France et il ne reste à La Salle qu'un navire, *La Belle*.

On recherche encore et toujours le fameux fleuve. L'excursion de septembre, novembre et décembre 1685 mène La Salle du côté des Illinois où un incident en apparence mineur va décider de son sort.

Au mois de décembre, Pierre Duhault, dont les souliers de peau de bœuf sont percés, demande au neveu de La Salle l'autorisation de s'arrêter un instant «pour raccommoder son paquet et ses souliers [...] pour se garantir dès épines et des chicots de bois et des cailloux». Crevel de Moranget, qui ferme la marche, refuse net! Il ordonne à Duhault de suivre l'équipe. Laissant Duhault seul à réparer ses souliers, La Salle en tête de file poursuivra sa route, persuadé que Duhault s'est évadé. En fait, après une course inutile dans l'espoir de rattraper les marcheurs, Duhault rebrousse chemin et rentre au fort Saint-Louis au mois de janvier suivant.

Vers la fin du mois de mars 1686, La Salle est de retour au fort, ignorant toujours où se trouve l'embouchure du Mississipi. On est sans nouvelle de la barque *La Belle* que l'on croit perdue. L'explorateur forme alors le projet de se rendre par voie de terre au fort Saint-Louis-des-Illinois, puis de redescendre le Mississipi par un chemin qu'il connaît bien. Il se met en route le 28 avril, avec 19 compagnons. Il revient au fort au mois d'octobre, en ayant perdu une dizaine. Nouveau et dernier départ, le 12 janvier 1687. Ils sont 17 qui quittent le fort à cheval. Parmi eux, Duhault qui a justifié sa soi-disant désertion. En chemin, on tue des bœufs dont la chair sert à la nourriture et les cuirs « à couvrir les hardes et à cabaner en cas de pluie ».

Le 14 mars 1687, alors que le groupe atteint la rivière Trinity, les vivres manquent. La Salle demande à sept ou huit de ses hommes d'aller à quelques lieues de là chercher des provisions qu'il avait cachées lors d'un précédent voyage. Le blé et le maïs sont pourris, mais heureusement le groupe revient avec deux bœufs. Moranget va chercher quelques quartiers de viande et refuse d'en distribuer pour l'économiser. Une dispute éclate entre lui et Duhault. Le chirurgien se range du côté de Duhault. Au cours de la nuit suivante, le neveu de La Salle, son serviteur et l'Amérindien Nika sont tués à coups de hache pendant leur sommeil. « Le 18, raconte Joutel, M. de La Salle se montra fort inquiet de ce qu'il ne venait personne ; il appréhendait qu'il ne leur fût arrivé quelque malheur. » Le 19, au matin, La Salle demande au père récollet Anastase Douay de l'accompagner. En chemin, l'explorateur est en proie à de sombres pressentiments.

> Au bout de deux lieues, écrit le père Douay, nous trouvâmes la cravate sanglante de son laquais. Il s'aperçut de deux aigles qui voltigeaient sur sa tête

> et, en même temps, il découvrit ses gens sur le bord de l'eau dont il s'approcha en leur demandant des nouvelles de son neveu. Ils nous répondirent par des paroles entrecoupées, nous montrant l'endroit où nous trouvâmes ledit sieur. Nous les suivîmes quelques pas le long de la rive jusqu'au lieu fatal où deux de ces meurtriers étaient cachés dans les herbes, l'un d'un côté, l'autre de l'autre avec leurs fusils bandés. L'un des deux manqua son coup, le second tira en même temps et porta du même coup dans la tête de monsieur de La Salle qui mourut une heure après.

Les cinq assassins assouvissent leur rage sur le cadavre de celui qu'ils surnommaient « le grand bacha ». Ils le dépouillent de ses habits et traînent le corps dans les halliers « où ils le laissèrent à la discrétion des loups et autres bêtes sauvages ». Au cours des semaines suivantes, les meurtriers s'entretuent.

Pour plusieurs, le mauvais caractère de Cavelier de La Salle et sa dureté expliquent le sort dont il a été victime. L'ère des découvertes vient de se terminer pour les Français d'Amérique du Nord. Il faudra attendre La Vérendrye et ses fils pour assister à de nouvelles explorations importantes.

La voix des canons

L'ANNÉE 1685 commence sous de bons auspices pour le marquis Jacques-René de Brisay de Denonville. En effet, le 1er janvier, le roi Louis XIV signe une commission le nommant gouverneur et lieutenant général en Canada, Acadie, île de Terre-Neuve et autres pays de la France septentrionale. Quelques mois auparavant, on avait signifié au gouverneur La Barre son rappel en France.

Le nouveau gouverneur est, lui aussi, un militaire de carrière. Il débarque à Québec le 1er août. Son épouse enceinte et leurs deux filles l'accompagnent. Arrivent, le même jour, le nouvel évêque, monseigneur de Saint-Vallier, et 500 soldats. Ces derniers doivent se joindre aux militaires déjà présents dans la colonie, soit pour maintenir la paix, soit pour faire la guerre aux Iroquois, si besoin est.

Au cours de la traversée de l'Atlantique, la maladie s'est déclarée à bord des navires. Dès l'arrivée, écrit Jeanne-Françoise Juchereau de La Ferté, supérieure des hospitalières de l'Hôtel-Dieu de Québec : « On débarqua tous les malades et on en remplit non seulement nos salles, mais notre église, nos greniers, nos hangars et poulaillers et tous les endroits de l'hôpital où nous pûmes leur trouver place. »

La maladie se propage dans la communauté puis à travers toute la ville de Québec. À la fin du mois de septembre 1685, Denonville calcule qu'un tiers des hospitalisés sont décédés, soit une centaine de personnes. La capitale comptait plus de 1200 habitants.

À l'arrivée de Denonville, la situation de la colonie laisse à désirer. Le gouverneur La Barre a contribué à détériorer les relations avec les Iroquois qui menacent encore et toujours de déclarer la guerre. Les Anglais de la Nouvelle-Angleterre considèrent plus que jamais la région des Grands Lacs comme leur territoire. Enfin, la course des bois et la vente de boissons alcoolisées aux Amérindiens accentuent les problèmes sociaux de la colonie française.

Plusieurs coureurs des bois sont même passés dans les rangs anglais. Des Groseilliers et Radisson, qui sera naturalisé anglais deux ans plus tard, en sont deux exemples. Les transfuges trafiquent avec les Iroquois. Le gouverneur dénonce l'esprit mercantile de nos voisins du Sud.

La population des colonies anglaises dépasse alors les 160000 habitants, alors que le Canada n'en compte que 10725.

À la baie d'Hudson, à coups d'aviron

Les établissements anglais de la baie d'Hudson constituent une menace réelle pour le commerce des fourrures de la colonie française. Denonville autorise donc l'envoi d'un corps expéditionnaire pour chasser de cet endroit les représentants de la Hudson's Bay Company. Pierre de Troyes, dit le chevalier de Troyes, reçoit le commandement de la mission. Son groupe se compose de 30 soldats réguliers et de 70 habitants de la colonie. Trois des fils de Charles Le Moyne font partie du détachement : Jacques Le Moyne de Sainte-Hélène, 27 ans ; Pierre Le Moyne d'Iberville, 25 ans, et Paul Le Moyne de Maricourt, 22 ans. Ils représentent la

Compagnie du Nord qui est intéressée au commerce des fourrures dans les régions nordiques. Zacharie Robutel de La Noue agit comme aide-major et Pierre Allemand, comme commissaire des vivres. Le père jésuite Antoine Silvy est l'aumônier. Pierre Lamoureux, sieur de Saint-Germain, qui a épousé une Amérindienne, porte le titre de « capitaine des guides » ; il possède déjà un poste de traite des fourrures sur l'un des affluents de la rivière Abitibi. À la fin du mois de mars 1686, l'expédition quitte Montréal.

Les Canadiens qui participent à la campagne ne sont pas tous des modèles de discipline. À partir du jour de Pâques, soit le 14 avril, à tour de rôle, les expéditionnaires, divisés en trois groupes, montent la garde la nuit. Le commandant veut dresser ses hommes. « Je les assujettis peu à peu à la discipline que demande la régularité du service et qui seule manque à la valeur naturelle des Canadiens. » La remontée de la rivière des Outaouais est difficile. Plusieurs canots doivent être réparés. Souvent les hommes marchent ou nagent dans l'eau qui leur va jusqu'aux aisselles, dans le froid et sous la pluie.

Le 20 avril, non loin de l'embouchure de la rivière du Lièvre, près de l'actuelle ville de Buckingham, le chevalier de Troyes fait, à nouveau, preuve d'autorité. « Je fis attacher un Canadien à un arbre pour le punir de quelque sottise qu'il avait dite, note-t-il ; quelques mutins voulurent à ce sujet exciter une sédition, mais je les ramenai en peu à leur devoir. Le père Silvy m'y aida beaucoup, et je connus dans cette occasion le caractère des Canadiens, dont le naturel ne s'accorde guère avec la subordination. »

Le 1er mai, après plus d'un mois de navigation, le corps expéditionnaire arrive là où se trouve aujourd'hui le village de Fort Coulonge. Rendus au rocher à l'Oiseau, sur la rivière Creuse, entre l'île aux Allumettes et les rapides des Joachims, les hommes s'amusent à baptiser ceux «qui n'y ont point encore passé», comme c'est la coutume. Lorsque le temps le permet, les canots avancent à la voile. Arrivés près de la rivière Mattawa, les hommes se méfient des embuscades.

La région du lac Témiscamingue semble receler des richesses importantes. L'expédition s'y arrête quelques jours pour permettre au sieur Cognac d'explorer une mine de plomb ou de cuivre. Au cours de l'automne de la même année 1686, Alphonse de Tonty effectue un voyage d'exploration pour rapporter d'autres morceaux de métal.

Le 31 mai, l'expédition franchit la ligne de séparation des eaux, située entre les lacs Massia et Berthemet. À partir de ce point, les rivières coulent vers la baie d'Hudson. Quelques jours plus tard, sur les bords du lac Abitibi, le chevalier de Troyes ordonne la construction d'un fort. «Il est de pieux et flanqué de quatre petits bastions.»

Enfin, après plus de 80 jours de voyage, le chevalier de Troyes et ses hommes arrivent au premier établissement anglais sur la baie d'Hudson, le fort Monsipi ou Moose Factory. À l'intérieur du fort se dresse une redoute de trois étages, bâtie de pièces sur pièces. Une fois les lieux reconnus, on dresse le plan d'attaque. Cette dernière a lieu au lever du jour. Sainte-Hélène, D'Iberville, Maricourt, La Noue, Allemand et cinq ou six autres Canadiens sautent par-dessus la palissade, l'épée à la main. «Ils entrèrent ainsi bravement dans le fort, s'emparèrent du canon et ouvrirent la fausse porte qui n'était pas fermée à la clé.» Pendant ce temps, Troyes ordonne de défoncer la porte principale à coups de bélier. Un Anglais demande quartier. «J'eus pour lors beaucoup de peine à arrêter la fougue de nos Canadiens qui, faisant de grands cris à la façon des Sauvages, ne demandaient qu'à jouer des couteaux. » En moins d'une demi-heure, soldats et Canadiens s'emparent du fort et de ses 17 habitants qui sont enfermés dans la cave pour une demi-journée.

À l'abordage

Malgré les instructions écrites de Denonville, le chevalier de Troyes avait décidé de chasser les Anglais de la baie d'Hudson. Quelques jours plus tard, une soixantaine d'hommes, commandés par de Troyes, prennent le chemin du fort Rupert, connu aussi sous le nom de fort Charles, à l'embouchure de la rivière Rupert. Le 3 juillet a lieu l'attaque de cet établissement bâti à peu près comme le fort précédent. Après un court combat, le commandant de la place se rend, ainsi que les 30 hommes et femmes. Pendant que se déroule l'attaque du fort, D'Iberville prend la tête d'un commando qui s'empare du *Craven*, amarré non loin de la rive. Les Canadiens « n'y trouvèrent pour toute garde qu'un homme, enveloppé de sa couverte, qui dormait tranquillement ».

Il ne reste plus qu'un établissement important : le fort Quichicouane ou Albany. Le commandant du poste, Henry Sergeant, connaît la présence des ennemis. Le chevalier de Troyes lui envoie un tambour, un interprète et un troisième homme pour réclamer la libération de trois coureurs des bois retenus prisonniers dans le fort, Jean Péré, un nommé Lacroix et Desmoulins. L'officier français exige aussi la reddition de la place. Les assaillants se préparent donc à l'attaque en construisant une batterie, « laquelle nous aurait été impossible, la terre étant gelée, sans la lâcheté des Anglais qui nous laissaient travailler aussi tranquillement que si nous eussions été à leurs gages ».

Le 23 juillet, la batterie est complétée. Comme les vents sont contraires, le *Craven*, commandé maintenant par D'Iberville et battant toujours pavillon de la compagnie anglaise, ne peut s'approcher du fort pour le canonner au besoin. Du côté français, les vivres commencent à manquer. Les hommes sont réduits à manger du «persil de macédoine». Ils se décident alors à faire appel à sainte Anne. Après avoir récité ses litanies, ils promettent de verser chacun 40 sols «pour les réparations de son église de la Côte de Beaupré et d'y apporter le pavillon qui était arboré sur un des bastions du fort». Le vent change tout à coup de direction et le navire peut s'approcher. On décharge huit canons que l'on installe sur la batterie.

Le 26 juillet 1686, le jour de la fête de sainte Anne, après avoir entendu la messe chantée par le père Silvy, Français et Canadiens se lancent à l'attaque du fort Albany. En moins d'une heure, les canons lancent 140 volées de boulets. Ces derniers viennent à manquer. «Nos gens crièrent un grand vive le Roi! Les Anglais nous répondirent d'un pareil cri.»

Peu après, des assiégés sortent, pavillon blanc en tête. Le chevalier de Troyes et le gouverneur Sergeant se rencontrent sur l'eau, à bord de chaloupes. Le représentant de la Hudson's Bay Company veut faire les choses en grand. Après quelques minutes de discussion, les deux chefs se mettent d'accord sur le texte des articles de capitulation : elle est signée sur-le-champ. Peu après, Le Moyne de Sainte-Hélène et Le Moyne d'Iberville, à la tête de 50 des meilleurs hommes, marchent tambour battant du côté du fort «que le gouverneur leur remit de bonne foi». Les prisonniers sont expédiés sur l'île de Charlton où ils attendront l'arrivée de navires qui les ramèneront en Angleterre.

Le fort Albany est détruit en partie. D'Iberville reçoit le commandement des différents établissements. Le chevalier de Troyes, avec la majeure partie des hommes, reprend le chemin de Québec, où il arrive au début du mois d'octobre.

Temporairement, les Français retrouvent le contrôle du commerce des fourrures à la baie d'Hudson, les Anglais ne conservant que le petit poste de Port Nelson. Les pertes de la Hudson's Bay Compagny s'élèvent à près de 75 000 livres sterling, surtout dues à la saisie de 50 000 peaux de castors de première qualité.

Pendant que le corps expéditionnaire commandé par le chevalier de Troyes fait la guerre aux Anglais, les diplomates français et anglais mettent au point le texte d'un traité de neutralité qui sera signé le 16 novembre 1686.

Subterfuges et galères

Le gouverneur Denonville, face à l'offensive commerciale et politique des Anglais de la Nouvelle-Angleterre, émet de nouvelles ordonnances relatives à la traite des fourrures. Le 29 janvier 1686, il stipule que tout canot chargé de marchandises et ne possédant pas de congé dûment signé sera confisqué. Un mois plus tard, il s'en prend à ceux qui vont vendre leurs fourrures aux Anglais, même si ceux-ci offrent de meilleurs prix. Permission aussi est accordée à chacun de tirer sur les contrevenants « s'ils se mettent en défense ». Toutes ces mesures donnent peu de résultats. Il ne reste plus qu'une solution : la guerre contre les Iroquois !

Le gouverneur demande au roi des hommes, des armes et des vivres. L'opération se prépare dans le plus grand secret. Même certains missionnaires qui vivent avec les Iroquois ne sont pas mis au courant du projet, pour éviter les fuites. Dès son arrivée à Québec à la mi-septembre 1686, le nouvel intendant, Jean Bochart de Champigny, joint ses efforts à ceux du gouverneur pour hâter les préparatifs. Il faut graduellement créer un climat de guerre pour amener la population à fournir les miliciens nécessaires.

Les premiers mois de 1687 sont employés à la préparation de planches nécessaires à la construction de 200 bateaux plats qui doivent servir au transport des troupes et des vivres. Au printemps, les habitants se hâtent de terminer leurs semences, car plus de 800 d'entre eux doivent accompagner l'armée régulière qui se compose d'un nombre égal d'hommes. Deux cents Amérindiens sympathiques à la cause française complètent le corps expéditionnaire. Denonville quitte Québec le 22 mai et arrive à Montréal sept jours plus tard. Le même jour, soit le 29, arrive dans la capitale de la colonie Philippe de Rigaud de Vaudreuil avec 800 soldats que le roi envoie pour la défense de la Nouvelle-France. Ces renforts arrivent trop tard pour participer à l'expédition.

À partir du 11 juin, divers groupes de militaires et de miliciens prennent le chemin du fort Frontenac. Les barques remontent le fleuve. On évite de faire du bruit et de révéler ainsi aux Iroquois la marche des troupes. Dès que l'on apprend la présence d'ennemis, on s'empresse de les arrêter pour les empêcher de propager la nouvelle.

Un des problèmes majeurs des autorités est de maintenir l'ordre et la discipline chez les Canadiens et les Amérindiens. L'ordre de marche du 19 juin demande aux officiers d'empêcher les hommes de tirer n'importe où, n'importe comment. Le même jour, alors que le cortège est non loin de la Pointe Beaudet, les Français capturent dix Iroquois, dont quatre femmes et deux petits garçons.

Le lendemain, les prisonniers sont conduits à Montréal. L'intendant Champigny, à la tête d'un petit détachement, devance le corps principal de l'armée et arrive le premier au fort Frontenac. Une partie de sa mission est d'empêcher les Iroquois qui se trouveraient dans le voisinage du fort d'avertir les Tsonnontouans de l'arrivée de l'armée française. Comme il ne dispose pas de troupes assez nombreuses pour arrêter ces Amérindiens, il use d'un subterfuge plus ou moins recommandable : il invite les Iroquois de la région à un grand banquet à l'intérieur du fort.

> Pendant ce temps-là, raconte Gédéon de Catalogne, il y avait des charpentiers qui disposaient des pièces de bois par coches pour mettre tous les conviés aux ceps. Le jour assigné au festin étant arrivé, tous les convives furent arrêtés et, comme il n'y avait point de logement pour servir de prison, on les mit au nombre de 45 hommes aux ceps, un pied d'un chacun à la coche, un piquet qui leur servait de dossier où il y avait une corde qui les attachait par le cou, les bras bien serrés d'une ligne. Leurs femmes et filles avaient la liberté de leur faire à manger. Dans cette situation, ils chantaient à pleine tête leurs chansons de mort.

Champigny fait part à Denonville de la capture des Iroquois, le 27 juin. Le même jour, l'intendant précise les ordres concernant le ravitaillement : « Tous les jours, chaque capitaine verra distribuer le pain, le lard et les pois pour la subsistance de chaque soldat afin qu'il ne le consomme pas mal à propos. Il aura une livre de biscuit par jour, un quarteron de lard et une jointée de pois à deux par jour. »

Le 30 juin, la majeure partie des troupes arrive au fort Frontenac. La discipline militaire doit maintenant être respectée. L'ordre du jour précise : « Chaque officier prendra bien garde que le soldat s'occupe à se blanchir et accommoder ses souliers le mieux qu'il pourra et à se faire la barbe. »

Les troupes campent aux alentours du fort. Le nombre de prisonniers iroquois dépasse les 200, soit 51 hommes et 150 femmes ou enfants. Le 1er juillet, arrive François Dauphin de La Forest, avec la nouvelle de l'arrestation de 60 Anglais venus faire la traite dans la région de Michillimakinac. Le 4, c'est le grand départ pour le pays des Tsonnontouans où Français et Canadiens veulent porter la guerre et la destruction. Deux jours plus tard, la garde de nuit commence.

Le gouverneur Denonville avait fixé au 10 juillet la rencontre avec les coureurs des bois et Amérindiens alliés établis dans les divers postes de traite. La jonction des deux armées doit avoir lieu au grand marais de Ganiatarontagouët, près de la rivière des Tsonnontouans, au nord du Niagara. En deux jours, les hommes coupent environ 2000 pieux qui servent à construire un fort de bois pour protéger les bateaux qui sont remplis d'eau. Le premier village des Tsonnontouans n'est plus qu'à huit lieues. « Il y eut trois ou quatre Iroquois qui eurent l'effronterie de venir nous braver en travaillant à notre fort, note l'aide de camp Louis-Henri de Baugy ; ils nous chantèrent pouilles disant qu'il fallait se venir battre et non pas faire un fort, que nous vinssions vite nous faire tuer, qu'ils avaient envie de manger de la chair blanche. Nous les laissâmes dire et continuâmes notre fort. Ils tirèrent deux coups de fusil dont les balles tombèrent à la queue de nos bateaux. »

Un premier engagement armé a lieu le 13 juillet. Cinq miliciens et un soldat sont tués, ainsi que cinq Amérindiens alliés. Chez les Tsonnontouans, le nombre de morts atteint la trentaine. « Le soir, note Baugy, nos Sauvages firent festin de toute la viande de nos ennemis qu'ils avaient mise dans les chaudières. »

Au cours des jours qui suivent, c'est la destruction systématique de tout ce qui appartient aux Tsonnontouans.

On brûle un fort où ils avaient emmagasiné du blé d'Inde. Les Iroquois s'enfuient avant l'arrivée des troupes qui se contentent alors de détruire. Pendant une dizaine de jours, l'armée ravage le pays iroquois. Baugy évalue à 400 000 minots le blé d'Inde détruit ou emporté.

Le 23 juillet, sur l'heure du midi, le gouverneur donne l'ordre du retour. Sept jours plus tard, les troupes arrivent à la jonction des lacs Ontario et Érié. L'endroit est idéal pour la construction d'un fort. Le fort Niagara, qui sera placé sous le commandement du chevalier de Troyes, peut abriter une centaine d'hommes.

À la mi-août, soldats et miliciens ont regagné la colonie. Le gouverneur doit se contenter d'un demi-succès, tout comme Tracy, vingt ans auparavant. Il écrit au ministre, le 25 août 1687 : « Il est encore très certain et connu de tous que, si nous n'avions pas marché aux Tsonnontouans et qu'ils n'eussent pas été humiliés, tous les Outaouais et les Hurons auraient levé le masque, se soumettant aux Iroquois et se rangeant sous la protection de l'Anglais en faveur duquel je sais qu'il y a déjà plusieurs présents faits à ce sujet. »

Au cours du mois d'octobre, les prisonniers anglais recouvrent leur liberté et retournent en Nouvelle-Angleterre. Quant aux Iroquois capturés lors de l'expédition, 36 d'entre eux prennent le chemin de la France où ils deviendront galériens sur les navires du roi. Le 25 août suivant, Denonville avertit le ministre : « Dans le nombre des prisonniers, il y en a quelques-uns que je ne dois point vous envoyer, étant proches parents de nos Sauvages chrétiens, outre qu'il y en a du village des Onontagués que nous devons ménager pour tâcher de les désunir des Tsonnontouans et pour nous en servir pour négocier si nous en avons besoin. »

L'intendant des galères de Marseille reçoit ordre du ministre Seignelay de ne pas enchaîner les nouveaux galériens iroquois et de leur donner une double ration alimentaire. Le ministre précise : « Sa Majesté veut bien que vous les fassiez traiter de même que les nègres du Sénégal. » Les Iroquois résistent mal à la vie qu'on leur fait mener sur les galères. En 1688, Denonville, en vue de faciliter des négociations de paix, demande le retour des galériens, après les avoir convenablement vêtus et « traités avec douceur ». Il suggère aussi « de les caresser un peu, quelques rubans et galons leur feront plaisir ». Au mois d'octobre 1689, Frontenac ramènera les treize survivants !

Pendant ce temps, au Canada, la situation se détériore encore. Les Iroquois harcèlent divers établissements. Denonville tente de négocier la paix, mais les intrigues de Kondiaronk, un chef d'une tribu huronne, risquent de tout faire échouer. À l'automne de 1688, le gouverneur ordonne la fermeture du fort Niagara, dont la garnison avait été décimée par la maladie.

Denonville est de plus en plus convaincu que l'Anglais de la Nouvelle-Angleterre constitue la vraie menace et que les Iroquois ne sont que ses mandataires. Thomas Dongan, gouverneur de New York, ne se gêne pas pour inciter les Iroquois à attaquer les établissements français. À la suite des plaintes formulées par l'ambassadeur Barillon au roi d'Angleterre, ce dernier rappelle Dongan et nomme à sa place Edmund Andros.

Le gouverneur de la Nouvelle-France est placé devant le dilemme suivant : son roi lui recommande de maintenir la paix à tout prix avec les habitants de la Nouvelle-Angleterre, alors que ces derniers menacent les fondements économiques de la colonie française ; son roi l'autorise à poursuivre la guerre contre les Iroquois, mais lui refuse les renforts nécessaires pour la réussir ! Or, attaquer les Iroquois, c'est inciter les Anglais à riposter ; ne pas attaquer les Iroquois, c'est mettre la colonie en danger. La véritable solution, selon Denonville, serait d'acheter New York ou de s'emparer des colonies anglaises, alors le roi de France «serait le seul maître de l'Amérique septentrionale».

La guerre!

Alors que Louis-Hector de Callière échafaude un plan de conquête de New York, la guerre éclate entre la France et l'Angleterre, à la suite de la prise du pouvoir par Guillaume d'Orange et de la fuite en France du souverain déchu, Jacques II. Louis XIV doit donc combattre l'Espagne, la Bavière, les Pays-Bas et l'Angleterre. Le 17 mai 1689, la guerre devient effective avec ce dernier pays. Le 31 mai, Denonville est rappelé dans la métropole.

La Nouvelle-Angleterre connaît, elle aussi, sa petite révolution. Andros est fait prisonnier, le 18 avril 1689. Le Conseil de l'État de New York, lors d'une réunion tenue le 12 mai, demande au maire d'Albany de présenter «à chacune des Cinq-Nations un baril de poudre à être employé contre nos ennemis et les leurs». Les habitants des colonies anglaises apprennent les premiers l'état de guerre en Europe. Ils incitent donc les Iroquois à lever la hache de guerre contre la colonie française.

Dans la nuit du 4 au 5 août, alors qu'un violent orage fait rage, environ 1500 Iroquois se lancent à l'attaque du village de Lachine. Selon l'historien W. J. Eccles, l'attaque se solde par la mort de 24 habitants, l'enlèvement de 70 à 90 personnes, dont 42 ne reviendront jamais, et par la destruction de 56 des 77 maisons que comptait le village. Frontenac, qui se rend à Montréal le 27 octobre suivant, décrit l'état de panique et de tristesse qui règne encore dans la région.

> Il serait difficile de vous représenter, écrit-il, la consternation générale que je trouvai parmi tous les

> peuples et l'abattement qui était dans la troupe, les premiers n'étaient pas encore revenus de la frayeur qu'ils avaient eue de voir à leurs portes brûler toutes les granges et maisons qui étaient en plus de trois lieues de pays dans le canton qu'on appelle Lachine et enlever plus de 120 personnes, tant hommes que femmes et enfants, après en avoir massacré plus de 200 dont ils avaient cassé la tête aux uns, brûlé, rôti et mangé les autres, ouvert le ventre des femmes grosses pour en arracher les enfants et fait des cruautés inouïes et sans exemple.

Le 5 août, le gouverneur Denonville juge bon de ne pas lancer les troupes à la poursuite des Iroquois dont plusieurs étaient ivres dans les bois avoisinants. Quelques volontaires font une sortie qui donne peu de résultat.

Le retour du Messie

Quelques mois avant ce que l'on a appelé « le massacre de Lachine », le roi avait désigné Frontenac au poste de gouverneur de la Nouvelle-France. La commission est datée du 15 mai 1689. La première tâche confiée à Frontenac consiste à s'emparer de New York et d'Albany par une double attaque : par mer et par voie de terre. Les instructions du 7 juin prévoient la déportation de la majeure partie de la population. Divers retards feront que le projet ne se réalisera pas. Frontenac n'atteint Québec que le 12 octobre. Il est alors trop tard pour préparer l'attaque.

Le gouverneur, qui a ramené avec lui les galériens iroquois qui avaient survécu à leur séjour en France, essaie d'amener les Iroquois à signer une paix. Mais les attaques continuent. Le 13 novembre, « les Iroquois, au nombre d'environ cent cinquante étaient descendus à Lachenaie et à l'île Jésus qui sont des lieux vis-à-vis le bout de l'île de Montréal, du côté d'en bas et [...] ils y avaient presque brûlé toutes les habitations jusques auprès des forts, pris, saccagé et tué tous les habitants.»

Quelques jours auparavant, une autre bande attaque le village de Saint-François-du-Lac, brûlent l'église et tuent Jacques Julien, ainsi qu'un nommé Levasseur.

Les habitants de la Nouvelle-France savent pertinemment que ce sont les Anglais qui sont derrière les attaques iroquoises. «En effet, note l'historien Eccles, c'étaient de mousquets anglais, de poudre et de plomb anglais que s'armaient les Iroquois, des hachettes et des couteaux anglais qu'ils utilisaient pour scalper et mutiler les Canadiens, c'étaient enfin les fonctionnaires d'Albany qui excitaient les Iroquois à se battre.» Le projet d'aller attaquer quelques établissements de la Nouvelle-Angleterre reçoit donc l'approbation de tous.

À feu et à sang

Une première expédition s'organise à Montréal. Elle comprend 210 hommes, soit 114 Canadiens, 80 Iroquois du Sault et de la réserve de la Montagne et 16 Algonquins. Nicolas d'Ailleboust de Manthet et Jacques Le Moyne de Sainte-Hélène, assistés de Pierre Le Moyne d'Iberville et de Repentigny de Montesson, assurent le commandement du groupe. Le départ a lieu au début du mois de février 1690. Les Amérindiens qui font partie de l'expédition essaient de convaincre les Canadiens qu'il est préférable d'attaquer Corlaer (Schenectady) plutôt qu'Albany. Le dégel rend la route de moins en moins praticable. Les hommes sont obligés «de marcher dans l'eau jusqu'aux genoux et de rompre les glaces avec leurs pieds pour trouver quelque chose de solide».

Le 18 février 1690, vers les quatre heures de l'après-midi, le groupe n'est plus qu'à deux lieues du village qui comprend environ 80 maisons et est habité par une majorité de Hollandais. « Quatre Sauvagesses cabanées [...] donnèrent toutes les lumières nécessaires pour l'attaque de la ville. » Sur les onze heures du soir, Canadiens et Amérindiens arrivent tout près de la petite ville. Ils avaient décidé d'attendre les deux heures du matin pour se lancer à l'attaque, « mais la violence du froid les obligea à ne pas différer davantage ». Personne ne fait la garde, de sorte que Sainte-Hélène et Manthet entrent sans problème à l'intérieur de l'enceinte par une des deux portes.

> On garda un fort profond silence jusqu'à ce que les deux commandants qui, après être entrés dans la ville s'étant séparés pour l'investir, se furent rejoints à l'autre extrémité, rapporte une *Relation* de l'époque. Le cri d'attaque se fit à la manière des Sauvages et tout le monde le donna en même temps. Le sieur de Manthet se mit à la tête d'un détachement pour attaquer un petit fort où la garnison était sous les armes ; la porte en fut enfoncée avec beaucoup de peine ; on y mit le feu et on y tua tous ceux qui se défendaient. Le saccagement de la ville avait commencé un moment avant l'attaque du fort ; peu de maisons firent résistance.

À la pointe du jour, on intime l'ordre de se rendre au major Sander « qui était de l'autre côté de la rivière ». Après quelques velléités de résistance, l'officier décide de capituler. Les Canadiens, pendant ce temps, occupent les Amérindiens à brûler les maisons. Quelques édifices échappent au feu. Une soixantaine d'habitants de Corlaer, dont plusieurs femmes et enfants, meurent tués ou brûlés. Vingt-sept autres personnes, dont cinq esclaves noirs, prennent le chemin du Canada. L'expédition a atteint ses objectifs, les Canadiens n'ont à déplorer que 21 pertes de vie, soit 17 chez les Canadiens et 4 chez les Amérindiens.

La nouvelle du massacre se répand rapidement. Le dimanche 19 février, à cinq heures du matin, Symon Schermerhoorn, bien que blessé, réussit à jeter l'alarme à Albany. Tous les hommes valides sont immédiatement appelés sous les armes pour se lancer à la poursuite des assaillants. Mais la hauteur excessive des neiges retarde la marche, de sorte que Canadiens et Amérindiens ont le temps de s'enfuir. Le lendemain, une réunion se tient sous la présidence du maire d'Albany, Peter Schuyler, et le capitaine Jonathan Bull reçoit ordre d'aller à Corlaer ensevelir les morts et créer un corps d'armée qui utilisera « tous les moyens possibles » pour libérer les prisonniers et décimer la petite armée canadienne.

À son tour, Joseph-François Hertel de La Fresnière, de Trois-Rivières, organise un corps expéditionnaire composé de 25 volontaires et de 25 Amérindiens de Saint-François-du-Lac. Le groupe quitte Trois-Rivières le 28 janvier 1690. Destination : Salmon Falls, petit village situé non loin de Portsmouth. Il y arrive le 27 mars.

Une trentaine d'Anglais trouvent la mort pendant l'attaque. Les Canadiens tuent plusieurs centaines d'animaux de ferme. Sur le chemin du retour, une petite troupe formée de soldats et de miliciens anglais lancée à leur poursuite tombe dans une embuscade et une vingtaine d'Anglais sont tués. Les cris de guerre lancés par les Canadiens et les Amérindiens sèment partout la panique.

Le jour où le groupe commandé par Hertel quittait Trois-Rivières, un troisième corps armé partait de Québec pour se rendre à Casco (Falmouth, Portland, Maine). Cent dix hommes, soit 50 Canadiens et 60 Abénaquis, le composent. René Robinau de Portneuf le commande. Le groupe n'atteint sa destination que le 25 mai. « Il y avait un grand fort bien garni de munitions et de huit pièces de canon, quatre autres petits forts en étaient assez proches, mais ils ne se trouvaient pas d'une aussi bonne défense. »

Portneuf somme le commandant de la garnison du grand fort, Silvanus Davis, de se rendre. Ce qu'il refuse. Les Canadiens creusent alors une tranchée avec des instruments qu'ils avaient trouvés dans les autres forts abandonnés. Le 28 au soir, les Anglais demandent à parlementer. Les assaillants exigent la remise du fort, des munitions et des vivres, en échange de quoi la garnison aura « bon quartier ». Davis demande six jours pour réfléchir, Portneuf ne lui accorde que la nuit ! Le lendemain, la tranchée a presque atteint la base du fort et on se prépare à y mettre le feu. Les assiégés arborent le pavillon blanc et la garnison de 70 hommes sort dans l'ordre.

La plupart des prisonniers sont remis aux Abénaquis qui en tuent plusieurs. Le commandant Davis et les deux filles du lieutenant tué lors de l'attaque sont amenés en captivité à Québec, où ils arrivent, le 23 juin.

Il faut détruire Carthage

Les raids des Canadiens contre les établissements de la Nouvelle-Angleterre sèment la panique chez les habitants de ces colonies et les incitent à organiser une expédition pour s'emparer de la Nouvelle-France. Le pasteur bostonnais Cotton Mather prêche une nouvelle croisade. Pour lui, le Canada « était la principale source des misères de la Nouvelle-Angleterre. La principale force des Français était les Indiens qu'ils approvisionnaient de munitions. Divers groupes de Français auxquels se joignaient des Sauvages ont de façon barbare assassiné plusieurs innocents néo-angleterriens, et ce sans aucune provocation de la part de la Nouvelle Angleterre [...]. Ainsi la conclusion de toutes nos argumentations concernant la sécurité de notre pays, c'est que le Canada doit être conquis.»

Le mot d'ordre «*Canada must be reduced*» enflamme les esprits des Bostonnais qui organisent deux corps expéditionnaires. William Phips se fait d'abord la main en attaquant l'Acadie française et il s'empare de Port-Royal sans trop de problèmes.

À Québec, au mois de juin 1690, une rumeur parle de la venue prochaine d'une armée d'invasion. «Il vint ici 8 ou 10 matelots qui disaient s'être sauvés des navires pêcheurs que les Anglais avaient pris à l'île Percée, écrit mère Jeanne-François de Saint-Ignace. Ils assuraient que les Anglais faisaient le projet d'aller prendre le Port-Royal et ensuite de venir assiéger Québec; mais personne ne voulut les croire.»

Pendant ce temps, à Boston, on organise une flotte de 32 navires ayant à leur bord environ 2000 miliciens du Massachusetts, et une armée de 2500 hommes (1000 Anglais et 1500 Amérindiens). Cette dernière doit entrer au Canada en empruntant la rivière Richelieu et joindre l'autre corps qui doit atteindre Québec en remontant le fleuve Saint-Laurent.

Le 12 juillet, Frontenac se rend à Montréal où, le mois suivant, il rencontre les chefs outaouais et hurons qu'il invite à faire la guerre aux Iroquois. Le chevalier de Clermont quitte Montréal, vers le 25 août, pour se rendre au lac Champlain vérifier les mouvements des troupes anglaises. Mardi le 2 août, sur les onze heures du soir, Frontenac apprend que, effectivement une armée marche sur Montréal. «Cet avis obligea monsieur le Comte à faire tirer les quatre coups de canons qui doivent servir de signal aux troupes qu'on avait dispersées dans les côtes pour aider les habitants à faire leurs récoltes», note Charles de Monseignat, secrétaire du gouverneur. Le vendredi suivant, premier septembre,

Frontenac passe en revue sa petite armée forte de 1200 hommes qui campe à Laprairie, attendant un ennemi qui ne se présente pas. Le 4, Peter Schuyler et quelques miliciens attaquent des soldats et des habitants qui travaillent dans les champs de la région de Laprairie. Ils tuent ou capturent une vingtaine de personnes. Schuyler retourne ensuite au lac Champlain. L'armée commandée par Fitz-John Winthrop ne bouge pas. Elle attend encore des vivres et des munitions.

La petite vérole fait son apparition et décime surtout les troupes iroquoises. Ces dernières quittent alors Winthrop qui juge bon de ne pas aller plus loin, d'autant plus qu'il n'a pas de nouvelles de la flotte de Phips.

Les navires anglais avaient quitté le port de Hull, près de Boston, le 20 août. Mais le mauvais temps retarde la marche de la flotte. « Le 7 octobre, écrit Anne Bourdon, on reçut la nouvelle qu'une flotte anglaise de trente-quatre vaisseaux venait pour se rendre maîtresse du pays, et que, dès le second jour du mois, les Anglais étaient déjà à La Malbaie. Cette nouvelle surprit extrêmement; l'on n'était pas en état de résister n'y ayant dans la ville qu'environ deux cents hommes de la bourgeoisie, monsieur le gouverneur étant à Montréal avec toutes les troupes. »

Le major François Provost, qui commande la ville en l'absence du gouverneur, expédie un émissaire à Montréal. En apprenant la nouvelle le 10 octobre, Frontenac se met en route pour la capitale. Il arrive à Québec le samedi 14, sur l'heure du midi.

Avant même l'arrivée de Frontenac, le major Provost avait mobilisé les habitants de la ville et des alentours pour fortifier la place, « creuser des tranchés, placer des batteries aux endroits stratégiques et former les bataillons de défense ». Les maisons de la basse-ville sont abandonnées et les habitants trouvent logement dans la partie haute.

Les navires de Phips remontent tranquillement le fleuve. À Rivière-Ouelle, quelques hommes tentent de mettre pied à terre. Le curé de la paroisse, Pierre de Francheville, lance un appel général à ses paroissiens pour qu'ils repoussent l'ennemi. Il revêt son capot bleu, met son tapabord, prend son fusil et, à la tête de ses paroissiens, il commande l'attaque. « Ils firent plusieurs décharges sur les chaloupes qui furent contraintes de se retirer au large avec perte, sans avoir blessé un Français », écrit Gédéon de Catalogne.

Le 16 octobre, à six heures du matin, les navires anglais arrivent en face de Québec. Les petits bâtiments se rangent « au côté de la côte de Beauport » et les gros se mettant « un peu plus au large ». Sur les dix heures du matin, une chaloupe quitte le navire amiral et s'avance vers la terre portant à son avant un pavillon blanc. « Quatre canots allèrent au devant portant le même pavillon. Ils la joignirent presque à la moitié du chemin. Il y avait dedans une trompette qui accompagnait l'envoyé du général. Il fut mis seul dans le canot. »

Dès que l'émissaire anglais, le major Thomas Savage, met pied à terre, Provost lui fait bander les yeux « afin qu'il ne vît pas la faiblesse de nos retranchements, puis le fit conduire par deux sergents qui le soutenaient et qui le firent passer exprès par des chemins impraticables pour aller au fort ».

Le mère Juchereau se plaît à raconter de quelle manière les Québécois s'amusent avec Savage.

> On courait de tous côtés, écrit-elle, on allait se ranger comme si la foule eût fermé le passage, et pour mieux lui persuader que le monde abondait dans Québec, dix ou douze hommes eurent soin de le presser et de le pousser pendant tout le chemin, sans qu'il s'aperçût

> que c'étaient toujours les mêmes qui ne faisaient que passer et repasser autour de lui. Les dames, qui eurent la curiosité de le voir, l'appelaient en riant Colin Maillard, et tout ce qu'il entendait lui paraissait si résolu qu'il en tremblait de peur quand il entra dans la chambre du gouverneur où tous les officiers l'attendaient. Ils s'étaient tous habillés le plus proprement qu'ils purent, les galons d'or et d'argent, les rubans, les plumets, la poudre et la frisure, rien ne manquait.

Au milieu des rires et des airs enjoués, l'émissaire de Phips présente au gouverneur Frontenac une lettre le sommant de rendre la ville d'ici une heure. « En même temps, il tira de sa poche une montre et la posa sur la table. » « Je ne vous ferai pas tant attendre, lui répliqua monsieur le comte. Dites à votre général que je ne connais point le roi Guillaume et que le prince d'Orange est un usurpateur qui a violé les droits les plus sacrés du sang en voulant détrôner son beau-père. [...] Non, je n'ai point de réponse à faire à votre général que par la bouche de mes canons et à coups de fusil; qu'il apprenne que ce n'est pas de la sorte qu'on envoie sommer un homme comme moi; qu'il fasse du mieux qu'il pourra de son côté, comme je ferai du mien. »

Après le spectacle, l'émissaire, les yeux toujours bandés, retourne à sa chaloupe et fait rapport de sa mission au commandant Phips. Les officiers, réunis en conseil de guerre, adoptent la stratégie suivante pour s'emparer de Québec : 1400 hommes sous le commandement du major John Walley débarqueront sur la côte de Beauport, traverseront la rivière Saint-Charles pour attaquer la ville par voie de terre; pendant ce temps, les navires canonneront Québec.

Le 18 octobre, les troupes débarquent, malgré la chaude réception que leur réservent les miliciens venus de Trois-Rivières et de Montréal. Vers quatre heures de l'après-midi, le même jour, les quatre gros navires de la flotte tirent environ cinq cents volées de canon « qui ne firent presque aucun dommage », sauf un mort.

Le 21 octobre, les Anglais subissent une défaite à Beauport et réembarquent. Les nuits sont de plus en plus froides. Phips note qu'il y eut deux pouces de glace un soir. Il ne tient pas à hiverner dans le Saint-Laurent. Les 23 et 24, on négocie l'échange de prisonniers. Puis la flotte reprend le chemin de Boston, n'ayant pas réussi à s'emparer de Québec.

La valse hésitation

La guerre secouera l'Europe jusqu'à la signature du traité de paix à Ryswyck, en 1697. À part quelques escarmouches, Français et Anglais n'en viendront plus directement aux coups en Amérique du Nord. De part et d'autre, on se servira des Amérindiens pour rappeler que la guerre existe toujours. Frontenac cherchera, malgré les conseils de ses lieutenants, à amener les Iroquois à signer la paix. En 1696, il se rendra dans la région des Grands Lacs détruire quelques villages onontagués et onneiouts. Selon Eccles, « cette campagne avait brisé la résistance des Iroquois ».

À la baie d'Hudson, la rivalité commerciale est toujours aussi violente. Les postes de traite sont, tantôt aux mains des Anglais, tantôt entre celles des Français. La Compagnie du Nord et la Hudson's Bay Company ont chacune leurs hommes de main. D'Iberville a quasi juré de chasser ses ennemis de la baie. Il ne peut pas toujours compter sur l'appui du gouverneur Frontenac. En 1693, les Anglais reprennent possession du fort Albany et en sortent les Canadiens qui y faisaient la traite des fourrures. Les pertes de la Compagnie du Nord sont évaluées à 200 000 livres. Le ministre de la Marine et aux

Colonies, Louis Phélypeaux, comte de Pontchartrain, avertit l'intendant Michel Bégon de La Picardière, de La Rochelle, que «l'intention du roi est qu'il donne au sieur D'Iberville deux frégates de 30 canons l'une, et l'autre de 20 pièces pour un service dont il l'informera par la suite».

Le 6 avril 1694, le roi accorde à D'Iberville les deux frégates montées par 100 hommes. Les frais de l'expédition seront à la charge du commandant qui pourra se rembourser avec «toutes les pelleteries et autres marchandises qui se trouveront dans les forts dont il se rendra maître». S'il y a surplus, il sera partagé avec les membres de l'équipage. Dans le cas où les Anglais de la baie d'Hudson auraient détruit leurs marchandises ou si celles-ci ne sont pas suffisantes pour amortir le coût de l'expédition, le roi accorde à D'Iberville et à sa compagnie le monopole de commerce dans cette région jusqu'au mois de juillet 1697.

D'Iberville quitte les côtes de France à la mi-mai 1694. Le 22 juin, à la hauteur du Grand Banc, sa jeune épouse met un fils au monde. Il quitte la capitale le 10 août après un court séjour qui lui a permis de recruter 110 volontaires canadiens. Le 13 octobre, le gouverneur du fort York, Thomas Walsh, capitule. Les conditions sont rédigées en latin par le ministre anglican de l'endroit et traduites en français par le père jésuite Pierre-Gabriel Marest. Après la prise de possession officielle, la place est rebaptisée et devient le fort Bourbon. Au mois de septembre 1695, après avoir laissé le commandement du poste à Gabriel Testard de La Forest, D'Iberville retourne en France.

Les Anglais ne se tiennent pas battus pour autant. En 1696, ils organisent une expédition pour reprendre possession du fort York. Le 28 août, le capitaine William Allen somme le sieur de La Forest de capituler.

Trois jours plus tard, on signe les articles de reddition parmi lesquels on retrouve les points suivants :

> Que moi et tous mes gens, tant Français que Sauvages, et un Anglais qui est mon domestique, auront tous la vie sauve et la liberté, sans qu'il nous soit fait aucun tort ou violence, soit en nos personnes, soit en ce qui concerne ce qui nous appartient; nous sortirons du fort avec nos armes, tambour battant, mèche allumée, balle en bouche, enseignes déployées, et emporterons avec nous les deux canons venus de France; [...] nous emporterons avec nous tous les castors et autres marchandises que nous avons traités cette année; [...] nous aurons libre exercice de notre religion et il sera permis au missionnaire de faire publiquement les fonctions de son ministère.

Tout cela est accordé par Allen. Mais l'officier anglais ne respecte pas sa parole, tout comme D'Iberville, dira-t-on, après la prise du fort Albany. « Les Anglais, raconte Nicolas Jérémie dit Lamontagne, au lieu de nous mettre sur les terres françaises avec tous nos effets, comme ils l'avaient promis, nous emmenèrent à Plymouth en Angleterre, et nous jetèrent en prison, pendant que nos pelleteries et autres effets furent mis au pillage. » L'emprisonnement des Canadiens dure quatre mois et la perte en fourrures est évaluée à 136 000 livres.

Pendant que se déroulent ces événements, D'Iberville force le départ de la majeure partie des Anglais de la côte acadienne et de l'île de Terre-Neuve. Au début de l'année 1697, les autorités françaises ordonnent la mise sur pied d'une nouvelle expédition à la baie d'Hudson pour en chasser encore une fois les Anglais. Encore une fois aussi, cette mission est confiée à D'Iberville. Le 4 septembre, le commandant, monté à bord du *Pélican* qui a devancé le reste de la flotte, arrive en face du fort Nelson. Le lendemain, il remarque la présence de trois autres navires qu'il prend pour le reste de sa flotte.

«Voyant que c'était des Anglais, écrit D'Iberville, je me préparai à les combattre et tâcher de les mettre hors d'état d'entrer dans la rivière et de secourir le fort.»

Les forces en présence ne sont pas d'égale puissance. Le *Pélican* dispose de 44 canons et les trois navires anglais, de 114. Le *Hudson Bay*, le *Dering* et le *Hampshire* se préparent à débarrasser enfin la baie d'Hudson de celui que l'on appellera «le Cid Canadien».

Cependant, le *Hampshire* coule le premier. Le *Hudson Bay* capitule et le *Dering* s'enfuit. Le lendemain, le *Pélican* sombre à son tour. Heureusement, les trois autres navires de l'escadre française font leur apparition. Après sa victoire sur les navires anglais, D'Iberville se lance à l'attaque du fort, non sans avoir auparavant sommé le commandant de l'endroit de lui remettre les prisonniers français. Henry Baley, gouverneur de la Hudson's Bay Company, capitule le 13 septembre. Encore une fois, et la baie d'Hudson redevient française.

La paix de Ryswick ne tiendra pas compte du dernier engagement. Elle stipulait, écrit l'historien Bernard Pothier, que le sud de la baie devait revenir à la France et le fort Nelson à la Hudson's Bay Company, mais Albany resta aux mains des Anglais et les Français conservèrent le fort Bourbon jusqu'en 1713.

L'empire vacille

LE GOUVERNEUR FRONTENAC MEURT À QUÉBEC, le 28 novembre 1698. Louis-Hector de Callière, gouverneur de Montréal, assure l'intérim, mais il désire occuper le poste de façon permanente. Il n'est pas le seul, d'ailleurs, à convoiter le titre de gouverneur de la Nouvelle-France. Philippe de Rigaud de Vaudreuil et l'intendant Jean Bochart de Champigny se considèrent eux aussi comme d'excellents candidats. Comme la saison de navigation sur le fleuve Saint-Laurent tire à sa fin, commence alors une course contre la montre. Chacun veut, le premier, faire part au roi de sa disponibilité. Augustin Le Gardeur de Courtemanche, porteur de la lettre de Callière, quitte Montréal pour Québec où, dit-il, il doit s'embarquer sur le dernier navire en partance pour la France. Rendu à Sorel, il prend, de nuit, le chemin d'Albany et de New York, voulant ainsi gagner quelques jours. Vaudreuil et Champigny, ne voyant pas arriver Courtemanche à Québec, «se défièrent d'un tour de Normand» et ils demandent à Charles-Joseph Amiot de Vincelotte de se rendre à la cour du roi par le chemin le plus rapide, en l'occurrence le port de Pentagouët, en Acadie. Courtemanche arrive à Paris quelques heures avant Vincelotte. Il court chez le comte François de Callière, frère de Louis-Hector, lui remettre la lettre destinée au roi Louis XIV. Aussitôt informé de la mort de Frontenac par Callière, le roi accepte de faire du gouverneur de

Montréal son représentant en Nouvelle-France. Lorsque Phélypeaux de Pontchartrain, ayant en main les lettres de Vaudreuil et de Champigny, se présente à la cour, il est déjà trop tard. La décision royale est irrévocable et, le 20 avril 1699, Louis XIV signe des lettres de provision de gouverneur et de lieutenant général en Canada, Acadie, île de Terre-Neuve et autres pays de la France septentrionale pour le chevalier de Callière. Quant à Vaudreuil, il devient gouverneur de Montréal.

La marche vers la paix

La première tâche du nouveau gouverneur consiste à rétablir la paix avec toutes les tribus amérindiennes, surtout avec les Iroquois. Les autorités anglaises de la Nouvelle-Angleterre voient d'un mauvais œil l'initiative française. Richard Coote, comte de Bellomont, gouverneur de New York, du New Jersey, du New Hampshire et du Massachusetts, fait valoir que les Iroquois sont devenus sujets britanniques et qu'ils ne peuvent négocier la paix sans sa permission.

Le 18 juillet 1700, deux représentants de la tribu des Onontagués et quatre Tsonnontouans arrivent à Montréal, affirmant vouloir négocier la paix au nom de leurs tribus et de celles des Goyogouins et des Onneiouts. Ils demandent que le père Jacques Bruyas, Paul Le Moyne de Maricourt et Louis-Thomas Chabert de Joncaire (appelé par les Iroquois Sononchiez) les accompagnent dans leur pays pour ramener les Français qui y sont retenus prisonniers. Callière accepte, à la condition que tout le monde soit de retour au mois de septembre. Alors, les Français libéreront les prisonniers iroquois qu'ils retiennent dans les prisons de la colonie.

Une première ronde de négociations a lieu à Montréal au mois d'août, puis une seconde débute en septembre. Cette fois, 19 chefs iroquois sont présents, ainsi que des représentants de plusieurs autres tribus. Les délibérations se déroulent à la manière amérindienne : un chef présente un collier de porcelaine en l'accompagnant d'un discours. De cette façon, six colliers et autant de discours sont destinés au gouverneur Callière.

> Pour cette fois, notre père Onontio, déclare un des chefs, vous voyez ici toutes ces nations iroquoises. [...] Quand nous sommes venus ici la dernière fois, nous avons planté l'arbre de la paix. Présentement, nous y mettons des racines pour qu'elles aillent jusque chez les Nations d'en haut [...]. C'est vous et l'Onontio d'Orange [Albany] qui avez fait la paix; vous nous avez dit que celui qui la romprait, on se mettrait tous contre lui. Cependant, il semble que Corlear veuille brouiller : accommodez-vous donc tous les deux ensemble et me faites savoir ce que vous avez réglé.

Le gouverneur Callière répond en ces termes aux chefs iroquois :

> Je me saisis de vos haches et de celles de mes alliés pour les mettre avec les miennes et tous les autres instruments de guerre, dans une fosse que je fais profonde, sur laquelle je mets un gros rocher et y fais passer une rivière, afin qu'on ne les puisse plus trouver pour s'en servir les uns contre les autres. [...] Vous m'avez fait plaisir de me ramener les treize prisonniers français que je vois ici, mais je vous demande encore que vous rameniez le reste, avec généralement tous ceux de mes alliés que vous avez chez vous, dans le commencement du mois d'août prochain [1701] qui est le temps que je donne à toutes les nations pour vous ramener aussi tous ceux des vôtres qui sont chez eux, afin qu'en ma présence ils soient échangés de part et d'autre.

Il est ensuite convenu que si un différend survient entre deux tribus, les gouverneurs français et anglais seront appelés pour le régler car, ajoute Callière, « il n'y a point d'autre accord à faire là-dessus à présent entre moi et Corlear que d'exécuter les ordres des rois, nos maîtres, pour le maintien de la paix ».

Le chef des Hurons, Kondiaronk, plus connu sous le nom de Le Rat, prend à son tour la parole. « J'ai toujours obéi à Onontio, déclare-t-il ; il prend les haches de toutes les nations. Pour moi, je jette la mienne à ses pieds ; qui serait assez hardi pour aller contre sa volonté, lui qui est ici notre père ? Je ne doute point que les gens d'en haut ne suivent ce qu'il souhaite. C'est à vous autres, nations iroquoises, à en faire de même aussi. »

Un accord sommaire est finalement signé et les participants se donnent rendez-vous au mois d'août 1701. Un incident survient quelques semaines plus tard, mettant en péril la paix préliminaire. Des chasseurs iroquois détruisent quelques cabanes de castors sur un territoire appartenant aux Outaouais. Ces derniers se vengent en tuant quelques Iroquois et en gardant prisonnier un des principaux chefs des Cinq-Nations. Le 2 mars 1701, Callière est saisi de l'affaire et tente comme il le peut de rétablir la paix entre Iroquois et Outaouais.

À la fin du mois de juillet, les délégations amérindiennes arrivent les unes après les autres. Callière tient plusieurs réunions particulières avec divers chefs. Le 1er août a lieu la première séance publique. Au cours de l'allocution d'un chef huron, Le Rat est pris d'un malaise. Le gouverneur se porte à son secours. Se croyant rétabli, Le Rat prend la parole et fait un vibrant appel à la paix : « La raison des hommes, déclare-t-il avec finesse, est le plus grand instrument de leur malheur et que, s'ils n'avaient point la faculté de penser, de raisonner et de parler, ils ne feraient pas la guerre, sans aucun égard à l'humanité et à la bonne foi. »

Puis, se tournant vers les Iroquois, il leur demande de remettre en liberté tous les prisonniers qu'ils détiennent encore. À la fin de la rencontre, il devient si faible qu'il ne peut réintégrer seul sa hutte. On l'installe dans un fauteuil et on le transporte à l'Hôtel-Dieu où il meurt, vers deux heures, le lendemain matin. Le 3 août, de nombreux Montréalais assistent aux funérailles du Rat. Le cortège funèbre comprend « soixante soldats sous les armes, seize guerriers hurons, vêtus de longues robes de castor, le visage peint en noir et le fusil sous le bras ». Le cercueil est porté par six chefs de guerre. Les funérailles ont lieu à l'église paroissiale où le défunt est inhumé. Son épitaphe est ainsi rédigée : « Cy git Le Rat, chef des Hurons ».

Callière sent le besoin d'accélérer les délibérations, car la maladie commence à frapper les chefs amérindiens. Les Hurons affirment même que quelques-uns des participants leur ont jeté un sort, ce qui expliquerait pourquoi cette nation compte plus de malades que les autres. Le 4 août se tient en dehors de la ville la grande assemblée générale au cours de laquelle doit être ratifié le traité de paix. Pour la circonstance, on a construit « une double enceinte de cent vingt-huit pieds de long sur soixante-douze de large, l'entre-deux en ayant six. On ménagea à l'un des bouts une salle couverte de vingt-neuf pieds de long et presque carrée pour les dames et pour tout le beau monde de la ville. Les soldats furent placés tout autour et treize cents Sauvages furent arrangés dans l'enceinte en très bel ordre. »

On y voit les délégués de plusieurs nations amérindiennes, les Hurons, les Cinq-Nations iroquoises, les Outaouais, les Kiskakons, la Nation de la Fourche, les Sauteux, les Potéouatamis, les Sakis, les Puants, les Folles Avoines, les Renards, les Mascoutens, les Miamis, les Illinois, les Nez-Percés, les Népissingues, les Algonquins, les Témiscamingues, les Kristinaux, les Gens des terres, les Kicapoux, les Gens du Sault, ceux de la Montagne et les Abénaquis.

Les discours se multiplient. Le gouverneur Callière déclare : « Je vous invite tous à fumer dans ce calumet de paix où je commence le premier et à manger de la viande et à boire du bouillon que je vous fais préparer pour que j'aie, comme un bon père, la satisfaction de voir tous mes enfants réunis. »

À la fin de la cérémonie, 38 chefs de différentes nations signent le traité de paix de Montréal. C'est ainsi qu'est conclue ce que l'histoire a nommé la Grande Paix de Montréal.

Bilan

Cette paix est le fruit de plusieurs facteurs. Le chanoine Groulx parle d'une guerre de seize ans. On peut aussi dire que cette paix, unique dans l'histoire coloniale de l'Amérique du Nord, est dans l'esprit de l'alliance conclue en 1603 à Tadoussac entre Indiens et Français.

On se souviendra également du premier hiver passé au Canada en 1600-1601 par seize hommes de Chauvin de Tonnetuit. Une habitation avait été érigée avec l'accord des Montagnais. Dans leur esprit, la présence des Français contribuerait à renforcer leur position et leur prestige auprès des autres nations. L'hiver avait été très rude et tous les Français auraient sans doute péri, n'eût été l'aide apportée par les Indiens. Au printemps de 1601, l'expédition envoyée par Chauvin n'aurait retrouvé que cinq survivants.

Ces cent années d'alliances ont permis la Nouvelle-France. La Grande paix de 1701 marque une étape. Elle a été rendue possible par des gouverneurs comme Frontenac et Callière, mais aussi par l'action des coureurs des bois, des voyageurs, des militaires et peut-être surtout des missionnaires.

On cite souvent ce jugement de l'historien américain Francis Parkman sur les Espagnols qui ont massacré ou asservi les Indiens, les Anglais qui les ont méprisés ou ignorés tandis que les Français les ont compris et appréciés. Parkman souligne particulièrement l'action politique autant que religieuse des missionnaires ; et Dieu sait que ce fils de pasteur protestant ne les aime guère, mais Parkman voit que l'expansion française s'appuie sur des alliances franco-indiennes.

En 1701, les Français sont conscients que la paix est fragile et surtout que les Anglais n'ont pas dit leur dernier mot.

Pierre Le Moyne d'Iberville, qui a parcouru l'Amérique en tous sens, est particulièrement lucide. « Dans moins de cent années, écrit-il en 1701, la colonie anglaise sera assez forte pour se saisir de toute l'Amérique et en chasser toutes les autres nations » à moins que la France ne prenne conscience du danger et renforce ses positions surtout dans le sud du continent « qui est un des plus beaux pays du monde ».

Un retour aux sources

L'AUTEUR AIME BIEN LAISSER LA PAROLE aux acteurs des principaux événements de l'histoire du Québec ainsi qu'aux témoins de chaque époque. Cette démarche l'a amené à retourner, aussi souvent que possible, aux sources ou aux documents anciens. Que ce soit dans les publications de Biggar sur les récits des voyages de Jacques Cartier, de Jean-François de La Rocque de Roberval ou de Pehr Kalm, de la Champlain Society sur les écrits de Samuel de Champlain, de Marc Lescarbot, de Nicolas Denys, de Dièreville, de Gabriel Sagard, de Gaultier de La Vérendrye, de Hovenden Walker, etc.

Il a aussi puisé dans l'*Histoire véritable et naturelle des mœurs et productions du pays de la Nouvelle-France, vulgairement dite le Canada*, de Pierre Boucher, dans l'*Histoire et description générale de la Nouvelle-France avec le journal historique d'un voyage fait par ordre du roi dans l'Amérique septentrionale* de Pierre-François-Xavier de Charlevoix, dans les lettres de Marie de l'Incarnation, dans les *Relations des Jésuites*, dans les *Jugements et délibérations du Conseil souverain de la Nouvelle-France*, les *Édits et ordonnances royaux...*, etc.

Les *Rapports de l'Archiviste de la province de Québec* suivis de *Rapport des archives du Québec*, les *Rapports* annuels des Archives du Canada, le *Bulletin des recherches historiques*, la *Revue d'histoire de l'Amérique française*, la *Canadian Historical Review*, la revue *Nova*

Francia et autres ont aussi fourni une abondante documentation.

À partir de 1764, les journaux ont aussi été dépouillés de façon systématique, que ce soit la *Gazette de Québec* ou la *Gazette de Montréal/The Montreal Gazette*. À cela s'ajoutent plusieurs thèses déposées dans diverses universités. L'auteur a eu accès aux retranscriptions de centaines de documents originaux effectuées par ou pour l'historien Lionel Groulx.

Enfin, les ouvrages des principaux historiens qui ont écrit sur l'histoire du Québec ont été consultés.

Bibliographie sélective

Boulet, Gilles, Lacoursière, Jacques et Denis Vaugeois, *Le Boréal Express. Journal d'histoire du Canada, 1524-1760*, Québec, Septentrion, réédité en 2009.

Champlain, Samuel de, *À la rencontre des Algonquins et des Hurons, 1612-1619*, texte présenté et établi par Éric Thierry, Québec, Septentrion, 2009.

Champlain, Samuel de, *Au secours de l'Amérique française, 1632*, texte présenté et établi par Éric Thierry, Québec, Septentrion, 2011.

Champlain, Samuel de, *Les Fondations de l'Acadie et de Québec, 1604-1611*, texte présenté et établi par Éric Thierry, Québec, Septentrion, 2008.

Delâge, Denis, *Le Pays renversé : Amérindiens et Européens en Amérique du Nord-Est, 1600-1664*, Montréal, Boréal, 1991.

Dictionnaire biographique du Canada, Québec, Presses de l'Université Laval, 1966-2005, 15 vol. [www.biographi.ca].

Eccles, William J. *Canada Under Louis XIV : 1663-1701*, Toronto, McClelland & Stewart, 2016.

Fisher, David Hackett, *Le rêve de Champlain*, Montréal, Boréal, 2012.

Greer, Allan, *Brève histoire des peuples de la Nouvelle-France*, Montréal, Boréal, 1998.

Havard, Gilles, *La Grande Paix de Montréal de 1701 : les voies de la diplomatie franco-amérindienne*, Montréal, Recherches amérindiennes au Québec, 1992.

Havard, Gilles et Cécile Vidal, *Histoire de l'Amérique française*, Paris, Flammarion, 2003.

Horguelin, Christophe, *La prétendue république : pouvoir et société au Canada (1645-1675)*, Québec, Les cahiers du Septentrion, 1997.

Lacoursière, Jacques, Provencher, Jean et Denis Vaugeois, *Canada-Québec, 1534-2015*, nouvelle édition, Québec, Septentrion, 2015.

Landry, Yves, *Les Filles du roi au XVIIe siècle : orphelines en France, pionnières au Canada*, Montréal, Bibliothèque québécoise, 2013.

Litalien, Raymonde, *Les explorateurs de l'Amérique du Nord, 1492-1795*, Sillery/Paris, Septentrion/Klincksieck, 1993.

Litalien, Raymonde et Denis Vaugeois, *La mesure d'un continent : explorations et frontières de l'Amérique du Nord, 1492-1814*, Montréal, Bibliothèque québécoise, 2016.

Parkman, Francis, *Les Jésuites dans l'Amérique du Nord au XVIIe siècle*, (éd. 1882), Paris, Hachette, 2012.

Trigger, Bruce G., *Les Indiens, la fourrure et les Blancs*, Montréal, Boréal, 1992.

Trudel, Marcel, *Histoire de la Nouvelle-France*, Montréal, Fides, 1963-1997, 5 vol.

Trudel, Marcel, *Mythes et réalités et l'histoire du Québec*, Montréal, Bibliothèque québécoise, 2006-2008, 2 vol.

Vachon, André, Victorin Chabot et André Desrosiers, *Rêves d'empire : le Canada avant 1700*, Ottawa, Archives publiques du Canada, coll. « Les Documents de notre histoire », 1982.

Vaugeois, Denis et Raymonde Litalien (dir.), *Champlain : la naissance de l'Amérique française*, Québec, Septentrion, 2004.

Index

A

B

C

H

I

J

M

N

O

P

V

W

Achevé d'imprimer en août 2017
sur les presses de l'imprimerie Gauvin

ÉD. : 01 / IMP. 01

MIXTE
Papier
FSC FSC® C100212